i

想象另一种可能

[李鸿章·袁世凯]

李鸿章
東アジアの近代

〔日〕冈本隆司 著

马静 译

北京日报出版社

RI KOSHO: HIGASHI AJIA NO KINDAI

by Takashi Okamoto

© 2011 by Takashi Okamoto

Originally published 2011 by Iwanami Shoten, Publishers, Tokyo.

This simplified Chinese edition published 2020

by Beijing Imaginist Time Culture Co., Ltd., Beijing

by arrangement with the proprietor c/o Iwanami Shoten, Publishers, Tokyo

北京出版外国图书合同登记号：01-2020-5133

本书的日语版本是两册著作，今中文版依据作品原貌予以合并，个别语句略有节略。

图书在版编目(CIP)数据

李鸿章 / （日）冈本隆司著；马静译 . -- 北京：
北京日报出版社，2021.1（2021.2 重印）
ISBN 978-7-5477-3785-9

Ⅰ . ①李… Ⅱ . ①冈… ②马… Ⅲ . ①李鸿章
(1823-1901) －传记 Ⅳ . ① K827=52

中国版本图书馆 CIP 数据核字 (2020) 第 153542 号

责任编辑：许庆元
特邀编辑：张旖旎　田南山
装帧设计：彭振威
内文制作：李丹华

出版发行：北京日报出版社
地　　址：北京市东城区东单三条 8-16 号东方广场东配楼四层
邮　　编：100005
电　　话：发行部：（010）65255876
　　　　　总编室：（010）65252135
印　　刷：山东韵杰文化科技有限公司
经　　销：各地新华书店
版　　次：2021 年 1 月第 1 版
　　　　　2021 年 2 月第 2 次印刷
开　　本：787 毫米 × 1092 毫米　1/32
单册印张：6.25
单册字数：129 千字
定　　价：88.00 元（全二册）

版权所有，侵权必究，未经许可，不得转载

如发现印装质量问题，影响阅读，请与印刷厂联系调换

目 录

序言

马关的光景

狙击　　　　　　　　1895 年 3 月 24 日傍晚，天还未黑下来，马关的外滨町响起了枪声。开枪的人是一个名叫小山丰太郎的 26 岁青年，用今天的话来说，相当于右翼活动家一类的人物。狙击的对象是清朝全权大使——李鸿章。他刚在春帆楼开完会，正在返回引接寺住处的途中。

侥幸的是，李鸿章的左脸虽然中弹，却保住了性命。经侍医和军医包扎后，还来不及取出子弹，他又忙着和日本继续谈判。4 月 17 日，条约签署，李鸿章完成了使命。

这一年，李鸿章虚岁 73 岁，就算在实现了长寿的今天，也称得上是高龄。而且，这位老人还千里迢迢从中国东渡到日本。日本是他有生以来出访的第一个国家，还险些受害丢了性命。哪怕他立即回国，也无可厚非。他却不为所动，继续在异国停留，

马关会议图 （圣德纪念绘画馆所藏）

直到完成使命，可见他康健的身体和旺盛的精力，实在令人叹服。

"不像古稀之年的老翁，状貌魁伟，言语爽快。"这是一同参加会议的日本外相陆奥宗光对李鸿章的第一印象。古稀之年奉命自异域千里而来，连日会见毫不见疲困，足称老当益壮之气概也。陆奥的语气中满是羡慕，这大概是陆奥自己抱病在身的缘故吧。

战争的核心人物们

李鸿章和陆奥召开这场会议，正是为了前一年爆发的中日甲午战争的停战议和。然而，对于这个赫赫有名的历史事件，我们究竟又知道多少呢？

日本打了胜仗，这一点无人不晓。核心人物伊藤博文、陆奥宗光以及二人的举措也已经广为人知。尽管如此，与中日甲午战争紧紧相扣的陆奥外交，对其真相，最近人们有了不同的看法。击溃大国、打了胜仗的外交荣耀，被誉为剃刀大臣、辣腕外相的陆奥宗光，原来只不过是被理想化了的虚像，这一点也得到证实。不仅仅是陆奥，时任首相、全权负责马关会议的伊藤博文，虽说程度上有所差异，但大家对他也和以前的理解有所不同。

就连日本国内，也有如此多不为人知的事情，那么，对方的清朝，我们又能够了解多少呢？例如，对于面前这位精力绝伦的老翁李鸿章，陆奥宗光接着写道：

> 与其说他豪迈多才、具有非凡的决断力，不如说他伶俐机智，具备擅长看穿事情的利害得失而毅然决定取舍的才能。而他平时接待外人时，不同于一般清国人事事拘于礼节而左顾右盼，总是放荡不羁、畅所欲言、直截了当，见过他的欧美外国人无不称赞他乃世间少有一大人物。毕竟他容貌魁伟、言行奇特，往往让世人心生敬畏之心，却也产生了与其对垒相向、有一点可乘之机就会加以打击排斥的一介强敌。

陆奥的言中之意是，眼前这位被称为"世间少有一大人物"的李鸿章，其实稍有些华而不实。凭借"容貌魁伟""言行奇特"而震慑对方的李鸿章，实际上不过是擅长用"伶俐"与"机智"这些小聪明而已。所以他也会树敌，而中日甲午战争中取胜的日本也不例外。

很锐利的评价。也许对陆奥本人来说，打了胜仗终于迎来了有利局面，才有了发言的机会，借此来平衡自卑的心理。因此，陆奥个人的观点和感想，并不用去理会。问题是其他人，或者说是，后世的日本人。

事实上，知道李鸿章其人的日本人，他们的平均理解水平和印象，并不比陆奥的评论高出多少。他们和陆奥一样，也许都有对失败者的轻蔑心理吧！与同一时代"世间少有一大人物"的评价形成鲜明对比的是，如今日本人对李鸿章的关心程度并不高，或者干脆说，几乎是没有。

仔细想想，日本人对中国的认识大有偏颇。就拿历史上的人物来说吧，知道诸葛孔明，却没听过李鸿章的现代日本人想必为数不少吧！而且，这种偏颇即使在专门的学术领域也不例外。内藤湖南、植村清二等著名的史家都写过诸葛亮的传记。可是李鸿章如何呢？至少在战后，没有人写过他。然而，要说哪一个人物与日本人直接有关，对如今的日本也造成了巨大影响，李鸿章却是不言而喻的。这种情况真让人感到无奈。

对人物的理解

那么，小山丰太郎究竟为何要狙击李鸿章呢？日本当时的舆论，对敌国的代表李鸿章倾向于谴责与诽谤。或许小山也将李鸿章视为战争的元凶，必欲除之而后快。虽然真相尚不明确，倘若果真如此，即便他再怀抱忧国之情，也未免想法过于单纯，导致如此草率的决定和粗暴的行为。

然而，从史实经过的本质来看，正因为小山的想法如此单纯，其对错才一目了然。如果有人要问，李鸿章是不是导致中日甲午战争的人物，那么小山给出的答案也没有错误。关于这一点，陆奥宗光的看法也完全一致，他写道：

日清纷争这次是因朝鲜问题引起的，李鸿章本人乃主谋者。他集功过于一身，断无异议。

中日甲午战争是世界史和东亚史的分水岭，是现代社会的出发点之一。中日甲午战争之前和之后的历史，无论是东亚还是全世界，都呈现出完全不同的模样。李鸿章踏上了日本的土地，作为清朝的代表，在现场见证了这一转换。还不仅仅是见证，倘若小山、陆奥的观点正确的话，那么可以说包括亲身东渡日本在内，这场转换是他一手准备的。毫无疑问，这是一名精神肉体都无比强健的使者。且不论是否称得上是"世间少有一大人物"，起码他是一位名副其实的大政治家。

对这样一位大人物，当然会褒贬不一。可是，无论是欣赏还是厌恶，如果只是出于印象而言，即使行为有所差异，在层次上和小山也没什么两样。首先，我们对"引起日清纷争""集功过于一身"的李鸿章应该了解得更加详细、更加准确，否则，即便是做出喜恶或褒贬的评价，也缺乏说服力吧！

没有任何个体可以脱离社会而存在，因此，如果准确地追踪历史上的人物，便可以复原那个时代。李鸿章的生涯不仅仅和19世纪的中国历史基本重合，即使与经历了20世纪的现代，也并不是无缘。在描写人物和事迹的同时，折射出当时的时代和社会。以此为课题，我们来追溯他的生平吧！

第一章

青年时代

北京贡院
李鸿章应该在这里接受了乡试和会试（摘自《宫崎市定全集15·科举》）

成长

安徽及合肥经济飞速发展的中国，在 2010 年赶超了日本，一跃成为世界第二位的经济大国。但是经济发展也伴随着贫富不均，这种情况不仅存在于不同职业之间，也存在于不同地区之间。带动经济发展的沿海地区，其城市和工商业地带接连数年一派繁华景象，内陆农村剩余人口涌入沿海城市，不断提供廉价劳动力，支撑起中国的经济发展，形成了中国经济的构造。

一提到沿海地区的城市，首先浮现在脑海里的便是上海。邻近上海的江苏省，在全中国也堪称富裕的省份。安徽省是内陆地区，与邻居江苏省相比，它却是贫穷的，据 2008 年的统计，安徽省每五人中就有一人外出务工。两者之间的鲜明对比，可以说反映出了现代中国的状况。

而在 150 年前，这两座毗邻的省份，估计尚不存在如此之大的差距。不过，沿海和内陆的差距，在这一时期已经清晰地体现了出来。或许可以说，这些差距影响到以后的历史，反过来，历史又加剧了两者之间的差距。下面所要讲述的，便是这样的一个时代。

安徽省的南部和北部各横贯着一条大川，南为长江，北为淮河。安徽省的地势和风土，在各个流域自成一体，简单地说，就是两分化了。要将南北做比较的话，南部是安徽省的中心，"安徽"这一名称的由来，就是位于长江边上的省会安庆与南部的徽州两个地名的组合。这里多为山丘，耕地较少，正是因为这种环境，很多人才谋求农业以外的生存之道，比如说，长江流域就出现了不少祖祖辈辈从事商业的徽商。因此，这一地区对整个中国，有超乎其生产水平的影响力。

北部有淮北、淮南，合起来被称为两淮地区。其重心是淮南，这里的农地平坦辽阔。合肥就位于这里的中心地带。合肥城位于巢湖的北岸，构成了庐州府的中心。根据 1885 年的统计，由一州四县构成的庐州府总人口超过 145 万人，其中仅合肥一县，人口将近 71 万人，几乎占了一半。

家族及成长　　且来说说李鸿章，他就出生在合肥县东部的磨店乡群冶村，生辰为道光三年正月初五（1823 年 2 月 15 日）。李家是这片土地的地主，李鸿章的祖父李殿华是一名武秀才，也就是说他曾想要成为武官，而当时的中国轻视习武之人，可见他的社会地位并不高。因此，李殿华将志向寄托于儿子们，严格要求他们做学问。其中第四子李文安不负所望，于道光十八年（1838）虚岁 38 岁时，通过了科举考试成为最高级别的进士，李家一跃成为当地的名望之家。这个李文安，正是李鸿章的父亲。后来，李鸿章也通过了科举考试，父子双双成为进士，李家成为远近闻名的望族。

李文安共有六个儿子。鸿章有一兄长瀚章，以下依次为弟弟鹤章、蕴章、凤章和昭庆。其中才华尤为突出的是老二鸿章。据说鸿章只有6岁时，父亲李文安便亲自施教，"惊叹"于他的才气，伯父们也从他小时候就开始传授知识于他。也就是说，他的身上寄托了父亲及整个家族的厚望，他自己也把效仿父亲在科举中胜出，成为进士而跻身于官界，当作人生的首要目标。

李鸿章果然不负众望，1840年，18岁的他通过了科举第一关的入学考试。虽然他未能立即通过科举主考的第一次考试——乡试，却在入学后第三年被选拔为特别优待生进入京城的学府。翌年的1844年，他再次参加乡试，一举夺魁。这意味着通往最后一场考试、晋升为进士的大门已经向他敞开了。

随后，李鸿章拜师求学以做准备。翌年，他拜了籍贯为湖南的曾国藩为师。曾国藩比李鸿章年长12岁，此时正是35岁的黄金年龄，官职为翰林院侍讲学士。翰林院是所谓学府"储才之地"，这里网罗了许多优秀人才，在国土辽阔、人口稠密的中国，被这里任用的人可以称得上是一流的年轻精英官僚，将来可望成为宰相的栋梁之材。曾国藩还是当时屈指可数的儒学家和文学家，声名远扬。

能拜师到如此人物的门下，也是其父李文安曾和曾国藩一同考上进士的缘故。这种关系在中国社会中至关重要，要说这一缘分几乎决定了李鸿章一生的命运，也绝不为过。不过，此时的曾国藩和李鸿章师徒二人，都没有想到会如此吧！

曾国藩（摘自近藤秀树《曾国藩》）

进士

就这样，李鸿章在曾国藩门下专心做起了学问。曾国藩也非常器重他，曾说"知其为非常有用之材"。李鸿章也不辱师门，1847年顺利通过了科举考试，以第十五名的优异成绩考上了进士。当时他年仅25岁，堪称崭露头角的青年才俊。通过科举考试后，他立刻被翰林院选拔为庶吉士，三年后又晋升为翰林院编修。

总之，李鸿章的青年时代可谓一帆风顺。才华横溢的他备受众人青睐，而他也不负众望，意气风发。这些成长经历和境遇，也养成了他极其自信与自负的性格。

下面的诗句摘自李鸿章的《二十自述》，是他20岁时写的，那时他还是安徽省的一名在读的学生。

> 丈夫事业最当时，一误流光悔后迟。
>
> 壮志不消三尺剑，奇才欲试万言诗。
>
> 闻鸡不觉身先舞，对镜方知颊有髭。
>
> 昔日儿童今弱冠，浮生碌碌竟何为？

诗中叹道自己已不再是孩童，不能再虚度光阴而追悔莫及，想必多少也受到了乡试落榜的影响。不过，与其说这里体现出了焦躁不安，不如说是激励自己的自负精神。

新年伊始，21岁的李鸿章来到北京。这时他也作了一首诗，摘抄如下：

> 丈夫只手把吴钩，意气高于百尺楼。
>
> 一万年来谁著史，三千里外欲封侯。
>
> 定将捷足随途骥，那有闲情逐水鸥。
>
> 笑指卢沟桥畔月，几人从此到瀛洲？

凡是描写李鸿章生涯的作品，必定会引用这首《入都》，我在此也效仿大家。除了年轻气盛，这首诗更加强烈地让人感受到他自视极高。聪慧加上自负，且不论是好是坏，这一特质伴随了李鸿章的一生。

即便如此，这首诗可圈可点之处不多，描写的不过是一名再普通不过的富家子弟，以及他的青春而已。地主阶层为了维系、扩大整个家族的身家和财产，选出家族中最优秀的子弟施以最大限度的良好教育，冀其通过科举考试，是理所应当的必然之举。而他所受的教育，也和常人并无太大差异。何况博学多才的曾国藩，门下的学生也不止李鸿章一个。

李鸿章满腹才华，是毫无疑问的。但是，就科举的标准而言，像他那样的青年才俊，想必当时并不稀罕吧。说到底，他不过是精英人群中的一名罢了。再说，精英未必都能成为杰出的官僚和政治家，社会稳定的时代可以说更是如此。

要是提前 50 年，搁在 18 世纪，即便是才华出众，李鸿章也许就是一个再平常不过的地主或官僚，比常人多点学问，抑或是善于察言观色的官员，以此终其一生。

然而现实是，他出生的时代无法让他完成上述人生。19 世纪后半叶，无关李鸿章的意愿，命运注定他将成为一名杰出的政治家。这真的是李鸿章所期望的人生吗? 总而言之，要想了解李鸿章的生平、事迹及其意义，就必须从将他造就为清末中国头号人物的时代及其变化开始说起。

黄昏

明清更迭　李鸿章生活在清朝末期，即清朝政权走向灭亡的 19 世纪后半叶。所谓的"末期"，是后世人的眼光，也就是后来人的盖棺论定。必须要注意到，对一个时代的认识，当代人和后代人是大不一样的。不过，即使如此，这一时代与从前的时代不一样，这种意识在当时已经相当普遍了。

众所周知，清朝原本是满人在辽东地区建立起的政权。17 世纪中叶，它统治着明朝灭亡后的中国。一边是 50 万人口的满人，另一边是超过 1 亿人的汉人，就算说这是历史上的奇迹也不为过。不过，这一奇迹，有两个成立的理由。

之前的时代正好是大航海时代。明朝统治下的中国，直到16世纪，手工业和商业得到显著增长，生产和流通的丝绸、棉花、茶叶和陶器等富有魅力的特产受到外国的青睐，来自新大陆和日本列岛的白银，哗哗地流入中国，而缺乏贵金属资源和货币材料的中国，也为了满足商业化的需求，贪婪地吸纳着白银。于是，海陆边境的贸易呈现出前所未有的盛况。

可是，当时的明朝政权采取了极端的贸易限制政策。它颁布了严格的海禁令，倘若对方不进行"朝贡"的话，就不承认任何形式的通交或是贸易。朝贡是指臣子拿着贡品来参见君主，实行朝贡在礼仪上必将产生上下关系。如果想要开展贸易，就必须接受这种关系，承认明朝规定形式下的交易。这也和中华自尊、华夷之别这些明朝的意识形态相关，是不容改变的。

因此，边境贸易只能演变为走私的方式，而与此同时，治安的恶化也无可避免。简单粗暴地加以取缔，反而会使矛盾更加激化。这是因为，为了对抗官方，从事贸易的"华"人与"夷"人结为一体并武装了起来。

边境的这些武装团体，如雨后春笋般滋长。在辽东兴起的满人原本也是其中之一。它和周围的汉人、蒙古人联合起来，瞬间发展壮大，终于在1644年取代了因内乱而灭亡的明朝，成为天下之主。华夷分离和贸易限制这些明朝的理念、政策，终究还是被时代淘汰。

因此，清朝原本就是华夷一体、多民族共存的政权。为了顺利地实现对这一版图的统治，它尽可能地尊重各个民族、各个地区原先就存在的惯例及制度，以此试图获得被统治民族的支持。

中国的统治就是一个典型。就汉人社会而言，可以说清朝几乎原封不动地继承了中华王朝传统的皇帝统治体制，具体来说就是明朝的制度。在对外关系上，与周边国家的"朝贡"礼节亦是如此。事实上，对向明朝进行朝贡的朝鲜、琉球和越南等国，清朝也都和它们保持着同样的关系，几乎未做任何更改。

而这种继承，不仅仅是政治制度，在民间社会、经济方面也同样如此。对此前构筑好的汉人的社会秩序、经济活动等，清朝不干涉不介入，而是原原本本地接纳，这等于承认了大航海时代发展而来的社会的商业化。由此，明朝只能依靠走私偷偷进行的沿海贸易，到了清朝总算获得了承认。

清朝入主北京后，大约花了40年时间，将中国的敌对势力横扫一空。海陆边境的不稳局势也逐渐平定，以前为了维持治安而严厉执行的海禁令也被废止。因此贸易渐渐发达，社会也是一派欣欣向荣。而之前海外贸易萎靡不振，白银的流入被切断，市场一直处于通货紧缩的状态。

康熙登基后的前20年，清朝步入了黄金时代。1661年即位的康熙帝在战争与镇压叛乱中获胜，实现了稳定的统治。康熙和其子雍正、其孙乾隆这三代，在中国漫长的历史当中也称得上是屈指可数的明君。清代前半期的特点便是持续一百多年的明君善政，为恢复和平与后来的繁荣昌盛奠定了基础。

一言以蔽之，继承了明朝制度的清朝统治的特点是君主独裁。这意味着皇帝掌握了所有国事的决策权，中央和地方的官员都由皇帝亲自管理和任用，因此，皇帝需要具备控制每个官员的力量。若非如此，就可能和明朝一样，权臣、宦官骄横跋扈。而且，要让社会接受异族的统治，就需要做出能够看得见的政治功绩。为了不再重蹈明朝自取灭亡这一覆辙，君临天下的皇帝必须超凡脱俗，英武并充满仁慈。明君的善政，成为清朝将其统治维持下去的不可或缺的要素。

接下来看看具体统治的实际情况吧！地方政治完全委托给掌管一省的总督和巡抚。总督和巡抚虽然官阶和管辖的范围不尽相同，权限上却并无大异，两者合称督抚。督抚以下的地方官员基本上都录用汉人，对当地施政。这通常被称为"以汉治汉"。从这一意义上讲，以督抚为首的地方官的权限绝不可小觑。以上可以说是分权性质的。

当然这并不意味着汉人的地方官员可以随心所欲地进行统治。清朝目睹了明朝的弊政，特别是官僚的堕落导致明朝自我灭亡这一经过，因此皇帝将爪牙满人安置到重要部门，严格对地方官员实行监督和管理。在尊重以往惯例的同时，尽可能地不让不正分子有机可乘。尤其是雍正，致力于对各地督抚的管控，让他们无一遗漏地将当地情况汇报上来，地方完全处于皇帝的直接统治之下。如此一来，中华传统的君主独裁制，在这里被发挥到了极致。

康熙、雍正的统治，为清朝统治中国奠定了坚实的基础，随后乾隆继位。这是一位无比幸运的皇帝，祖父苦战沙场致力于建国，父亲宵衣旰食励精图治，他坐享其成。而他本人也心宽体健，25岁即位，平安地实现了对中国长达60多年的统治。

不仅仅是父辈的恩泽，乾隆的时运也很好。通货膨胀有所好转，经济呈现出上升景象。乾隆在位期间，随着经济稳步增长，中国实现了空前的和平与繁荣。乾隆自己也沉浸其中，率先极尽奢侈之风，上层阶级的风潮也紧随其后。这确实是名副其实的"盛世"。然而，这些不过是前代的遗产与眼前的幸运交合产生的现象。乾隆过度将其视为自己的实力和成就，而忽略了那些日渐严重的问题，此时的清朝已经隐患重重。

繁荣的由来与终结　在前所未有的繁荣景象下，中国的财富实现了飞跃性增长。根据最近的统计，中国这一时期的GDP占了世界整体的三分之一。虽说基础的定量数据依据有所不足，不能全盘加以接受，然而，"乾隆盛世"时的经济规模在全世界屈指可数，却是不争的事实。只是，身处其中的人们看不清它的由来与终结，只能由后世的我们来辨明。

由来便是我们前面提到的海外贸易。17世纪后半叶，贸易受到严重限制，中国的产品无法销售到国外，白银无法流入，导致了物价下跌和长期的经济萧条。17世纪末禁令撤销后贸易重启，物价不再下跌，中国也摆脱了经济的不景气。海外贸易主要的对象是西方各国，以英国为首的西方各国的贸易商人自17世纪末开始进入广州，开始有规模地从事贸易，其规模在百年内达到了数十倍的增长。

这些商品有丝绸、陶瓷等，主要是中国的特产，其中特别值得瞩目的是茶叶。随着产业革命的发展，英国人有了饮茶的习惯，产生了大量的茶叶需求。特别是1784年，英国实施了减税法，将茶叶进口关税从100%以上降低到10%左右，英国的茶叶交易异常火爆。再加上西方各国缺乏中国需要的物产，只能用白银等贵金属进行交换，巨额的白银流入中国。这是空前盛况的源泉所在。

中国人口在此盛世中大为增长。17世纪人口减少到1亿，出现了增长的停滞现象，当时正处于经济萧条时期。然而到了18世纪，人口出现爆发式增长，中期过后人口已经达到了上个世纪的3倍，即3亿人，并继续增长，19世纪突破了4亿人。随后又再次停滞，逐渐稳定在4.5亿人左右。

现有的耕地和农作物，无法养活如此快速增加的人口。不断增加的人口开始被移居到尚未开发的江西、湖北、湖南和四川的山区。他们依靠砍伐山林生产木材，改种烟草等农副作物来维持生计，用玉米和红薯充饥，生活十分不安定。这些移民急剧增多，形成了繁荣的另一个侧面。

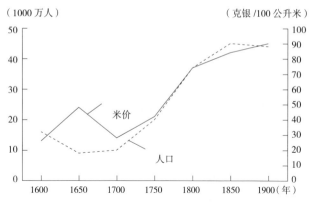

（1000 万人）　　　　　　　　　　　　　　（克银/100公升米）

人口与米价的变动　每隔50年的变动，米价为前10年的平均值。（根据姜涛《中国近代人口史》、彭信威《中国货币史》第2版制作）

时代的转折　从一开始，清朝政府就几乎没有介入民间的经济活动。货币就是其中一个典型，使用的是不受通货管理的白银和铜钱，在生产、流通方面，也几乎不存在保护或限制政策。即使如此，不实施对财产的保护、不履行契约，经济活动便无法成立。如果权力无法充分提供这些保障，那么只能由民间自己来构筑了。

于是，当事者们便成立团体、制定条规，来保护财产并履行合同，对违反者加以制裁。它们被称为帮、行、会，类似于同乡同行业的团体，同姓的宗族也可以视作其中一种。它们不仅仅是互相扶助的组织，还负责调解、仲裁和解决纠纷，甚至具有政府权力不便出面的制定和行使私法的功能。因此，在成员们看来，这些中间团体才是权力所在。这也是它们被称作"小王国"的缘故。

徐扬《姑苏繁荣图》 苏州曾是经济文化的中心，19世纪后叶其繁荣逐渐向上海转移（摘自并本赖寿、井上裕正《中华帝国的危机》）

　　而且，它们不一定都能获得国家的认可。反社会的秘密结社也是其中一种，脱离日常秩序的人们集结于此。急剧增长的移民也不例外。白莲教和基督教等被当局视作邪教的宗教，以及鸦片等被禁止的商品交易，便来自这些秘密结社。"乾隆盛世"也是滋生了大量秘密结社的时期。他们一有机会，就会乘机举旗与政府对抗。

　　对抗终于爆发了。1796年，位于四川、湖南、陕西三省边境山区的白莲教开始暴动。这些地方本来多为来自湖北、湖南的移民杂居之地，但宣扬末世之说、信奉无生老母以获得救赎的白莲教信徒得以在这里结社并扩大。为了平息这场起源于抵抗官府镇压而爆发的叛乱，清朝政府花费了将近十年的时间。

　　原本，清朝负责维持治安的是八旗和绿营这两大部队系统。前者集中驻屯在各处的重要关卡，后者则小规模分散于各地。可是，这些常备军已经习惯了和平局面，无法平定叛乱。因此，当地居民为了能抵抗和击退少数的叛乱部队，开始持有武器并进行训练，以求自卫。像这样组成的自卫团、义勇军被称作"团练"。

团练是通过中间团体组织起来的。之前那些拥有武装的中间团体，只不过是反政府权力的秘密结社。然而，自此之后，一般的团体也开始向武装团体转变，说得极端一点，战场上出现了当地的各家中间团体之间互相厮杀的局面。

总算应对得当，1804年清政府宣告平定了叛乱。可是，引起白莲教信徒叛乱的潜在社会矛盾非但没有消除，反而不断积累，而目前维持治安的体制，已经明显无法应对这种局势。到了19世纪，呈现和平与繁荣的"乾隆盛世"，已经化作了昔日美景。

清朝已经日薄西山，这一点已经毋庸置疑。李鸿章就诞生、成长于这一"黄昏"时代。然而，等到他自己能够实际体会到这些，并作为主体而置身其中，仍然花费了一定的时间。

第二章

风雨飘摇

清军与太平军之战
左侧为清军，右侧为太平军（摘自吟唎《太平天国》）

太平天国

李鸿章上京时，在卢沟桥作诗一首，字里行间透露着自负，这一年是 1843 年，也是鸦片战争结束后的第二年。

著名的鸦片战争是中国与西方正式形成政治关系的开端，后世也将它视作中国近代的起点。至于这场败仗给当时的汉人知识分子精英们造成了多大的冲击，这是另外一个问题，不能一概妄下断论。这和每个人所处的位置和立场有关，也会受到年代的影响。而对将考中进士视作最高目标的青年李鸿章而言，很可能他并未对此给予过多的关心。

即使这一事件未能引起当时年仅 21 岁的李鸿章过多的关注，从客观上来看，也并不意味着和他的人生毫无关系。不仅如此，他的人生在两种意义上就此被定格：一种是与西方列强的通交被开启；一种是对中国国内造成影响，引起了内乱的爆发和蔓延。首先引发问题的是第二种。

进入 19 世纪后，中国不仅发生内乱，对外关系也发生了很大变化。为中国带来繁荣的西方贸易，随着英国产业革命的发展，结构上呈现出变化，这便是鸦片走私。在此之前，中国出口茶叶获取白银，现在大量的白银反而开始外流，以满足不断增长的鸦片需求，经济开始下滑，社会开始走向动荡不安。还远不止这些。由于鸦片是违禁品，要想进口到国内，就需要强大的地下组织，秘密结社的现象也在暗中不断滋长。

这些秘密结社自然顺应了鸦片走私的路径。和普通的商品贸易一样，鸦片也是由广东省运至湖南省，或是经由江西省再通过长江航路运往各地。因此，湖南省的秘密结社发展迅猛，特别是出现了天地会和三合会等，被称作"会党"。

在鸦片战争中失利的清朝，开放了除广州外的另外四个口岸。其中一个格外有实力的是上海，因其毗邻当时中国经济的心脏部位——江南。上海的贸易发展迅速，取代西方贸易的主要口岸广州，只是时间早晚的问题。

与此同时，茶叶和鸦片等主要贸易商品的运输、交易途径也发生了变化。湖南省作为连接广州和内地的主要枢纽，受到的影响尤其深远。商品的流通量大大减少，局部地区陷入经济萧条，成为导致社会不安的要因。秘密结社的势头也开始蠢蠢欲动，而恰好这时近邻发生了一件事，那就是拜上帝会的起义。

起义与扩张　　生于广东省客家的洪秀全，受到基督教经文的启发，创办了主张信奉上帝就能通往"天国"的新宗教——拜上帝教。其教会就是拜上帝会。客家原是从异乡移居过来的，在语言、风俗和习惯上都与本地人不同，难免会有矛盾激化的时候。拜上帝会最先在广东省发展，却迟迟未能扩大，便西进到广西省传教。由于山区一带有很多客家人居住，

洪秀全的肖像　为太平天国倾倒的英国人吟唎将其载入自己的著作，因此可能会美化太平天国的人和事（摘自吟唎《太平天国》）

拜上帝教就获得了大量的信徒。

很快，拜上帝会就打破了纯粹的宗教信仰，开始策划在世间成立自己的"天国"这一政治举动。也就是说，它的性质转变为移民和基督教汇集于一体的反政权武装秘密结社，官府对其加强镇压是自然而然的结果。他们为了反抗，在桂平县金田村毅然发起了武装起义。洪秀全即位"天王"，北上占领了永安州，1851 年成立了以推翻清朝为目标的"太平天国"政权，并巩固了制度。

太平天国长驱直入，来到了湖南省。起初，不过是万人左右的规模而已。然而继续北上，从湖南省进入湖北省抵达长江中游，1853 年 1 月攻陷了中枢之地武昌后，太平天国的规模一举达到了 50 万人之多。其间只有短短的一年多时间，并不全是由于军事上的成功，他们也经历过惨痛的败仗。他们能得到迅猛壮大，是由于存在着大批潜在的支持势力。这些势力，正是湖南省的社会落后分子和秘密结社。

秘密结社的各社彼此之间在局部地区陷入混战，造成了社会的高度紧张，而太平天国犹如飞燕一般飞进了湖南省。它为现状下无法出人头地获得成功的人们提供了新的翻身的可能性。湖南省的"会党"大部分都因并入了太平天国而销声匿迹。也就是说，太平天国此时已经从一个纯粹的武装教会，演变为一个纠集华中、华南的反政权势力的大型军事集团。

南京沦陷

太平天国攻陷武昌后，并没有就此停歇。他们很快就舍弃武昌，沿着长江顺流而下，展开了新一轮进攻，可以说是势如破竹。攻陷武昌后仅仅两个月，1853 年 3 月 19 日，太平天国又占领了江南地区的中心——南京。南京是两江总督所在地，太平天国以此为大本营，改称天京。

太平军转战湖南省时，未能攻下任何一座大城市，特别是清朝主力军八旗部队的驻防地区。但却在其空隙之间辗转作战，不断自我扩张，抵达长江流域时势力已不可同日而语。到达南京时，据称太平军的人数已经扩大到了 200 万之多。接下来，太平军又陆续攻陷了周边的枢纽城市镇江、扬州甚至杭州等，占据了江南的主要大城市。当然，其中也包括八旗部队的驻扎营地。

在天京安营扎寨的太平天国，在同一年 6 月，为了扩大实质性的统治领域，又向湖北、湖南派遣了西征军，沿着长江逆流而上。西征军很快就到达武昌，并将其占领。

事态还远不止如此。早在西征军出发的前一个月，为了推翻清朝，太平天国派出由两万精兵组成的北伐军北上北京。在这里不得不说，决心推翻清朝，从正面与其决一胜负，仅这一点就不同于其他各种叛乱，这才是太平天国真正的用意所在吧！

总而言之，在长江中下游这一经济、文化的心脏地区，赫然出现了一个与清朝势不两立的大国。

颓势

正因为太平天国信奉的拜上帝教起源于基督教，目睹其发展壮大的西方人对它充满了期待。以英国为首，西方列强在鸦片战争后虽然与清朝建立了邦交，却由于清朝的态度和举措并未发生改变，而不免大失所望。于是他们尝试与太平天国接触，试图保证和扩大自己的权益。然而，太平天国仍旧保留了一些老的姿态，外国当政者对太平天国感到失望。在对外国的态度上，太平天国和清朝并无二致，仍然自尊自大。英国等国家则保持了"中立"的立场，继续观望局势的发展。

就这样，太平天国虽然成立了新的组织，制定了新的政策和制度，然而它的实际情况和行动，很多都要用以往的旧制来解释。例如，太平天国颁布了《天朝田亩制度》这一文书，虽然它标榜了土地的平等分配和赋税的公平化，却和古代的均田思想存在很多共通之处，也未能得到具体实施。一件事情尚且如此，遑论太平天国提出的各种革命思想和目标：要想看到中国真正意义上的改革，还是为时过早了吧！

直面现有的秩序并公然敌对、勇于挑战，这是毋庸置疑的。太平天国不仅针对清朝这一政府权力，还排斥清朝得以立身的儒教，攻击地主。正因为如此，他们才会受到各地挣扎在贫困线上的人们的欢迎，急速地发展壮大。反而言之，他们未能成功地拉拢现有的势力来支持自己，这导致他们进一步的发展受到阻碍，很快就走向了衰败。

这个国家的君主当仁不让，正是拜上帝教的教祖、天王洪秀全。然而，他却未必掌握着实权。掌管军事和政治的，是仅次于天王的东王杨秀清。此人是杰出的战略家和施政家，太平天国能在短时间内发展壮大，可以说是他的功劳。杨秀清并不满足于手中的实权，他想要和洪秀全平起平坐。于是两者之间，难免产生嫌隙。

洪秀全害怕杨秀清的专横，动员其他官员杀死了杨秀清，并肃清了东王所有的部下和士兵。那天是 1856 年 9 月 2 日，骚乱并不因此得到平息，金田起义以来有势力的领袖们或惨遭杀害，或逃脱而去，天京政府只剩下了洪秀全的亲戚们。仅凭他们是无法与清朝抗衡的，于是他们推选出年轻有为的人才，其中一人便是与李鸿章展开殊死搏斗的忠王李秀成。

经过这场内讧，太平天国的势力有所削弱，军事行动也不尽如人意。被派往北京的北伐军，早在内讧发生前就全军覆没。虽然一度曾逼近天津，行军途中的怀庆、保定以及天津等要害之地却无一能够攻陷，被迫转战南部。此时，清朝起用了与皇室联姻的蒙古望族僧格林沁，对太平天国北伐军展开了猛烈的进攻。僧格林沁率领的蒙古铁骑军，在 1855 年 3 月一举歼灭了北伐军。

已经无望推翻清朝的太平天国，为了自身的生存不得不持续战斗。这时，他们受到了来自西面的威胁。再次攻陷武昌的西征军试图继续南下，却遭受到了越来越顽强的抵抗。对手是一支崭新的势力，它便是曾国藩统领的湘军。

清朝的反击与乡勇　太平天国攻陷南京后，建立了大本营。清朝政府虽处于劣势，却试图挽回局面，在南京的南北近郊建起了江南大营和江北大营，采取的是所谓从四面包围南京，逐步逼近的战略。

可是，这一方针在太平天国的反击下数次受挫。首先遭到挫败的是江北大营，时间是 1856 年 4 月；同年 6 月，江南大营在太平军的袭击下也溃败不堪。而大获全胜的杨秀清居功自傲，挑起了和洪秀全之间的内讧。李秀成认为，先后六次突破了清军的包围，第七次却未能解围，这直接导致了太平天国的灭亡。

第七次包围南京，歼灭了太平天国的，正是从西边来袭的湘军。江南大营和江北大营都是清朝的正规军，湘军却不同，他们是所谓的乡勇。乡勇是指当地的义勇军，而"湘"指的是湖南省，顾名思义，湘军便是湖南义勇军的意思。创始人正是李鸿章的老师——曾国藩。

前面已经介绍过，曾国藩是出生于湖南省的学者型官僚。太平天国发动起义时，他正在北京身居礼部侍郎这一要职。1852年，他被任命为江西省乡试主考官，赴任途中，母亲不幸身故，此后两年多时间，他一直在家乡服丧。按照清朝的规定，官员服丧期间要卸任所有的官职。

当时，太平军转战湖南省，迟迟未能攻下省城长沙，于是打算北上瞄准武昌。由此，清政府派人传令给曾国藩，命他在湖南编制团练，并指导他们镇压贼寇。也就是说，和半个世纪前白莲教教徒叛乱时一样，由当地组织自卫军来保卫领土，并协助平定叛乱。在其他地方，也已经采取了相同的措施。

曾国藩的照片（摘自近藤秀树《曾国藩》）

曾国藩经过数次巡查后，决定接受这项任命。然而，他一旦下定了决心，就绝不能满足于现有的正规军和团练组织。他首先以每月4两白银的高薪雇用淳朴的农民，将他们训练成士兵后编制成部队。那个年月，每年25两白银就能够养活一家三四口人了。同时，他还从同乡人中召集了自己的亲戚、朋友和徒弟等私底下亲近之人，担任下属的将校并分别统帅一支小规模的部队。也就是说，他把自己个人的人际关系，直接应用到军事指挥体制当中，集结了以前散落各处的团练，创设了一支规模空前的义勇军。

如果只是为了保卫家乡，那么，以前的团练也绰绰有余了。然而，太平天国的势力不断强大，并公开宣称要取代清朝，大有直捣北京之势，以前的老做法已经无法对付他们了。想要彻底与之对抗并打倒他们，需要转战各地，并拥有较大规模的军队组织。曾国藩察觉到了这一点并提出了新方案，显示了他在众多泛泛之辈中脱颖而出的才华。

湘军的苦战　　　　　　这支军队诞生于湖南省，这一点也值得关注。信奉拜上帝教这一意识形态的太平天国，便是在这个地方纠集"会党"形成了巨大的势力。而曾国藩却打着儒教的人伦、道德的旗号组成了湘军。他向各地的有权者呼吁，排斥儒教的太平天国的兴起是中华文明"开辟"以来最大的危机。他试图利用体制一方的意识形态，来集结政权的支持势力。

也就是说，无论是太平军还是湘军，都不过是利用湖南省的中间武装集团的军事势力而已。无论是站到体制一方，还是反体制一方，立场有别，然而在本质上是一样的。当时的官僚也曾吐露说，越是扩大义勇军，就越是能歼灭贼寇。换言之，到处都残留着旗帜不鲜明，或是方向不定的势力。

曾国藩在创设湘军前，设置了审案局这一机构，专门对敌对者进行镇压和处刑。他自己也说，自己的工作就是杀人。面对分不清是敌是友的武装势力，要想分辨并将其降服，建立起服从自己的强大军队，也只能这么做。因为局势是如此的不稳和紧迫。

而他费尽苦心建成的湘军，并没有立刻取得胜利。曾国藩本人作为军人的才能不禁让人怀疑。他指挥的作战，基本上都以失败告终，他甚至几度想要寻短见。实际上指挥湘军的是他的弟弟曾国荃，以及能干的下属们。1854 年 4 月，湘军在湘潭首次打了胜仗，向北扩张势力，10 月夺回了四个月前被太平军第二次占领的武昌，终于打到了长江。

苦战仍然在继续。太平军随着名将罗大纲、石达开的加入而扭转了形势，打败湘军控制了江西省后，太平军再度向湖北行进，1855 年 4 月第三次占领了武昌。长江中游地区呈现出一进一退的攻守局面。可是，太平天国出现内讧期间，1856 年底，湘军又再次夺回了武昌。经过连续的激烈作战，湘军于 1858 年 5 月夺取了九江。压倒性的优势终于掌握在了湘军的手中。

幕僚生活

安徽的局势　　1847 年，李鸿章考中进士，被任命为翰林院庶吉士，1850 年又升职为翰林院编修[1]。他的仕途可谓一帆风顺，青云直上。两年后，他又参加了升职考试，成绩优异，更加受到上层的青睐。

李鸿章和曾国藩的关系，也变成了同在北京做官的同事，差距一下子就缩小了。即便如此，李鸿章的姿态却基本上没有什么

1　译注：翰林院编修的工作主要是诰敕起草、史书纂修、经筵侍讲，实际上，其重要作用在于培养人才，类似于现在的实习生。

变化。虽说时过境迁，所处的环境与官衔存在差别，这种私人关系反而不易产生变化，实质上两人之间的师徒关系，一直保留了下来。

也就是说，在北京数年的生活是从前的延续，一路走来风平浪静。然而就在1852年，曾国藩赶赴江西，不久又回乡为母守孝，接下来正如前面所讲，他开始着手建立湘军。局势的变化不仅改变了老师的命运，也同样对李鸿章造成了影响。

从京城送走老师后的第二年，也就是1853年2月24日这一天，安徽省会安庆被太平天国攻陷。3月初，正式的通报尚未抵达北京朝廷，工部侍郎吕贤基向当时的皇帝咸丰建议在安徽省进行守卫战。吕贤基出生在安徽省南部的旌德县，他顾念老家的安危，便上书进谏。不过，还有一种说法是，吕贤基和安徽老乡李鸿章亲密如家人，这一提议也是由李鸿章亲自代为书写的。总之，这一谏言得到了采纳，吕贤基被任命为组织领导团练的大臣而南下赶赴安徽省，正担任翰林院编修一职的李鸿章，也随他一同回到家乡。

3月11日，和吕贤基一同南下的李鸿章，十数天后到达了宿州，成为前漕运总督、时任署理安徽巡抚的周天爵的幕友，开始接触军务。幕友类似于私底下请的顾问，并不是正式的官职。在清朝，几乎所有不熟悉当地情况和工作的官僚，都会雇用这些人留在身边，也可以称之为幕僚。这次内乱，为了能够灵活应对，聘请顾问更是司空见惯。而李鸿章本人，也在日后充分运用了这一方法。

此时，李鸿章回到了故乡合肥，组织了团练，与其他方面的部队遥相呼应进行作战。安庆失守后，安徽省将省会设在了庐州府。由于合肥位于庐州府的中心，李鸿章的故乡合肥便成为省会所在地。可见他周围的动静是多么的举足轻重。但是，防守局面迟迟未能形成，这一带的局势愈发紧急。

首先，负责管理安徽省的巡抚并不固定。与太平天国正面冲突的蒋文庆战死沙场，而成为代理巡抚的周天爵年事已高，断然不肯接受正式任命，随后李嘉端在3月中旬被任命为巡抚，刚刚半年多就被解任，换成了江忠源。

江忠源出生于湖南省新宁县，比李鸿章年长11岁。他在湖南省建立了义勇军，早在太平天国起义时就一直顽强抵抗。江忠源和曾国藩是同龄人，两人十分投缘。他的军事活动在当时尤为突出，各地纷纷要求他派兵相助，他也只好东奔西跑四处作战。他一边担任湖北省的司法长官，一边转战长江沿岸，这时又接到了安徽巡抚的任命。

1853年12月，江忠源从武昌到了合肥，由于部队被分散到各地，他身边只有少数人手。翌年1月，合肥被太平军包围，由于出现内奸而很快陷落，江忠源也被迫自杀。

对清朝而言，安徽省的形势日益告急。作为江忠源的后任，满人福济就任巡抚。就这样，短短时间换了好几个巡抚，李鸿章也只好加以应对。

李家作战

守卫合肥李家的是老三鹤章。那是因为父亲、大哥和二哥都在外做官，无人守家。李鹤章也仿效四周的做法，组织起了团练，以应对不稳的局势。先是二哥李鸿章回到老家，1854年2月，时任刑部主事的父亲李文安，也被任命组织团练进行防守而从北京赶了回来。这场把李鸿章一家都卷入其中的合肥攻守战拉开了序幕。

1855年11月，清政府夺回了合肥。然而，就在之前的7月6日，李文安在军中病故，享年55岁。不久李鸿章就为父服丧，在此前后，他身为巡抚福济的幕僚，指挥团练四处转战，却未见有特殊的举动。军功平平，与上司、同事之间的关系似乎也不是很好，这也许和他极度自负的性格有关。

清朝在合肥一带的优势，却只是昙花一现。洪秀全、杨秀清的内讧之后，重整态势的太平天国在青年将军陈玉成的指挥下，从1857年开始又加强了对淮南的攻势。攻陷各地后，终于将目标对准了合肥。1858年8月23日，合肥失守，李鸿章的老家也被烧毁，之后将近四年之久，合肥都处于太平军的占领之下。

原本就碌碌无为，再加上这次的惨败，李鸿章不得不打消了继续留在合肥的念头。这一年冬天，李鸿章携老母离开了转战五年之久的安徽，去投靠在北京时的老师——曾国藩。故乡合肥在他的身后逐渐远去，他踏上了通往驻扎在江西的湘军的军营之路。

老师——曾国藩　　　　这一年，李鸿章 36 岁。父亲病故，作战失败，还要背井离乡，就算他再怎么自负，想必心中也是相当苦涩的吧。去投奔曾经的老师曾国藩，也是情理之中的事情。

当时，李鸿章的兄长李瀚章已经在曾国藩的幕府之中任职，他通过了乡试后成为举人，当上了湖南省的县太爷，全力抵挡太平天国的进攻，1853 年被编入曾国藩的属下。老四李蕴章则跟随着长兄。李鸿章来后的第二年，弟弟鹤章、昭庆也来到江西，再加上李鸿章带来的老母，李家全家都寄居在曾国藩的门下。

1852 年，李鸿章在北京送走曾国藩后，师徒二人就一直两地分隔，没有见过面。即使如此，曾国藩也没有忘记李鸿章。1853 年，他向就任安徽巡抚的好友江忠源举荐李鸿章，称这个徒弟"才可大用，望讨伐时把他带在身边"。他还对李鸿章本人多加鼓励，告诉他江源就任后一定会需要人才。而这种种却因为江忠源的白白死去未能实现。李鸿章自己也对江忠源颇为期待，想必一定很失望吧。

然而，如此上心的曾国藩，面对远离故土来到江西的李鸿章时，态度却出奇的冷淡。李鸿章亲笔给老师写了信，同时还委托与自己同年考中进士的朋友陈鼐从中介绍。可是等了一个多月仍石沉大海，陈鼐想尽办法后，过了新年李鸿章才终于得以谒见曾国藩。

这段插曲颇为有名，后来进入李鸿章门下、被誉为思想家和外交官的著名人物薛福成，将此事用陈鼐和曾国藩的对话来描述：

> "少荃（李鸿章）想在您身边伺候钻研，让我看在旧友之情上介绍。"
>
> "少荃不是当过翰林吗？那一定是胸怀大志，才高气盛吧！我这边活跃之地甚少，这种大人物肯定受不住。我是接不了的。还是回到北京，为朝廷效力为佳。"
>
> "少荃经过多年劳苦，已经圆滑不少。好歹也请试试看。"

曾国藩的这番话，原本就不是出自他的真意吧！他为了改掉李鸿章的傲慢，而故意冷淡他。

曾国藩还不仅仅是为了纠正李鸿章在性格上的缺陷，而是为了李鸿章能在他的属下更加顺当地抬高地位。之后，薛福成又对李鸿章投靠曾国藩门下之后的日常生活，做了以下描述：

> 曾国藩习惯一大早和幕僚们一起吃早饭。但是，安徽人的李鸿章却接受不了湖南的习惯。一天，他以头疼为由，没去参加早餐会。曾国藩派人去叫，他却不听。曾国藩便不停派人去催，告诉他幕僚不来齐的话不吃早饭，李鸿章也必须起床。李鸿章终于赶过来后，大家开始吃饭。曾国藩一直沉默不语，气氛很尴尬。
>
> 吃过饭后，曾国藩缓慢而严肃地说道："少荃，倘若想在

这里做幕僚，就不允许弄虚作假。待人唯有一个'诚'字。我想说的就这些。"李鸿章吓得直哆嗦。

曾国藩统领的湘军，基本上都由湖南人构成。而李鸿章从一开始就没有参与，想进入核心层非常困难，可以说几乎是不可能的。曾国藩却非常看好他。要让周围的人都接受李鸿章，首先需要他和四周建立起良好的关系。为了将来能大有作为，强调当下要自重。之后，曾国藩完全以老师的态度对待李鸿章。李鸿章自己也感喟道："在门下之人当中，我最早、最深，也是最亲密地享有知遇之恩。"因此十分顺从。

评价与提拔

就这样，李鸿章孜孜不倦地工作了一段时间，只要融入了湘军集团，曾国藩也就不需要太担心了。很快，李鸿章就不断得到提拔。他成为幕友后，一开始是书记，随后又负责起草奏章，曾国藩如此评价过他：

> 擅长文书，乃天赋之才，出类拔萃。将来建树非凡，或竟青出于蓝也未可知。

这番话也出自薛福成之笔，无从考证它的真实性，倒不如看作事后预言性的记述比较妥当吧。但是，确实存在老师对弟子的期待之情，这应该是毋庸置疑的。

之后的两年，李鸿章在曾国藩的幕下工作，也执行了一些军务。师徒二人都不再是北京时代的精英官僚，他们各自在故乡组织乡勇和团练，与太平天国交战，尝尽了打败仗的苦头，也经历了现实中的各种辛苦。因此，即使他们的关系再亲密，也不会由此而产生疏漏，或是影响声誉。周围的形势也不容乐观。从曾国藩的评价来看，他还是认定学生会大有作为。

不过话又说回来，少言寡语、严谨刚正、厌恶道德伪善的曾国藩，和锋芒毕露、意气风发、刚愎自用的李鸿章，还是存在着矛盾的。实际上，两人的意见发生剧烈冲突时，李鸿章甚至辞去幕僚暂时出走过。老家和人际关系都不相同，能把他继续留在湘军吗？曾国藩不得不再三思量。

对担任军务的李鸿章，曾国藩评价他是幕下唯一的"统领之才"。他在写给友人、在湖北省与太平军交战的勇将胡林翼的信函中也曾提到，其大意如下：

> 以往多出名将，皆为偶遇，而不可求也。近年，虽有胜任部队长之人才，或可栽培，然统领一军者乃天赋之才也，而非学以所致。
>
> 尔熟知之李筱泉 (李瀚章) 之弟，即李少荃其男，乃丁未进士、翰林院编修也。其才气大可统率一军，命其于淮南募集义勇军一案如何？然其之前于安徽多有随波逐流之举，故不可轻为之，眼下正观其人。

这里，曾国藩已经提到了将来组建淮军的设想，还有李鸿章的"才气"及其在幕下的特殊地位。他在字里行间透露出想尽快让李鸿章从湘军独立的意思，"统领一军"的评价，也和这一想法不无关联。胡林翼也认为李鸿章"才高志远"，对曾的评价表示赞同。

曾国藩对这名心爱的学生抱有莫大的期待，在耐心地教授和鼓励的同时，寻找着可以让他出人头地的机会。实际上，只要有好的职位，曾国藩就会不遗余力地举荐他。

即便如此，李鸿章并未由此时来运转。1859年，他被任命为福建省北部的道员这一地方官，却未能赴任。同时，他又被举荐到江北担任官职，特别是两淮盐运使这一职位，也未能实现。他本人也曾说"自觉命运不济，再不言官禄"，而不得不起了退出仕途的念头。雌伏尚在继续。

转机

苏州失守　太平天国经过洪秀全与杨秀清的内讧，势力已经大不如从前。但是，取代以前的实力将领，新的人才开始崭露头角。经过重整大局后，太平天国焕然一新，很快就反守为攻。其中一个重要人物就是"忠王"李秀成。

李秀成和李鸿章同岁，正值三十五六岁。他出生在广西省藤

李秀成的肖像　吟唎曾为李秀成的属
下从军，若论美化，此肖像嫌疑最大
（摘自吟唎《太平天国》）

县客家的一个贫民家庭，根据他后来的供述，当时他是随同周围人而加入了太平军，是否属实无从得知。不过，他从最初就参加了太平天国这一点是不争的事实。之后他逐渐发挥出军事上的才能，被委任为独当一面的大将。随着他的登场，太平军的战略也有了很大的改变。

　　将南京改称天京建立起大本营的太平天国，之前便将重心放在从这里沿长江逆流而上。反而言之，他们对下游地区并不太关心。不过，他们立即占领了防守天京的要冲扬州和镇江，清朝也同样重视这里，这里成为两者争夺的对象。然而，再往东和往南，太平军并没有继续前进。

　　可是，长江下游的江南三角洲地带，是中国最富饶的地方。只要占据了这里，可以供给军需自然是不必说了，还可以切断通往北部的清朝的粮草供应。未能向北部挥师前进，应该说是战略上的失策吧！这时候李秀成掌握了指挥权，虽说有些迟，却开始着手调整。之前一直风平浪静的江南三角洲，面临着前所未有的危机。

　　1860年春，太平军开始发起进攻，大有破竹之势。5月26日攻陷常州，30日拿下无锡，紧接着6月2日，作为中心城市的苏州几乎未作抵挡便被占领了。当地的最高官员是两江总督何桂清，由于临阵脱逃而被处死，接替他的江苏巡抚徐有壬也战死沙场。以他的部下、布政使薛焕为首的达官贵人们纷纷逃亡下游地区的上海。江南三角洲一带几乎都落入了太平军的手中，能够幸免的只有上海和清朝刚刚收复的镇江两座城市。

上海的危机　上海这个地方有些与众不同。它是下设有县的港口城市，专事沿海贸易。原本这里并没有与外国的贸易往来，自从鸦片战争成为新开辟的港口后，由于它靠近中国经济的心脏地区，外国商人和华人移民都汇集于此，上海得以顺利发展。

1853 年，这里迎来了一次转机。这一年，太平天国占领了南京。上海的英、美、法当局为了防止紧急事态发生，由本国国民组建成义勇队，开始了武装自卫。果然不出所料，借着太平军入侵而得以秘密结社的小刀会，不久宣布起义，占据了上海的县城，治安顿时陷入了混乱之中。他们的占领长达一年半，城里的大量难民都迁移到位于北部的外国人居住区。当时，住在这里的外国男子大约有 270 人，而难民瞬间就上升到了 20000 人之多。

将县城北部的低湿之地设为外国人的居住区，原本是为了与华人地区区分开来，没有想过华人会在此居住。所有的设施都是外国人投资建成的，因此，外国人觉得在这一地区拥有某种主权，并实施事实上的自治。上海县城失守时，他们也表明了武装中立的立场。

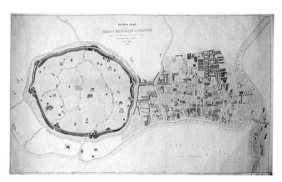

上海租界图 根据 1855 年 5 月的调查制作的地图，右边为北，下方的河流是黄浦江，左边为圆形的县城，右侧是外国租界（摘自横滨开港资料馆编《横滨与上海——两座开港城市的近代》）

　　但是，现实问题导致了难民蜂拥而入，外国人居住区附近也不断发生军事冲突。上海甚至出现了外国人的义勇队与布阵于居住区西侧、看上去像要侵入的清军发生交战，并将其击退的事件。于是，在事实上，上海形成了无论是外国人还是华人都由外国人来守卫的先例。

　　由外国人来守卫上海的人身和财富这一先例，在受到太平军进攻时也屡次出现。此时前来上海避难的人数，已经和当年不可同日而语。1860 年的 30 万人，猛然增加到 1862 年的 50 万人，甚至曾创造了 100 万人的纪录。这正是因为有外国的存在才出现的现象。李秀成也颇为顾虑，对进攻上海一事犹豫再三。上海的人士也利用外国的存在，试图构筑起新的防守体制。他们促使英法两国发表了共同防卫宣言，目的是阻止上海建立外国人的佣兵部队，发展为今后的常备军。

　　而以上的种种，并未能解除上海的危机。李秀成虽然避免了对上海的直接进攻，却在浙江一带扩张势力，1861年底，太平军占领宁波等地，取得了赫赫战绩。太平天国在江南三角洲地区仍然占有绝对的优势，上海的压力再度被加大。

照这样下去，上海与太平军发生正面交锋的话，其后果可想而知，大家也都心知肚明。上海当时官位最高的人是升职为江苏巡抚的薛焕，此人具有杰出的社交才能，在与西方列强交涉时颇受重用，却不具备军事才能，无法改变这一残局。他一向以喜欢收集古玩出名，即使在这一非常时期，他也并未停歇。只见他匆匆忙忙地召集了5万人左右的部队，素质极差，平日里烧杀抢掠无恶不作，根本指望不上。只有外国人的佣兵部队还可以信得过，可是他们不过千人左右，人数实在是太少了。

安庆乞师　感受到危机而惴惴不安的，有潘曾玮、顾文彬、冯桂芬、钱鼎铭等逃到上海避难的乡绅们。绅士是指那些取得科举学位的人们，他们通过科举考试后，通常会离开家乡去外地任官，只有在服丧或退休等情况下才会回到家乡生活，也有不少人会成为当地的名士或领袖。曾国藩之所以能够组建湘军，也是出自他绅士的资格。苏州的绅士们为了寻求活路，取得以骁勇善战而出名的湘军的支援，便开始了各种活动。

再看看湘军，他们依然在江西一带交战。虽然既定的路线是从长江中游南下攻下南京（天京），但行军却并不顺利，只能保持一进一退的攻势。终于迎来转机是在 1860 年以后，太平军转向了江南三角洲地区，造成精力分散，湘军西边的压力有所减轻，总算得以抵达安徽省，1861 年 9 月 5 日，夺回了安庆。这场战役被视作展开殊死搏斗的湘军与太平军战局的决定性转折点。

在此之前，清朝政府在何桂清之后，将管辖江苏、安徽、江西三省的两江总督的大任，委托给了曾国藩。1860 年 6 月曾成为署理，8 月正式得到任命。从时间上也可以看出，太平军行进至江南三角洲，给清政府造成了多大的震撼。

原本，湘军和它的统帅曾国藩一直饱受清朝中央政府要人们的猜疑，很长一段时间都处于无官无职的状态。由绅士独自组建并维持的义勇军，比政府既存的常备军队还要强大，这本身也是无可奈何的事情。然而很显然的是，如果没有曾国藩，就无法平定这场内乱。于是这次的人事，充满了清政府对拯救江南三角洲的期待。

但是，曾国藩却没有向东行军夺回南京，而是驻守在安庆按兵不动。不过，倒也不是说他对长江下游地区毫不关心。他任命同辈的左宗棠为巡抚，着手平定浙江省。说实话，光是眼前的太平军就让他疲于应对了，根本顾不上其他的。这时，上海直接派来了使者，要求他派兵援助。

这一天是 1861 年 11 月 18 日，使者是上海绅士团体中的钱鼎铭，其父钱宝琛曾经担任过湖南巡抚，与曾国藩是旧交。他藏身在美国船只里沿长江逆流而上，代表走投无路的上海官绅们，涕泪交织地诉说了上海的危机，发誓若曾国藩不派出援军他就不回上海。这件事史称"安庆乞师"，的确打开了新的局面。曾国藩被他的声泪俱下打动，当场就答应出兵。

提拔

可是，自顾不暇的湘军却没有因此而迎来转机。不仅如此，湘军自创建以来已历十年之久，当年的精锐之师也已经沾染上了所谓的"暮气"，虽然军队人数不少，却难以掩藏素质的降低。如果将他们派往富饶的江南三角洲地区，甚至可以说是一种冒险。

于是，曾国藩决定实施他曾经梦想过的一项计划，就是组建新的义勇军，并起用李鸿章。他计划让具备"统领一军""志高才大"的李鸿章前往淮南组建义勇军，来充当援军。

此时，李鸿章奉命组建新设的水兵，正打算奔赴淮南一带，时机非常的巧合。曾国藩命令李鸿章回到故乡合肥，赶在翌年春天组建起新的义勇军，并赶赴江南。同时，他也向北京朝廷全力举荐李鸿章。

江苏巡抚一职，眼下掌握大军者无人得以胜任。……道员李鸿章随臣遍历江西、湖南、安徽三省，去年秋臣曾上奏曰……"李鸿章乃刚强至极之人，才高心细，可委任统率一军之地方大官也"……如能令其任署理江苏巡抚，加上目前所率五千之水兵，再付其六千之陆军急赴江南三角洲一地，可用于防卫也。

在平定太平天国一事上，清朝中央政府急着抓住曾国藩这根救命稻草，当然是接受了他的请求。曾经是曾国藩门下一名幕僚、一介道员的李鸿章摇身一变，被提拔为署理江苏巡抚，并组建和领导部队，肩负起救援独立的上海、夺回江南三角洲这一重大使命。这对李鸿章本人来说，称得上是人生的一大转折点。

无论如何，要想成功，必须建立起一支忠诚而强大的军队。李鸿章怀抱着这一使命，再次踏上了回乡之路。

第三章

浮出

李鸿章，1871 年
（摘自立德夫人《李鸿章》）

淮军的兴起

合肥的局势位于安徽省北部的淮河流域，早在太平天国起义之前治安就日益恶化。从 19 世纪上半叶开始，这里出现了一支反抗清朝政府和当局的部队，被称为捻军。19 世纪中叶，太平天国起义并开始进攻时，捻军势力扩大到了淮河流域并不断活跃，不仅与清朝的正规部队，也与当地的团练战斗不休。捻军并不是具有统一指挥系统的强大组织，它和后起之秀的太平天国性质并不相同。但是，这绝不意味着它势单力薄。它比太平天国历时更久，让清朝苦不堪言。

话说李鸿章的故乡合肥，前面也提到过，在动荡之中成为激烈争夺的对象。捻军的中心在淮北平原，合肥位于淮北平原的南端。从沿长江而下占领南京成为大本营，再往西部行进的太平军的势力范围来看，合肥位于它的北端。清朝方面的正规军从南京周围开展包围战术，湘军则沿着长江从湖北向江西东进，因此合肥正好处于两者的夹缝中。无论从哪一方的阵营来看，合肥都是边远之地，是淮北捻军、淮南太平军与清朝地方军三方势力的交叉点。

其中最强大的仍然要数太平军，他们有时候会连同一部分捻军共同作战。为了与之对抗，合肥成立了以官僚、乡绅为主导的团练，李鸿章的活动也属于其中的一部分。但是，在 1854 年和 1858 年，因为遭到太平军的抵制，官办和绅办的团练几乎被歼灭一空。李鸿章一家遭遇的横祸，也是其中的一例。

合肥县里沿着霍山山脉的西乡，团练仍然在继续活动。这里地势较高，地形复杂，再加上土地贫瘠，原本治安情况就不好。一发生战乱，被称为土豪的当地权势者就武装起来进行自卫。合肥县城沦陷，权力出现真空时，西乡土豪们的武装势力就相互抗争，或是和外敌太平军、捻军对抗，出现一种群雄割据的局面。这和前面讲过的湘军建立时湖南省的情况极其相似，虽然存在地区上的差异，但是整体上的社会情况却是全国共通的。

这些团练由同姓集团的宗族为中心建成。以宗族这一中间团体为基础，在这一点上和当时的叛军没有什么区别。拿这一地区的团练来说，和捻军在本质上又有什么区别呢？这些武装势力实际上是以自卫和扩大势力为目的，并没有官匪之分。李鸿章为了招募义勇军而回到家乡，正是在这么一个时代背景下，也就是1861 年的年底。

组建淮军

李鸿章拥有的时间并不多。曾国藩和钱鼎铭已经就 1862 年春派遣援军一事达成协议，招募军队成为当务之急。这时，他注意到了合肥西乡的团练。他从正规军中挖来以前的部下，还利用曾国藩和亡父的关系，请到了在合肥西南领导庐江县团练的实力人物潘鼎新和吴长庆等人，又通过关系运作，基本将西乡现有的团练整个纳入了自己的势力之下。

将团练组合成一支大部队，来自他从曾国藩那里学到的组建湘军的方法。但是也存在不同之处。组建湘军时，由曾国藩熟人中的知识分子当统领，吸收淳朴的农民当兵。李鸿章则原封不动地吸收了建立在土豪宗族之上的现有团练，理所当然地具备它们的原始特征。

其中最有势力的是周盛传和刘铭传的团练，分别有 2000 人和 5000 人。两人与其说是知识分子，不如说是时代造就的军人。说起刘铭传的经历，1853 年，他还是 18 岁的少年时，就杀死了羞辱自己父亲的当地权势者。他在周边的战役中崭露头角，在观望清军和太平军交战局势的同时，也扩大了自己的军事势力。

这些人为何会臣服于李鸿章，其中的原因不为人知。是由于李鸿章的家族在合肥是屈指可数的名门望族，因此他们才甘拜其下吗？还是因为他们判断现在是归属清朝的时机？或是高薪俸禄以及对富饶的江南三角洲远征的吸引所致呢？总之，可以明确的是它们并不是一个强大稳固的整体。其核心的周盛传的“盛军”和刘铭传的“铭军”，直到后来仍然保持着高度的独立性。即使是对笼络他们的李鸿章，他们也没有完全顺从，可见别的方面更是如此。例如，后来曾国藩在讨伐捻军时，曾经动员他们归顺麾下，他们却根本不为所动，无奈之下曾国藩只好委托李鸿章出面处理。

就这样，淮军终于得以面世。“淮”指的是淮河，特别是在

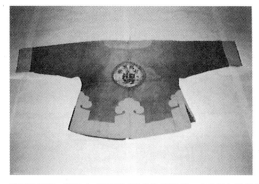

淮军的军服 能看出"淮勇""铭军"等字样，中日甲午战争的"战利品"（正眼寺所藏，摘自铃木智夫《洋务运动的研究》）

安徽省境内的淮河流域，募集人数达 2500 人。这些人与湘军的分支派遣部队 3000 人合并，于 1862 年 2 月下旬在安庆汇合，经过最基本的训练后，4 月初开始向上海行进。

死守上海与收复苏州　李鸿章率领麾下的淮军，乘坐上海绅士包好的英国汽船，4 月 6 日离开了安庆，经过太平天国控制下的长江，悄悄穿过南京（天京），4 月 8 日抵达上海。虽说看上去只是一件不起眼的小事，然而对李鸿章，对中国来说，却拉开了一个新时代的序幕。

此后英国汽船屡次往返上海和安庆之间，截至 5 月 3 日，已经运送了 5500 名士兵。这些淮军很快就迎来了考验。

李秀成占领苏州后，以此为据点向江南三角洲地区展开攻势，接连攻陷了上海的卫星城市，与外国人佣兵部队"常胜军"争夺近郊的大城市——松江。随后，从 5 月到 6 月，太平军又开始展

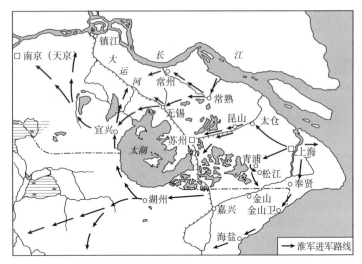

淮军江南战图

开第三次全面进攻。眼看上海危在旦夕，备受期待的淮军被投入了前线，经过 20 多天的激战，总算保住了上海。

这场战果的取得其实是因为太平天国的首都天京受到湘军的围攻，李秀成为了挽回局势而放弃了对上海的进攻，并不都是因为淮军的实力。不过虽然这么说，这一局势之后再也不曾改变过。盘踞在苏州的李秀成受到东部的上海淮军和西部的天京湘军的两面夹击，不得不缓慢地向后撤退。

李秀成的不利，对李鸿章来说则是大大有利。1862 年中期的全面进攻，对李鸿章而言，虽然是进驻上海后仓皇之下的洗礼，然而经受住了这场考验，使他自己和淮军在上海的地位得到了巩固。他和身经百战的常胜军们紧密联合，逐渐收复了失地。同时，他大规模地接收敌军的俘虏，麾下的部队实力大增。江南三角洲地带的太平军也有很多人出身于淮南，从地缘角度讲，他们投靠淮军也没有太大的障碍。第二年年初，水陆军加起来，达到了将近起初8倍的4万人，一年后更是达到了7万之多。

即使如此，淮军和在上海方面拥有将近10万人的太平军相比，还是有很大的差距。人数上处于劣势的淮军之所以能够与太平军对抗，是因为他们装备的火器占了上风。

李鸿章到了上海后，亲眼目睹常胜军的作战，惊叹于他们的西式武器，特别是新式火炮的威力，痛感自己部队的长矛大刀和火绳枪根本不堪一击。于是，他加快了武器改革，1863年，除了短枪外，他还配备了开花炮（榴弹炮），淮军成为当时中国拥有最先进武器的部队。

就这样，处于优势的淮军在各地殊死搏斗，压制住了太平军。1863年12月4日，苏州开城投降，翌年5月11日，常州也被攻下，江南大局基本得以确定。

夺取财权

淮军之所以能够平定江南三角洲，是拜它强大的西式武器所赐。当然，这些配置需要相对应的财力。李鸿章在军事上的成功，也意味着他在财政上也取得了成功。

上海已经是中国最大的贸易港口，这里收取的关税也是数额惊人。自从苏州落入太平军手中，很多富商豪绅纷纷逃到上海，造成了物价上涨，刺激了经济发展，其他的税收也急速增加起来。其中尤其重要的是厘金。它相当于对国内贸易征收的一种内地关税，数额实际上非常惊人，甚至超过了关税的数额，由具备实力的商人行业团体承包收取。

李鸿章就来到了财力如此雄厚的上海。1862年4月25日，他接受了署理江苏巡抚的任命，还不到三个星期，就和前任的薛焕做了工作交接。由此，作为治理这一地区的官僚，他已经荣升到最高位，从官衔来看也有资格使用这些丰富的财源了。

即使如此，李鸿章也未能立刻掌握这些收入。这是因为他初来乍到，上海财界已经被牢牢控制在别人的手中，即上海道台吴煦和商人杨坊，两人都是浙江人，关系非常密切。

杨坊出生在鄞县，这个鄞县不是别处，正是宁波，在这里经商的杨坊，是所谓宁波帮中的一员。大约十年前，他是当时中国最大的英国商社怡和洋行的买办，独立后根据当时的经验，大规模从事丝绸和茶叶的出口，并染指金融业。当时，他已经是上海首屈一指的财界人士，后来更被奉为浙江财阀的开创者。

吴煦则是仁和县即杭州人，曾长期担任负责财政的幕僚，精通财会事务。1859年以来，他担任管辖开放口岸上海及其海关的道台，薛焕当上巡抚后，他还兼任管理江南财政事务的布政使。

由此可见，无论是关税还是厘金，由杨坊负责承包纳税，吴煦则进行征收。倘若两人联手，要想挪用公款简直是易如反掌。

关系亲密的两人进行着所谓的官民合作，一手掌握了财政大权。

正所谓财富之处人之所趋。他们的周围聚集了数不清的各种姻亲关系的浙江人。民间的通商交易就不用说了，政府的财务也是如此，官吏的七八成都是浙江人，暗中形成了庞大的势力。

这两人的存在，李鸿章早在接到曾国藩的命令去上海赴任之前就已经留意到了。但是，初来乍到的他却是无计可施。除了他率领的部队以外，他可以说是孤立无援，自然是举步维艰。即使如此，在6月渡过了危机后，他的地位逐渐稳定，他开始有所行动了。他瞄准时机，利用上级这一优势，逐步夺取吴煦的权力。其中有这么一个小插曲。

有一天晚上，李鸿章私服出去散步赏月，途中径直去了道台的官邸。吴煦自然是措手不及，慌忙出去迎接，茶水招待。两人开始东一句西一句地闲聊，李鸿章突然冒出一句话："鄙人承蒙巡抚这一重职，对于税收却不甚了解。听说道台的账簿清晰易懂，不知能否一读？"——如此仓促，难怪看不懂。

吴煦在心中嘟囔着，先挑出了十几本账簿递给李鸿章。

"不止这些吧！"

吴煦听闻后又拿出了几本，在李鸿章的再三催促下，先后三次交了出来。这时，李鸿章不紧不慢地说道："这些账簿如此多而复杂，今晚想必是看不完了。且带回去细细看看吧！"

说完，他就示意手下将账簿包好，立即回去了。留下吴煦呆若木鸡，不知如何是好。

由此，李鸿章大致掌握了本地的税收，又弹劾吴煦的部下削去了他的左膀右臂。他任命自己的部下负责那些人掌管的财务，分别指定了厘金、关税等税收公款的用途，使吴煦等人再也没有染指的可能性。

常胜军

虽说如此，与杨坊携手合作的吴煦等浙江财阀的势力并没有立即衰退，相反，他们甚至有军事后盾，那就是前面好几次提到的 3000 人的常胜军。常胜军是为了保护上海不受到太平天国的攻击而组建的外国人佣兵部队，其队长美国人华尔是杨坊的女婿。原本这支军队也是杨坊处心积虑建成的，其成立和维持的经费也都来自杨坊，再加上吴煦掌管下的公款支出，新官上任的李鸿章想要插手进来，是绝不可能的。

常胜军是淮军赖以依靠的友军，草率地对其采取行动，就算是李鸿章也有所忌惮。然而，李鸿章是幸运的。1862 年 9 月 20 日，华尔的阵亡使事情迎来了转机。取代华尔队长地位的，是华尔手下一个名叫白齐文的美国人。李鸿章观察到他和杨坊、吴煦之间并不十分和谐，便强硬地命令常胜军转移驻地。白齐文抗命不从，发生了殴打杨坊并劫掠公款的事件。后来，白齐文自己也投奔了太平军，和曾经任职的常胜军作战而失败。

想必此事正中了李鸿章的下怀，他正暗暗高兴吧！他立即罢免了白齐文，并追究监督上的责任，也免去了杨坊、吴煦的官职。

由此一来，常胜军名副其实地被纳入李鸿章的管理之下，他掌握了财政大权。随后，他又对吴煦和杨坊下面汇聚的浙江财阀采取了怀柔政策，将自己的心腹派到各处担任要职，终于奠定了自己在上海财界的霸主地位。

李鸿章组建淮军一事，俗称"用沪平吴"。正如字面所喻，意思是活用上海（沪）的资源来平定苏州（吴）一带。这一活用，主要是指前面讲到的对上海财力的掌控。而且，不仅仅止于平定江南三角洲地带，它还成为日后李鸿章的一大支柱。

与外国的关系以及洋务的开端

前面已经提到过，上海很早就开始有了由外国势力来维持治安、防止外来侵略的惯例，常胜军可以说是一个典型事例。对上海的当事人来讲，这可能是无奈的选择，然而从局外人来看，不过是崇洋媚外的一种风气而已。

来到上海，亲眼目睹外国势力飞扬跋扈的李鸿章，想必一定苦恼不已吧。他甚至说过，"上海虽为版图所属，官民却都心归西方"，"实际上，上海对内对外的各种问题，一律都由洋人在控制"。

拥有常胜军，并垄断了上海财权的杨坊、吴煦，就是这一风气的代表人物。李鸿章之所以千方百计要排除这两人，也是为了矫正这一风气。想要亲手掌控常胜军，也是出于同一目的。

接任常胜军队长的，是明确表态要支持清朝的英军派来的戈登少校。李鸿章和戈登互相配合平定江南三角洲地区。然而，在 1863 年年底收复苏州时，率领两万名士兵投降的太平军将领等八人被全部问斩，戈登强烈反对，李鸿章毫不让步，两人的关系濒临决裂。周围的人们好不容易将两人关系修复过来，戈登又在数月后常州失守时，提出辞职并解散了常胜军。

始终不肯让步的李鸿章，也许他的远谋正在于此。他毅然决定解散常胜军的姿态，受到了曾国藩的高度赞扬。由自己掌握军事特别是军队的领导权，不依靠外国势力，这一方针应该是准确无误的。同一时期，中国最初的西洋舰队准备购买船只，却将领导权委任给了英国海军的阿思本上校，李鸿章得知后激烈反对，使得该计划泡汤，可以看作是同一性质的事件。

但是，李鸿章并不是盲目地、不分黑白是非地反对西方的攘夷论者。如果真是那样，那么他当时就无法在上海主管政务，更别说和常胜军并肩作战了。实际上，他非常了解西方，能正确估量对方的武力、实力，因而才产生戒备心理，不得不采取这样的行动，也许这么看待才是正确的。

既然如此，要想去除戒备，又该如何是好呢？只有一个办法，就是将西方的武力纳入自己的瓮中。于是，为了让自己的部队武装洋化，李鸿章开始四处奔走。他不仅从外国购买武器，还开始着手建造、经营生产武器的机械工厂。虽然说眼前最要紧的是对抗太平军，击垮他们是首要任务，长远看却不止如此。不久，活动和目的都呈现出了变化。

在此之前的上海，倾向于利用现有的外国势力，并一味依赖他们，李鸿章驻扎上海后，转变为一方面不放松对外国势力的戒备，另一方面掌握主动权，摄取对自己有利的方面。可以毫不夸张地说，就此揭开了和以往截然不同的所谓洋务的序幕。

督抚重权

同治中兴与北京朝廷　　李鸿章攻下了常州，基本控制了江南三角洲地带后，大约两个月后的 1864 年 7 月 19 日，天京陷落，天王洪秀全死去，太平天国由此灭亡。

危机当然不仅限于太平天国。在此前后各地发生的骚乱当中，还有未能平定的，再加上与英法交战的第二次鸦片战争。1857 年年底，英法联军进攻广州引起的这场战争，1860 年发展到入侵北京，清朝只好忍辱与之和解。19 世纪的 50 年代后期至 60 年代初期，正可谓内忧外患，清朝处于生死存亡的边缘。

正是在这种局势下，进入 19 世纪 60 年代后，清朝的外患告一段落，与列强的关系有所改善，太平天国也被消灭，对这一时期的执政者来说，无疑意味着清朝的起死回生。正逢皇位更迭改元为同治，于是便将其称作"同治中兴"。

原本，这就不是单纯的复活。十几年来，清朝的统治体制有了很大的改变。首先，要看清楚这些变化究竟是什么。

第一章中讲到过，清朝的中国统治，其特点是君主独裁，特别是明君的善政。然而到了 19 世纪后，这种统治逐渐失去了作用。这是因为人口的增加、经济量的扩大，以及与此同时社会纷争频繁，治安恶化，统治汉人的成本急剧增长。而现有的皇帝独裁，却不具备对应这些局面的制度和机构。很快就无法维持所需的成本，无法应对现实中的问题。

如果说乾隆是明君，那么继他之后的嘉庆、道光，从个人角度看也并不逊色。然而，这时候皇帝个人的力量已经是微不足道了。前面的一代是"盛世"，后面却是"衰世"，那么问题只有一个，就是旧体制能否继续生效。白莲教叛乱引起的内乱外患，旧体制很难再行得通，这一点是毫无疑问的。而这期间历经各种探索，清朝迎来了一定程度的稳定局面，这就是 1862 年后的同治年间。

首先来看皇帝。诏令百官的明君时代已经宣告终结，之后的同治、光绪、宣统三代皇帝都是幼小时继位，或是有名无实，这和他们每个人的资质或能力无关。

接连都由年幼的皇帝继位，当然是出于皇位继承的问题，也是为了顺应当时的局势。倘若皇帝是成人，必定会执行以往的独裁，那么就无法维持不断增加的统治成本。于是在此改变条件，将集中于一人的权威、权力、权限进行分解，尝试减轻成本负担。也就是说，分担工作，提高效率。

代替年幼的皇帝独揽大权的是西太后，此一施政方式被称为"垂帘听政"。然而仅凭这些，无法明确权力与责任的所在，中央政府也很难掌握主导权。再加上西太后本人也不是能充分施展强大的政治领导力的人物，并不具备相应的能力。雪上加霜的是，作为皇帝爪牙的八旗兵正受到内忧外患的打击。北京朝廷的统治力量日渐削弱，皇帝的象征性色彩愈发浓厚。与此呼应，相对得以扩大势力的，便是地方上大官的权力。

西太后肖像（摘自凯瑟琳·卡尔《慈禧写照记》）

督抚的地位

早在先前，清朝对地方的统治就基本上委托给了督抚。只不过，为了不让他们背离清朝中央的意志，皇帝不敢在牵制、监督上有所怠慢。毫不夸张地说，清朝的皇帝独裁将大部分精力都放在了对督抚的管理上。

这一关系发生转变，是在镇压太平天国等内乱的过程当中。仅仅依靠清朝的常备军和现有的团练，是根本无法应对的。湘军的组建正是在这种背景之下，而它的统帅曾国藩不久后就被任命为两江总督，为实现督抚的地方统治而组成新的军事力量。

而这支军事力量与反叛势力并非无关。18世纪的繁荣和人口增加引起的社会矛盾，滋生了大批的中间武装集团。白莲教徒之乱和与之敌对的团练，都是以中间武装集团为母体的。到了19世纪中叶，清朝的敌对方为以太平天国为首的叛军，而站在清朝一侧的，则组合整理为湘军、淮军等义勇军的形式。

为了维持这些军事力量，军费都在当地解决。义勇军是新兴的军队，因此无法从用途明确的现有财政收入中来拨款。义勇军的统领不得不个别进行判断，来掌握必要的收入。

其实，涉及具体内容，义勇军和叛军势力并没有太大的差别。秘密结社和叛军们通过走私属于违禁品的鸦片或作为专卖产品的盐等非法交易来养活自己，与此相对，义勇军的军费则大部分来自厘金的收入。厘金的本质是，当局准许原本非法的交易的唯一条件，便是从中获取收入。因此，鸦片和盐都成为厘金赋税的对象。这个方法可谓一箭双雕，不仅可以切断叛乱势力的资金来源，还可以增加义勇军的财源渠道。

而这些军事力量和新财源，都是在平定内乱、恢复治安、预防事后骚乱的背景下产生的，起到了填补不断增加的统治成本的作用。督抚在当地进行掌控，而北京的中央政府也实质上予以承认。这是因为当地政府能够灵活指挥军队，委托督抚来实施更多的裁量，更便于统治到位。我们把这种现象称为"督抚重权"吧！

1860 年后，只要不对自己的利益造成危害，西太后也基本都委任精通当地情况的地方政府来处理政务。这等同于将督抚的权势扩大合法化，中央的君临体制和地方统治互相牵制，来维持大局的平衡。这也是进入 19 世纪之后，为了恢复治安摸索出来的。

湘军与淮军

在这种体制下，一路青云直上到达巅峰的，不是别人，正是李鸿章。为了把握这一经过，我们先来确认一下形成这种基础的条件吧。

首先，李鸿章率领的淮军，毫无疑问属于义勇军。淮军辗转作战于江南三角洲地带，为夺回江南三角洲建立了莫大的战功。还不止这些，之后淮军也作为清朝首屈一指的军队继续存在，甚至让人误以为它就是国防军。

这是因为，事实上，曾国藩解散了湘军。在天京沦陷后不久，他对湘军进行了大规模的整理，除了让半数人员复员，剩下的一半人也以挑起暴动的罪名受到镇压。较大规模的军队只剩下了淮军，也正因为有淮军，曾国藩才敢做出如此大的举动。

曾国藩未曾得到朝廷的援助，几乎白手起家组建了湘军，与太平天国殊死拼搏终于将其歼灭，早在当初就受尽了四周猜疑的眼光，担心他独立后会取代清朝。亢龙有悔，狡兔死走狗烹，立下了无与伦比之功，接下来就等着受戒备、被肃清了。曾国藩首先要做的是明哲保身，但也并不是说就不需要维持治安了。他把这项任务交给了淮军和李鸿章。

李鸿章和淮军未能参加最后的天京包围战，因此，他并没有直接造成太平天国的灭亡。实现这些的，是从安庆向东行进的曾国荃率领的湘军。即便如此，湘军解散却剩下了淮军，也是由于它们在财源上的差距。

拥有十万庞大兵力，堪称精锐之师的湘军，这一时期也一

		库平两 / 年
江汉关（关税）	湖北	400,000
江海关（关税）	江苏	400,000
江苏布政使司库	江苏	100,000
松江上海厘金局（厘金）	江苏	40,000
江苏牙厘局（厘金）	江苏	100,000
两淮盐厘（厘金）	江苏	700,000
协饷	他省	200,000
合计		1,940,000

淮军的收入　光绪元年至十年（1875—1884）的平均值（摘自岩井茂树《中国近世财政史的研究》）

直面临着士兵资质下降的问题。与太平天国展开殊死搏斗的湘军，一直在生产力低下的长江中游展开活动，特别是到了后期，湘军陷入了极度的财政困难当中，补给不足和军饷拖欠问题一直未能得到解决，士气有所降低。与此相反，以富裕的江南三角洲地带为战场和地盘的淮军，凭借着雄厚的财力保持着高涨的士气。想必曾国藩解散湘军，也是看到了这一点才采取行动的吧！

江南三角洲和它的中心所在上海的财力，确实是首屈一指。李鸿章从吴煦手中夺去财权时，能确保每个月将近40万两白银的税收，而到了19世纪60年代后期讨伐捻军时，军费达到了每个月50多万两。这些白银主要来源于上海的关税、江南三角洲地带的厘金以及对淮南的盐征收的厘金。

因此，对上海和江南三角洲这两个百宝箱，李鸿章自然是不会拱手让人的。从表中所示的财源可知，维持十数万淮军的经费主要来自厘金和关税。李鸿章此时已经离开了江南三角洲地带，然而，管辖此地的上海道台和江苏巡抚，都是他部署的人脉，李鸿章仍然掌控着这些财源。

**江南三角洲地带的掌控
与洋务**

李鸿章没有忘记笼络江南三角洲当地的权势人物。主要人物有曾经邀请他来到上海的乡绅首领——冯桂芬。冯桂芬是苏州人，比李鸿章年长14岁，1840年以第二名的成绩考中了进士，可谓是出类拔萃的精英人物，他却留在了乡里，而没有选择仕途，正是所谓乡绅的典型代表。他从乡绅的角度，对地域社会的统治和稳定提出了很多改革方案。李鸿章来到上海后，虚心听取冯的改革论，不仅尽最大可能将他的建议付诸实施，还聘请冯为自己的幕友，以获得他的支持。

其中尤为出名的是江南降低赋税的改革。生产力发达的江南三角洲地带，也是中国土地税负最沉重的地区。冯桂芬最为尊敬的乡绅伟人、大学者顾炎武甚至指出，仅仅苏州一地就承担了全国十分之一的税收。冯桂芬一心想要减轻负担。在财政困难的情况下，战后通过采取措施来创造有利于改革的条件，而李鸿章，恰好回应了他的这一期待。

改革也并未完全实现冯桂芬的愿望，但是许多好几百年来悬而未决的事情确实得到了某种程度的解决。不难想象，冯桂芬等人对李鸿章的举措做出了很高的评价。

江南三角洲一带经济发达，人口众多，却风气欠佳，自从明亡后，这里对中央的政府权力有着强烈的反感，以极难治理而闻名天下。直到最近，前任江苏巡抚薛焕可以说是尝尽了苦头。而李鸿章却成功地收买了权势者的欢心，掌握了这一地区，使它成为自己的势力基础。

冯桂芬的改革论多以如何有效地统治地区社会这些问题为主，然而在他的提议中，有不少建议要求吸收、学习西方的事物和技术，这大概是他到上海避难后总结出来的。这是因为上海是中国对西方的首要窗口，在这里能够最早认识和获取西方文明的高明之处。

当时的人们把这些和西方有关的事务称为"洋务"。这个词的意思除了在贸易和交通等方面进行直接的接触、交涉之外，还包括购买、制造机器，引进科学技术以及思想、教育等等，指的是有关西方的所有事务。

而内乱的时代，洋务首先需要解决的便是武器问题。掌管军务的李鸿章，大概无须冯桂芬提议，就已经充分地认识到了西方武器的优点，并想要普及它。相较西方的军备而言，中国在水陆两方面都存在很大的差距，李鸿章认为，"忍辱负重"也要习得其"秘法"，在上海长期驻军，倘若不学会西方人的长处，会后悔莫及的。淮军之所以强大，正是由于致力于洋务，特别是开花炮队的精锐兵力受到了称赞。

当然，除了军备上要吸取西方技术之外，在西方人之间巧妙的斡旋技巧也不可或缺。李鸿章自己就掌握了外交上的技巧，特别是和共同采取军事行动的常胜军队长戈登之间，对他而言简直就是绝好的训练机会。这在当时，是其他的官僚们无法体验到的宝贵经历。

在武力、财力上占有绝对性优势，以及和西方的密切关系，这些都是李鸿章独有的财产。在进入19世纪70年代之前，他在军事、财政、外交以及当时清朝面临的所有重大问题上，都占据了首要地位。西太后将他视作不可或缺的人物而倚重，也是大势所趋吧！

平定捻军

太平天国虽然灭亡了，内乱却没有因此立即得到收敛。距离北京不远之处，仍然处于燎原之火当中。这就是盘踞在淮北地区中心的捻军势力。

已经多次提到过，捻军从19世纪前半期开始活动，与太平天国的扩张相呼应，在河南省、安徽省一带扩张了其势力。1855年，黄河泛滥，来自山东、安徽北部、江苏北部的大量流民加入后，捻军势力更加膨胀。他们以安徽省最北部的亳州雉河集为据点，拥立张乐行为盟主建立组织，和清朝正式对抗。翌年，他们占领了交通枢纽颍州三河尖，与太平天国的将领陈玉成合作，转战到淮南。李鸿章在家乡的遭遇就是发生在这一时期。

虽然他们还未波及淮南，但是捻军整体活动的中心距离北京不远，让清朝无法坐视不管。清政府派出了曾经歼灭太平天国北伐军的僧格林沁，率领蒙古铁骑兵来加以镇压。1863年，僧格林沁攻打雉河集，抓住了张乐行并将其处刑。

然而，在太平天国灭亡后，捻军的残党又合拢起来，瞬间势力大涨。他们组织了大量骑兵与清军对抗，1865年，僧格林沁在山东省曹州战败而死，备感危机的清朝于5月27日，任命刚刚平定太平天国起义不久的两江总督曾国藩为钦差大臣，前往讨伐捻军。

曾国藩虽然统率八万大军，然而这些兵力除了残存的湘军之外，大部分都是淮军。而淮军就像是李鸿章的私人部队，就算曾国藩身为李鸿章的尊崇之师，也和将士没什么交集，很难让他们听从自己的命令，这会影响到镇压捻军的计划。曾国藩看到自己亲自指挥效果欠佳，便提出由李鸿章代替，北京朝廷也只好批准了。这时是 1866 年年底。

取代他的李鸿章及其淮军作战顺利，于 1868 年 1 月在山东省胶莱河大胜捻军，大局基本确定。同年 8 月，捻军的残党也溃不成军，这场最早从 1855 年就开始的十数年的叛乱，终于画上了句号，李鸿章的声望也由此如日中天。这一时期的李鸿章，后来被赞为"料兵如神"的常胜将军。而对清朝来说，他也是一名恰到好处的武官元勋。

因循守旧的社会结构

捻军是以淮河流域的走私盐商为中心，集结土豪势力而形成的。淮河河口四周的海岸是屈指可数的盐产地，这里生产出来的盐在淮河以北被运往河南、安徽北部、山东南部以及江苏北部，淮河以南则被运往江西、湖北、湖南、安徽南部和江苏中部，供给庞大的消费人口。由于产地和运输线路受限，为便于管理，中国的政府权力很早就将盐作为专卖品，在原价上加上数十倍的重税来获取巨大的财源，清朝也不例外。因此，历代依靠走私盐来攫取利益之辈络绎不绝，捻军也继承了这一谱系。

单就集结淮河流域的土豪势力这一点而言，在淮南的合肥附近挖来团练而组建的淮军，实际上和捻军并无大异。捻军和团练都是当地的武装集团，同为性质相同的中间团体，说起来两者带有浓厚的同一社会诞下的双胞胎的性格。说来也巧，同样诞生于湖南社会的类似双胞胎的湘军和太平军也互相争斗，就像重复前者战胜的事实经过一样，淮军也打败了捻军。

当然，淮军装备了高性能的军火，在军事力量上取得了胜利。然而，捻军容易向同乡人居多的淮军投降，再加上盐的走私由于厘金而变得合法，捻军从兵力上和财源上被切断，这一原因也不容忽视。

湘军和淮军为了消灭太平天国和捻军，耗费了15年之久。这一期间的死者，最新推测据说达到了7000万人，这是一场声势浩大的战乱。光看江苏省，从原本将近4500万人口降到半数以下，再过了半个世纪也不过是3200万人，未能恢复过来。土地的荒废和生产力的破坏，也是触目惊心。

但是，如此声势浩大的叛乱，并未能引起彻底的社会变革。叛乱势力也好，镇压它们的一方也好，两者都在19世纪涌现，同为中间武装集体，植根于同样的社会结构之上。因此，镇压的一方未能将反动势力滋生的温床予以解体和破坏、颠覆。否则的话，也意味着对自己母体的否定。

也就是说，统治者采用的方法是不破坏现有的社会结构，使反体制的中间武装集体屈服于政权，试图以此来恢复治安。即使如此，中国如此之大，仅仅是使它们屈服这一项就付出了大量的生命和时间。其中，之前并不确定方向的中间团体、秘密结社等，通过义勇军和厘金，基本上化作了支持总督和巡抚的军事、经济势力，一度动荡的局势也逐渐安定了下来。大量的死者，也反而受到人口与生产力一致的规模调节，为局势稳定贡献了巨大的力量。

然而，即使中间武装暂时臣服，清朝仍存在着随时可能再次叛乱的隐患。实际上，曾国藩之所以毅然解散湘军，也是因为军队里的拉帮结派会直接导致暴动，而且，那些离队的士兵们会再次转向反体制一方，走向秘密结社之路。例如哥老会便是在长江流域扩大了势力，之后在辛亥革命推翻清朝时发挥了重大作用。督抚不得不守在跟前紧盯着局势的发展。

督抚重权就是在 18 世纪以来的统治结构、社会构成的变动下，为了摸索出维稳之路而形成的制度性归结。因此，它并非与以前的地方割据存在本质上的区别。李鸿章最大效率地利用了这一基础，成为督抚中的佼佼者。他的权势始终是建立在这一基础之上，在观察以后的事迹时，也不能忘了这一点。

"合作"的时代及其终结

合作政策　　　同治中兴的另一个侧面是对外关系的好转。第二次鸦片战争中清朝战败，分别在1858 年和 1860 年签订了《天津条约》和《北京条约》。其内容是清朝对外开放贸易市场，外国与清朝建立起日常性的西方式外交和国际关系。外国公使常驻北京，就是典型的规定之一。

针对这一形势，为了在首都能和外国公使进行日常性的交往和斡旋，1861 年清朝设立了总理各国事务衙门，简称总理衙门。随着《天津条约》的签订，清朝和与英法美俄四国关系恢复正常，直到 1869 年，其间又分别和普鲁士（德国）等七国签署了新的条约。看到相当于外交部的行政机构成立，列强都表示欢迎，更加一致将总理衙门作为交涉对象，做出了支持清政府的姿态。这就是所谓的"合作政策"。

总理衙门也响应这一形势，对外国采取了合作的态度，陆续采取了有助于推动和外国交往的措施。例如，设立培养翻译人才的外语学校同文馆，翻译国际法著作，发行《万国公法》，派遣使节前往欧美等，可以说表现得十分积极。

但是，从外国的角度来看，是否有实际效果，完全是另一码事。第二次鸦片战争时，英国之所以固执地要求公使常驻北京，是因为他们认为清朝统治是中央集权性质的，要想解决开放口岸的问题，由清政府来向地方当局施加压力更加有效。只是，清朝的体制将地方的统治委任给了地方政府，可以说这完全是一种误解。

总理衙门也并非是专门性、统一性地管理一国外交的近代国家的外交部。这里的构成人员只是暂时兼职而已，他们另有原本的官职，这个部门也不过是临时设立的。而且，北京的排外保守派占有优势，他们总是在后面扯后腿，无法做出外国事务上的决断。总理衙门在首都处于孤立状态，在开放口岸也没有直属的官僚，更谈不上有财力和武力方面的背景了。它的判断力和执行能力，从一开始就是微不足道的。

掌管开放口岸的官职另有安排。上海以南的开放口岸为南洋大臣，以北的口岸则为北洋大臣，前面提到的薛焕，他就曾被任命为南洋大臣，而李鸿章即为他的后任。南北洋大臣是皇帝特派出来执行任务的，不能看作是总理衙门派到地方上的人。两者都直属皇帝管辖，而不存在上司和部下的关系。这一体制，并不能把北京总理衙门的意向直接反映给开放口岸。

即便如此，当初总理衙门之所以能够独当一面，是因为地方大臣专心于镇压内乱，而外国凡事都要通过总理衙门来进行交涉。因此，西方各国的期待，随着时间的流逝而未能得到回报。

可以说，合作政策总体上发挥了作用，维持住了稳定。但是，它只持续了19世纪60年代的十年左右。天空开始乌云密布。

教会案件的频发　其中代表性的事例是教会的案件。它指的是对基督教徒，特别是教会进行袭击和迫害的事件。清朝已经在《南京条约》签订后，默许开放口岸的外国传教士可以进行布教活动，而这一次的《天津条约》正式承认了基督教的内地传教、华人的信仰自由等。以此为转折点，19 世纪 60 年代无论是基督教还是天主教，传教士们大批涌入内地，与此同时也引起了华人的反感。

对基督教最为反感的是各地的绅士和官僚们。当地的权势者信奉儒教精神，掌握了中间团体的绅士除了厌恶基督教男女平等这一观点以外，还不满传教士教唆改宗的华人教徒皈依基督教社团，脱离以往的中间集团。官僚极为不满的是，华人教徒顾忌外国人的条约特权，而不服从政府权力，特别是不服从审判的现象。反过来，对绅士和官僚深为不满的民众，则寻求外国人的庇护，从其横行霸道中来达到保全自己的目的。

受到绅士的鼓动将破坏行动付诸实施的是百姓。感到基督教威胁到自己利益的人们，故意制造流言煽动排外情绪。例如说，孤儿院挖下儿童的眼珠当药用，吃他们身上的肉，忏悔的习俗是为了诱惑妇女，等等。对这些骚动，当地的行政大员大多采取睁一只眼闭一只眼的态度。

就这样，从 19 世纪 60 年代后半期开始，教会案件有所增加。1900 年之前，光是发展为外交上的纠纷的案件，就有大约 400 件之多。这些都是关系到条约权益的问题，外国不肯妥协和让步，而这些问题同时也是触碰到儒教、中间集团这一清末社会基本构成的问题。倘若外国不改变态度的话，绅士们也不肯就此作罢。因此，在双方的意识都改变之前，教会案件是绝不会停歇的。这种情况之下，发生了一件大事，就是1870年的天津教案。

天津教案　第二次鸦片战争后，天津对法国的敌对感情更加激化。原本这里就是与英法联军作战的战场，再加上传教士在此建设教堂并进行布教，引起了当地民众的反感。特别是孤儿院，成为众人怀疑的对象。附属于教会的孤儿院收留孤儿，并有礼金答谢，于是有人为了礼金而拐卖儿童，甚至有华人被处刑。收留孤儿越多，接受他们洗礼的人越多，作为布教的成果受到的评价就越高。孤儿死去时，临死之前给他们洗礼，并用基督教的仪式来埋葬。

1870年，天津流行疫病，孤儿院有不少孩子病死。人们对孤儿院更加怀疑，引起骚动，甚至去挖死去孩子的坟墓。天津的地方官员面对这一情况，6月21日要求法国驻天津领事深入教会调查此事。与领事馆毗邻的教会创建于1869年，起名为"胜利的圣母"，就是现在闻名的望海楼教堂。

法国领事丰大业勃然大怒，他前往管辖北方开放口岸的通商大臣崇厚处抗议，并当场开枪威胁，用佩刀猛敲桌子，于是引起了一场惨事。

丰大业不顾崇厚的劝阻冲出门外，当时已经有很多群众围在外面。他们是在"火会"这一维持消防的中间集团的组织下聚集起来的。亢奋之中的丰大业在人群中发现了天津

当时被烧毁的望海楼教堂 （东京大学综合图书馆所藏，摘自亚历山大·米契《维多利亚时代在中国的英国人》）

知县，向他开枪。子弹击中了知县的随员，此人当场死亡。愤慨不平的群众杀死了丰大业和他随行的秘书官，将尸体大卸八块。随后，他们又袭击了先前的教堂、修道院、孤儿院，以及法国领事馆和其他国家的教堂，烧杀抢掠。被杀死的法国人和其他受牵连的外国人达到20人，还有一倍之多的华人基督教徒在事件中丧生。

事件的处理　　天津教案发展为重大的外交事件。不仅受到条约保护的传教活动受到侵害，普通的外国人甚至外交官也惨遭杀害。这是外国一方的说辞。此事也关联到清朝当地政府的官员，还出了人命。掌管包括天津在内的口岸通商的崇厚虽然也是当事人之一，但仅靠他的权限是无法收拾残局的。于是他提出请求，由管辖天津的长官来处理此事。

管辖天津的地方长官是直隶总督。总督府位于内陆的保定，管辖的范围大致相当于今天的河北省。由于就在首都皇帝的眼

皮底下，在为数不多的督抚当中，直隶总督是级别最高的。当时任此官职的便是曾国藩。迎来六十大寿的曾国藩本想告病休假，无奈碰到这种情况，只好带病领命。他给儿子们留下遗嘱后动身，7月8日抵达天津，开始搜查。

另一方面，各国的公使一同向总理衙门施加压力。8月中旬，天津和山东半岛的口岸烟台聚集了法、英、意共15艘军舰。战争一触即发，局势空前紧张。

祸不单行，这时南方也发生了惨案。8月22日，两江总督马新贻在南京遇刺。由此，清政府于同月29日任命曾国藩继任两江总督，由李鸿章继任直隶总督。9月18日，李鸿章到达天津。如果没有这次的人事任命，也许他的人生会是另外一番风景。

之后，曾国藩也继续留在天津处理此事。10月上旬，判处21名人员死刑，将法国方面要求处刑的知府、知县流放，赔款白银21万两，给付抚恤金白银28万两，派遣崇厚前往巴黎谢罪，事态总算暂时平息。法国本土得知天津教案发生时，已经和普鲁士开始了普法战争，不久皇帝拿破仑三世下台，已经无力在远东地区挑起战争了。就这样，清朝终于逃过了一劫。

师徒交替

这项任务对曾国藩而言，是极其苛刻的。不仅是他带病在身的缘故，他的处境原本就很艰难。一言概之，即受到内外夹击，进退维艰。

从天津当地至清朝政府，都对袭击外国人的犯人们深感同情。天津教案原本就是社会对基督教及其活动根深蒂固的反感的具体表现，而这一反感，正是儒教精神组织下的中间集团酝酿而成的。这些中间集团，也是科举考试中诞生官僚的摇篮，特别是置身事外的官僚们，主张在儒教教理基础上的原理性观点——攘夷论，支持教案并将其合法化，认为教案在这一意义上是理所当然的行为。

这一攘夷论经常被称作"清议"。正如其字面所示，即洁净不带污点的正论的意思。与其相反，简直无法说出口的污秽之物，恰恰是高度赞美西方的洋务。这一观点，以后逐渐加剧，丝毫不见衰退。

然而在面临交涉的当局看来，一旦与拥有绝对优势的军事力量的外国列强决裂，就意味着立刻会引起战争。即使内心对清议存在共鸣，也不能够体现在现实的政治当中。但是，倘若过分地妥协让步，站在外国的一边，便会受到清议的指责，威胁到自己的政治生命。这也正是曾国藩的苦恼所在。

在这一点上，8月29日的人事任命意义重大。镇压平定了捻军的李鸿章，继续担任湖广总督，掌握大军以备西方的骚乱，此时他正行军至陕西，平定当地的穆斯林之乱。接到命令后，他立即率军赶往天津。这当然意味着抵抗外国方面的军事压力，更重要的是对内预想到要协助曾国藩顺利处理事件的效果。

果然，在此事的处理上，曾国藩遭到了众多诽谤。李鸿章赶到天津后，很快事件就得到解决，于是大家都私下流传，曾国藩未能处理好，是李鸿章出面处理的。当然这是个误会，真正完成任务的是曾国藩。然而，李鸿章与大军的到来助其一臂之力，李鸿章并不是没起到作用。由此以后，格局自然有了定论。

也就是说，在之后的对外交涉中，背后的军事力量是不可或缺的。特别是在发生这些案件的开放口岸，不仅有来自外部的压力，还要抑制内部的暴动。当时，只负责管辖开放口岸的贸易和涉外事务的通商大臣，例如崇厚，是远远不够的，必须要有管辖当地官员、拥有军队的督抚才能担当这一任务。由督抚兼任南北洋大臣的制度就此确立，11 月 12 日，直隶总督李鸿章兼任北洋大臣。与此同时，开放口岸的天津成为重要的驻扎地。

这也是从曾国藩时代向李鸿章时代的转折。曾国藩在天津教案中颜面尽失，身心备受打击，之后不到一年半就病逝了。与此相反，李鸿章却是声名鹊起。

要说在此之前的中兴名臣、镇压内乱的功勋之人，当仁不让就是曾国藩。他的个人魅力给他带来了巨大的名望，同时也带来了各种猜疑。李鸿章再怎么被看作是救世主，功绩仅次于曾国藩，却终究只是学生而已。正因为在老师的庇护之下，他才得以发挥才能。曾国藩先是提拔他，随后让出了主力部队，最后连声望也拱手相让。为了让李鸿章自立门户，曾国藩亲手培养出了这名接班人。

最后传授给李鸿章的，是与外国的交涉方法。对手不仅是外国，更棘手的是对国内的顾虑和拥有多少实行能力。李鸿章在天津，近距离地体会到了曾国藩的苦恼，受益匪浅。可以说曾国藩以身传教，将经验悉数传授给了李鸿章。圆滑处事、不凸显内外矛盾，之后李鸿章的思考风格、行动模式大多出自这一时期。

就这样，在对外关系上，中央与地方、垂帘听政与督抚重权的分工，对应着总理衙门与北洋大臣李鸿章这一组合而逐渐稳定下来。李鸿章自身也不得不转变为担当相当一部分外交责任的政治家。

进入 19 世纪 70 年代后，同治中兴这一稍带喜庆的时代认识也已经褪色。内乱虽然有所收敛，治安维持却依旧迫在眉睫，对外关系上的困难也不断加大。此时的李鸿章正值 48 岁，在知天命之前，作为督抚的头号人物，李鸿章迎来了一个崭新的时代。

第四章

明治日本

李鸿章，1871 年
（摘自约翰·汤姆生《中国与中国人影像》）

清朝与日本

日本的接近 天津教案的交涉结果虽说开始见效，紧迫的危机感尚未消除，1870 年 9 月 28 日，新的外国使节来到了天津。这就是以外务权大丞柳原前光为代表的明治政府的使节团。

日本的目的在于和清朝签署条约，建立正式的邦交，派遣使节团也是为了试探清朝的意向。天津负责接待使节团的是管辖口岸的崇厚的后任、从总理衙门派来的成林。身为直隶总督的李鸿章也和柳原接触会面，汇报也是两人联名进行的。不久李鸿章兼任北洋大臣，之后继续负责交涉，以他的思维和行动为主来分析更加方便。

李鸿章的一贯主张是，接受日本的要求，与它签署条约。这在当时的官界，可以说是不同寻常的观点。对于天津教案的结果，清议派一再指出对外国过于软弱，甚至有人谴责日本此时乘虚而入。

总理衙门大概也迫于形势，刚开始持消极态度。和日本已经有了贸易往来，只要维系原先的关系就可以了，何必再签什么条约。但是，李鸿章和柳原等人谈判后，确认了日本的意向，强调必须要和日本签署条约，最后说服了总理衙门。

日本尚且不惜费用，购入西方的机械、军舰，仿造精密锐利的枪炮。万不可因其国小缺人而小觑。……日本距离江苏、浙江不过短短三日，且精通中华文字，与其他东洋各国相比，军备强盛，应与其联合作为中国的外援，而不可被西方人用作为外府之地。

上面是 10 月 3 日李鸿章的意见，略微字斟句酌、具体地做了说明。"外府"的意思正如字面所示是"外面的府第"，这里的含义是指资金来源和落脚之处。总理衙门高度称赞他"深谋远虑"，虽有所顾虑，最后决定同意李鸿章的意见，并反复申明今后也是同样判断。随后向柳原递交了写给日本外务省的书简，答应只要日本派遣条约谈判的特派大臣，就会做相应对接。

完成了使命的日本使节团，11 月 12 日离开天津，踏上了回国之路。说来也巧，李鸿章兼任北洋大臣，正式掌管对外交涉也是这一天。

从江户到明治

日中关系并不是这一时期才开始的。仅仅从两国来往密切的 16 世纪开始算起，就有数百年的历史。不过，从现在回顾的话，我们必须注意到，这种关系是极其不正规的。

16 世纪的日中关系，以"倭寇"这一称呼为特征。日本需要丝绸等中国的特产，而中国则渴望金银等日本的贵金属，两国经

《倭寇图卷》 比起实物，更接近于效果图（东京大学史料编纂所所藏）

济关系不断加深。然而，双方实际上进行的贸易，却是以走私和暴力的形式体现出来的。贸易本身也由于不符合当时明朝政府的限制而受到了严格的打压。到了 16 世纪末，丰臣秀吉出兵朝鲜，明朝也向朝鲜派出援军，两国的正规部队陷入了战争。对中国而言，日本也只能是倭寇。日本的存在，在政治上不如说是敌对与警戒的对象。

17 世纪，日本进入江户时代，中国也正值明清的朝代更迭，日中关系终于稳定下来。众所周知，日本实行所谓的锁国政策，清政府只允许中国商人前往长崎从事贸易。即便如此，在初期阶段，日中仍然互相继续保持着重要的贸易国地位。两国在持续经济上的紧密关系的同时，排斥容易走向敌对的政治上的关系。

然而，随着日本贵金属的储藏量日渐枯竭，日本国内也能够生产中国的特产，双方的贸易急剧下滑。本就没有政治通交的日中关系，到 19 世纪后半叶，随着经济上的关系大大减弱，日中关系也逐渐疏远开来。

德川幕府成立后，为了发展海外贸易，1862 年 5 月与 1864

年3月，分别向上海派出了外贸船只千岁丸和健顺丸。然而这些尝试并未能持续下去，这是因为当时的日本，在经济上与中国并没有太大的利害关系。

因此，日本在明治维新后，重新派出柳原使节团交涉条约事项，并不是出于紧迫的经济问题，或是与清朝之间存在不可避免的悬案。明治政府的首要课题是，以修改条约为目标改善与西方各国的关系，与此相关，他们看到和清朝之间建立起西方式的国际关系对己更加有利。如果能与清朝合作，那就再好不过了。首先，我们应该注意到的是，以与西方改善关系为前提的日本方面的认识与动机。

对日本的认识 日本对明朝的中国来说，是提供货币原料白银的重要国家，进入清朝后虽然白银产量有所减少，然而铸造铜钱的铜仍然依靠日本的出口。即使如此，清朝仍仅仅允许中国商人前往长崎通商，这是出自对倭寇之害的顾虑。拒绝日本前来贸易，政府之间不相互往来这一方针，说穿了都是来自对过去的倭寇产生的不信任和戒备感的缘故。

换言之，日本会给自身带来危害的倭寇印象已经形成并深入人心，中国首先会将其视作军事上的威胁。但是，这里也可以特别地指出，正因为在对日关系上没有刻意地去深化，中日两国两百年间才能够相安无事。

然而，这种姿态随着19世纪后期西方入侵东亚，而不得不让人重新思考。即便清朝的姿态没有变化，日本却改变了锁国政策走向开国。随着欧美的贸易公司在日本开展贸易，被雇佣的华人东渡日本，在日华侨逐渐增加。清朝曾经抗拒日本人前来中国，现实上也不可能了。刚才也提到了千岁丸和健顺丸来到上海。在日本广为人知的是，同行的高杉晋作、五代友厚等人去中国各地后写下的实地考察，对之后的明治维新产生了巨大影响。那么，作为接待方的清朝，又是怎样的一番情景呢？

对于此次千岁丸、健顺丸来港，上海当局也是始料不及，被这一史无前例的事态弄得狼狈不堪。眼下只能暂时参照已经签署条约的列强，以及已有贸易往来的欧洲各国的先例条件加以处理。长远来看，应如何对待日本，当前尚没有定论。

在诸多反应当中最值得我们瞩目的是，很久以来未能引起注意的日本这一存在，清朝当局对它有了重新认识，并且比以往任何时候都想要更多地了解它。这些都成为日后左右时局的重要因素。

李鸿章的日本观及其影响

千岁丸和健顺丸到达时，治理上海的地方最高长官，便是江苏巡抚李鸿章。健顺丸到达时，他还兼任了管辖南方开放口岸的通商大臣。也许他因此而受到了触动，从上海的英文报纸上开始收集有关日本的信息。健顺丸离开上海后的 1864 年 6 月，他向总理衙门发函如下：

以前英国、法国等国将日本视作外府，诛求至极，日本君臣发愤而起。遂选拔宗室与大臣之聪慧子弟，派往西洋兵工厂学习各种技术。又购进制造兵器之机器，于本国开始仿造。如今已能开动汽船，使用榴弹枪。……总之，如今的日本，即为明代的倭寇。离西洋远，距我们却近也。我们如得以自立，日本也助我等对付西洋，倘若我等不能自强，恐其将与西洋一道共同将我瓜分。

从上面可以看到，李鸿章不仅熟知幕府末期日本的开国经过，还对它之后努力引进西方兵器之事了如指掌。另外，他还提及生麦事件和萨英战争，可以说在清朝已当仁不让的头号日本通。但是，他的观点当中也有守旧的部分。

李鸿章当时担任淮军的统帅，正在推进兵器的近代化。也正是因为这一点，他才对日本的西洋化格外关心，这是一种新的局势。然而，他把日本看作"明代的倭寇"，表现出对它有可能成为自己威胁的担心，在这一点上和以往的看法并无不同，也就是说，在新的与西方关系中的旧倭寇。这是李鸿章，甚至是清末中国对日本的基本认识。

举一个典型的事例。总理衙门在 1867 年的奏章中，对日朝关系做了如下描述：

日本于前代明朝时实为倭寇，对江苏、浙江沿海地区肆意蹂躏，还延伸至朝鲜，凡事均居夜郎自大之心，对中国也久未朝贡。……最近，日本战败，与英国、法国等和解。不久后发愤学习军舰制造，开始与各国交流，必是有非分之念。……倘若英法出兵朝鲜，其目的不外乎基督教传教与通商而已，不过是相互牵制，并无占领朝鲜夺其土地之念。而日本却不受牵制，难免窥其土地。一旦日本占领朝鲜，与中国邻接，将导致紧迫忧虑之事态。日本无须传教或通商。……朝鲜若受到日军攻击，实乃法国无法比拟之严重外患。

引用倭寇将其视为军事威胁这一点，与李鸿章同出一辙。而更要注意到的是，文中还加上了丰臣秀吉出兵朝鲜一事，将日本视作朝鲜半岛的威胁。

就在前一年，因为认为朝鲜迫害基督教，法国一度派遣舰队前往朝鲜行使武力。这就是"丙寅洋扰"。正因为最近出了这件事，总理衙门更加认定日本是比西方列强更让人担忧的存在，抑或是受到了李鸿章意见的影响吧。

有关倭寇的记忆，使得日本被视作朝鲜半岛、东南沿海的潜在军事威胁，而幕府末期明治维新的西方化进程更增添了对这一威胁的警戒感，这成为之后 1879 年对日政策的基础。

中日修好条规

出场与成功　就这样，对于向天津派出使节团的日本，李鸿章的脑中已经形成了相应的固有观念，他并不是初次与日本打交道。这里可以比较一下他在 1870 年和 1864 年的两次意见（85、89 页）。虽然间隔了六年，然而从兵器的"仿造"和"外府"这些字眼上可以看出，内容基本没有什么变化。

基于这种日本观，清朝形成了这样一种方针，即日本为近邻且"自强"，可能构成军事威胁，因此不能与其为敌。既然它前来要求签署条约，那么不得不认为"笼络其可能为友，拒绝其必将敌对"。而之前暴虐无比的西方列强们，只要遵守条约，他们也都安稳了下来。因此对待模仿西方的日本，只要签署条约并加以"笼络"，这一威胁就不会显露出来吧。

不仅如此，清朝在刚刚过去的天津教案中，饱受了西方的压迫。倘若此时得罪日本，无疑是雪上加霜。还不如笼络日本，在对抗西方列强上助己一臂之力。答案再明确不过了，目前的局势也有利于说服清朝政府内部的攘夷派和清议派。日本与清朝一样，也遭受过西方的压迫，应该对这种合作持积极态度，有十足胜算。当然，和日本的条约，无论是签署经过还是国情都不同，当然不能和英美法俄等国家签署的条约内容一样。

于是，清朝在也获得曾国藩支持的北洋大臣李鸿章的意见基础上，大致确定了以上的方针。而接下来的所有交涉，都全权交给了提出此意见的李鸿章本人。在清议势力根深蒂固的首都，不想被推到风口浪尖的总理衙门想出了这个办法，也是无可厚非的。

而李鸿章，则是在外交问题上首次出场。自己提议的方针一旦被采纳，他立即发挥出了惊人的实干能力。他与南洋大臣曾国藩联手，从1870年11月到翌年7月，制定了签署条约的草案。他对柳原使节团会谈时拿到的日本方面的条约草案进行了分析反驳，将其脱胎换骨，以新草案代之，等着日本方面谈判使节的到来。

以大藏卿伊达宗城为正使、柳原前光为副使的使节团抵达天津，是在1871年的7月底。他们也带来了在日本准备好的条约草案，是由洋学家津田真道起草、以清朝与西方各国签署的条约为基础写成的，也就是说属于不平等条约。它和前一年柳原前光带往天津时的条约草案大不相同，因此，与清朝交涉的日本的姿态，有几位学者将其作为考察对象加以研究。但是我们这里就无须深入探讨这一问题了。柳原草案自是不用说，就连津田草案，在谈判现场都几乎未能发挥效力。

与伊达、柳原等人谈判时，李鸿章驳回了日本提出的草案，而是将自己准备的草案作为条约签署的原案。他要挟日本，要么将清朝草案作为原案，要么打消条约谈判、签署的念头，整个谈判中清朝始终掌握主动权。李鸿章成功地让伊达等人几乎接受了所有的条款。

伊藤宗城（1818—1892）
原宇和岛藩主。他在幕府末
期的政局中发挥了巨大作用，
负责新政府成立初期的外交。

条文内容

就这样，1871年9月13日，《中日修好条规》得以签署。条约中没有最惠国待遇的条款，领事裁判权也由双方互相承认，和当时日清两国分别被迫和西方列强签署的不平等条约不同，这一纸条约是立足于平等关系之上的。这一点千真万确，但是不能忘记的是，条约内容是由清朝准备的，日本方面属于接受方。也就是说，条文中包括了清朝的用意，而同时，接受它的日本也有自己的解释，这两者是否一致，是一个问题。

其中，我们来看两条最能体现出清朝观点的条文。首先第一条是关系到以后走向的重要条文。

嗣后大清国、大日本国被敦和谊，与天壤无穷。即两国所属邦土，亦各以礼相待，不可稍有侵越，俾获永久安全。

特别是后半句，用一句话概括，就是互不侵犯。然而，在此处清朝的真正意图并不如此单纯。下面是负责起草条约的李鸿章下属陈钦说的话。

日本与朝鲜邻近，两国的强弱之分在《明史纪事本末》中即有明示。最近又闻日本接近朝鲜。倘若其野心在于吞并朝鲜，我东三省将失去壁垒，需提前做好对策。如今其前来通交，乘此机签署条约，并不能保证永久安全，起到牵制之效。即便如此，直指朝鲜实乃不妥，概括称之为"所属邦土"。

也就是说，这一条约并非泛泛地规定了友好与互不侵犯，而是带有不让日本入侵朝鲜这一具体目的，理论上和四年前的总理衙门的奏章内容并无区别。然而要是明确指名朝鲜，或是为此单设条款，唯恐会过于露骨而引起不必要的猜疑，才采用了这一写法。

汉文表达的"所属邦土"按照清朝的解释，不仅是在其直接统治下的中国，而且包括朝鲜等朝贡国。如果进行朝贡的话，在礼节上会产生上下关系，因而分别称为"上国、上邦"和"属国、属邦"。当然，和我们如今所理解的属国，意思和内容是不同的。然而，正是将这些不同的国家都称之为属国，埋下了问题的隐患。

其次是第二条，内容如下：

两国既经通好，自必互相关切。若他国偶有不公及轻藐之事，一经知照，必须彼此相助，或从中善为调处，以敦友谊。

也有意见认为，《中日修好条规》不仅是为了日清两国的对等关系，而且带有日清合作的意图，这一条的存在便是主要原因。

如果单纯只是日清的合作，那么日本方面也有此意。正因为如此，才接受了这一条。但是，至于要怎么合作，却是另外的问题。李鸿章想把日本用作对抗西方的"外援"力量，这就需要将日本与西方隔离开来，与清朝"联手"。对清朝而言，日清"联手"不过是为了"牵制西方人"的手段而已。

这时，正逢美国舰队对朝鲜展开了攻击。这是为了报复五年前发生的烧毁入侵大同江的美国商船的行为，被称为"辛未洋扰"。得知此消息的清朝当局，当然关心朝美关系的走向，然而同样担忧的是，日本可能会与美国遥相呼应，一同进攻朝鲜。

日本以前就存在着吞并朝鲜的野心，再加上近年来与西方各国的良好关系。且不论客观来看这一认识是否正确，却难免让清朝对日本产生猜疑和戒备。李鸿章等人首先担心的是朝鲜半岛问题，其次是在东三省和北京的安全问题上，日本会和西方打成一片。

倘若如此，那么《中日修好条规》的第一条和第二条就有着密切关系。前者是对日本的警戒，后者则是与日本"联合"。这两条看似截然相反的条文，放在朝鲜洋扰的当下，从防止日本进攻朝鲜半岛这一点，其一致性应该是可以理解的。

龃龉的产生　　但是，伊达使节团们却未能捕捉到清朝方面的这一想法。首先关于第一条，他们向本国报告为"所属邦土，并不是指藩属之地"。其理由、经过并不清楚，可以肯定的是日本从一开始，就认为"所属邦土"不包括清朝的朝贡国和属国，直到最后这一观点也没有改变。朝鲜等属国的问题根本不在他们的考虑范围之内，这一点和清朝存在着根本上的矛盾。但这一矛盾的凸显，需要经过一段时间。

而立即表面化的问题，却是围绕声明要保持友好和相互援助的第二条上的对立。伊达等人认为，它和清朝与美国缔结的《天津条约》的内容是一样的。虽然从文字上看确实一样，然而清朝方面的意图却存在差别。果然不出所料，没过多久，这一条就被周围看作是对抗欧美的日清防守同盟，并大肆宣传。

这和明治政府力图避免与欧美关系恶化，从而修改条约的利益发生了冲突。事实上美国等国家也提出了抗议，日本唯恐遭到西方列强的猜疑，慌忙向清朝抗议，要求删除第二条。翌年即1872年，日本再次派柳原前光去往天津，试图和李鸿章进行谈判。

这意味着要修改已经签署的条约。尚未答应之前，对日本提出的这一要求，李鸿章的疑心更重。当然，他不打算和柳原进行修改条约的谈判。不过，在双方数次接触的过程中，清朝方面做出了补充说明，声称第二条并非是军事同盟，这才总算减少了欧美列强的猜疑。第二条虽然未被删除，日本政府判断其影响已经减弱，才最终批准了《中日修好条规》。外务卿副岛种臣来到天津，于1873年4月30日与北洋大臣李鸿章签署了条约。

这么看来，《中日修好条规》终究不是为了建立日清之间平等的友好关系，或是进行合作的条约。反而是，当时已经存在的日清之间的矛盾均被包含其中，这种看法比较稳妥。在此之后，日清的互相猜疑不断加深，对立不断产生，也可以说是必然的结果吧。

其中最重要的是，《中日修好条规》第一条对"所属邦土"的规定。它不过是利用了西方式的规定国际关系的条约这一形式，特别是反过来利用了它的约束力，来达到保全包括现有的属国在内的清朝的邦土罢了。李鸿章在谈判当中使用的这一手段，在处理与日本和西方各国之间的关系中成为一大争议点。

从台湾出兵到琉球处分

琉球漂民事件与琉球　　《中日修好条规》签订后大约两个月，1871年11月30日，54名琉球宫古岛岛民漂流到台湾，遭到"生番"杀害，这就是所谓的"琉球漂民事件"。

琉球自建国以来，就是明朝的朝贡国，即属国。到了清代也继续维持这一关系。直到17世纪初，琉球被萨摩藩征服。琉球这一微妙的地位，到了19世纪后半期，在与西方开始通交的日清之间成为问题。

首先采取行动的是日本。琉球漂民事件发生后大概过了一年，琉球王国的维新庆贺使抵达东京，明治政府把琉球王国改为琉球藩，任命国王尚泰为琉球藩王。过了没多久，又把琉球的外交

首里城正殿前的册封仪式　对琉球王国而言，与中国王朝的朝贡、册封关系是举国之大事（《琉球册封图》，冲绳县立博物馆所藏）

权转移到外务省。这些都和琉球漂民事件没有直接的关系。然而，从此以后，琉球的地位发生变化，和台湾问题挂上了钩。

　　1873年4月至6月间，外务卿副岛种臣为了互换《中日修好条规》的批文，以特命全权大使的身份访问了天津和北京。这一趟使节之行在和李鸿章于天津交换了批文之后，成功地觐见了同治帝，而名噪一时，当时也就琉球漂民事件和琉球相关之事进行了打探和协商。

　　6月21日，副岛派遣随员一等书记官柳原前光前去总理衙门会谈。日本方面就会谈内容做了如下记录：

　　　　对方说："此岛民有生熟两种，从前归服我王化者为熟蕃，置府县而治之，至今尚未归服者为生蕃，将其置于化外，远未治理。……不制生番之横暴，我政教则无法逮及。……"
　　　　柳说："贵大臣若说生蕃之地政教所不及，又有以前旧证，乃化外孤立之蕃夷，唯独归我独立国处置而已。……"

也就是说，日本认为，清朝明确表示台湾的"生蕃"乃"化外之民"。

把琉球国民当成"我国人民"或日本人，是日本方面的主张。而清朝总理衙门的回答是台湾的"生蕃"处于统治之外，这么一来，日本就要亲自来追究责任了。

果然在1874年，日本政府亲自追究"生蕃"的责任，决定向台湾出兵。其理论根据便是总理衙门的"化外之民"这一表述。

出兵与交涉　1874年5月，陆军中将西乡从道率领3600名日军，从台湾南部登陆，第二年占领了"生蕃"的大本营，军事行动结束。列强们的批判、强行发兵以及作战上的困难等出兵过程中的情况，基本上都广为人知，这里就不再详述了。

此处想强调的是清朝的反应。首先，上面所提到的日本方面用于出兵借口的柳原会谈，清朝方面记录的史料却无从入手。总理衙门在出兵后的奏章中，对当时的事情如此写道：

日本的翻译官郑永宁说："对台湾生蕃派人，今后若有日本人前往，希望得以善待，我等目的在于传达此事，不打算行使武力。"我等送副岛回国时，再次要求"今后总之按照修好条约之条文，凡两国所属邦土，不可稍有侵越"，他也答道："也是我之本意。"

上面的文字是事后写的，其中提到的郑永宁和副岛承诺不行使武力，很可能经过了润色。应该解读为总理衙门在日本出兵台湾这一事态前，为了回避责任，因此强调了日本方面的过失。而这一对应值得注意的是，作为谴责日本出兵的论据，李鸿章的《中日修好条规》的第一条"所属邦土"不可侵犯的规定发挥了作用。

6月24日，清朝皇帝下达了谴责日本的训令。大意是，"日本采取军事行动，明确违反了条约"。也就是说，出兵台湾违反了清朝和日本之间签署的《中日修好条规》，是不合法的，违反的原因在于其用武力侵攻了清朝的"所属邦土"台湾。

为了化解彼此间的严重对立，日本政府向北京派出参议大久保利通进行交涉。谈判却迟迟不见进展。从大久保抵达北京的9月10日开始直到10月底，将近两个月，大久保反复与总理衙门会谈、书信往来，双方却都丝毫不肯让步。

那么，无法达成一致的根本矛盾在哪里呢？大久保的理由是，国际法中规定"政化不及之地，非所属之地"，没有统治事实的"生蕃"，并非"所属"土地，因此清朝无权约束日本。

对此，总理衙门则反复强调："台湾生蕃自古以来属于中国，这一点毋庸置疑。"至于如何治理"所属邦土"，由清朝"因俗制宜"而定,"万国公法乃最近西方各国编制而成,并未特指我清国之事。不以此而论",毫不理会日本关于国际法基准的主张。双方直接的争议焦点是台湾的地位和出兵的是非,要追究其根源的话,在于他们引以为据的国际法和《中日修好条规》之间的对立。

最后,在英国公使威妥玛的调停下,双方才未走向决裂,避免了开战。特别是清朝军备不足,不得不让步。作为对遇难者的"抚恤"和出兵的"酬谢",清朝支付50万两白银,还声明"台湾生蕃曾对日本国民属民等妄加杀害",形式上间接地承认了日本的主张和出兵。

双方的矛盾当然不会因此而消除。日本将清朝视作不遵守国际法的国家,清朝也视日本为违反条约行使武力的国家,双方加深了相互之间的不信任和警戒心理。

江华岛事件与李鸿章　日本对台湾出兵后,清朝明显感到了危机。清朝加强军备的速度提高,北洋海军也开始筹备。海军的情况放在后面一起归纳。

之所以不得不违心对日本做出让步,是由于军备上的空虚。否则,应该不会屈服于有"弃盟起兵"之罪的日本。这里所指的"盟",毫无疑问就是《中日修好条规》。清朝认为台湾出兵以及谈判上的失败,归根到底是军备上的问题,而不承认《中日修好条规》和与其相关的自己的条约观和对外关系上的问题。换言

森有礼（1847—1889）
鹿儿岛县出身，曾留学英美，新政府成立后从 1870 年开始在华盛顿工作。

之，清朝并未领悟到《中日修好条规》根本就行不通这一点。

对日本的警戒不仅仅在于台湾。日本对台湾出兵后，清政府担心日本也会侵略朝鲜，于是通告朝鲜政府日本可能会向其行使武力。接到通告后，一直拒绝与明治政府谈判的朝鲜政府态度软化，同意和日本派来的使节交涉。

然而，这场交涉迟迟未见进展，不久就陷入了僵局。迫不及待的日本出动军舰进行武力示威，企图打开局面。这就是 1875 年 9 月的"江华岛事件"。日本政府为了解决此事，在向朝鲜派出使节的同时，向北京派出特命全权公使森有礼，打探与朝鲜关系密切的清朝的动向，同时为了打破日朝谈判的僵局，要求清朝从中进行调停。

第二年年初，森有礼到达北京，首先与总理衙门进行了反复协商。总理衙门始终坚持，根据《中日修好条规》第一条"所属邦土"不可侵犯的规定，谴责日本对朝鲜行使武力，无法协助两国之间的调停。和日本出兵台湾时一样，清朝仍然坚持《中日修好条规》的有效性。

对此，森有礼和出兵台湾时一样，不承认《中日修好条规》第一条是有效的。森有礼对此失望，要求会见直隶总督李鸿章，1876 年 1 月 24 日，这一愿望得以实现。一边是虚岁不过 30 岁，年轻气盛的森有礼，一边是 53 岁，可谓清朝中流砥柱的李鸿章。
会见可以说是类似东西文明论的交锋，然而在关键的地方，却未
能取得一致。

　　李指出："朝鲜数千年来隶属中国，世间无人不晓。《中日
修好条规》中的'所属邦土'一词，'土'指的是中国各省，即
内地、内属，征税施政。'邦'指的是朝鲜等国家。它们是外
藩、外属，征税和施政由本国自理。这并非是清朝才开始的，
历代皆是如此。为何不能称之为属国呢？"

　　……

　　森答道："条约中确实有'所属邦土'一词，然而语义甚为
暧昧，并未有朝鲜乃属国的记载，故而日本臣民都认为'所属
邦土'指的是中国十八省，朝鲜不纳入'所属'之中。"

　　李说："将来修改条约时，在'所属邦土'一词后面，加上
'十八省以及朝鲜、琉球'吧！"

上面是李鸿章方面的记录。森有礼的则是：

　　李："衙门大臣等所说，鄙人之见完全相同。即朝鲜乃清国
之隶属，根据贵我条约，贵国应视作为属国。"

　　森："条约中未见明示朝鲜为贵邦属国之条款。相反，我
政府始终视朝鲜为独立不羁之国，现今仍以独立国待之。其他

列国自不用说，即使贵政府也应以此道待之。贵政府曾明言曰：朝鲜有自家政府，可任意整理内外事务。清国则毫不加以干预。"

……

李："就朝鲜一事，鄙人急致函于总理衙门。先前我政府回答贵翰书中，引用条约中和亲之条款，即双方互不侵犯领地之条款，于我政府而言略显轻忽。"

李鸿章方面的记录详细说明了"邦"和"土"的区别，而森有礼的记录当中却没有，只是一味地主张朝鲜并非是属国。李鸿章的话里将"所属邦土"视作为"十八省以及朝鲜、琉球"，他认为按照森有礼的解释，适用于《中日修好条规》第一条的"双方互不侵犯领地"条款本身就是"轻忽"。毫不夸张地说，两者的解释截然相反。而这件事恰恰反映了日清之间的利害冲突。

不过，李鸿章认为《中日修好条规》的第一条按照目前情况适用下去，是未必有效的。在这一点上，两者并无区别。基于李鸿章的这一态度，又得以对朝鲜问题加以口实，想必森有礼也应该满意了吧！

1876年2月，日朝之间签署了《江华条约》，清朝也没有干涉此事，还算是相安无事。但是，日清之间的矛盾并未从根本上消除。与此同时，琉球问题开始深化，矛盾更加鲜明地凸显出来。

属国的灭亡

日本政府通过出兵台湾迫使清朝承认琉球人为"属民"，1875 年 7 月，又单方面要求琉球废除与清朝的朝贡、册封关系，并使用明治年号等。琉球方面虽然一直反抗，朝贡船只的派遣却被中断。就在此时，作为常驻日本的第一届外交使臣何如璋奉命前往日本，1877 年年底抵达日本后，他开始一边调查日本的内情，一边开始准备和明治政府谈判。

何如璋非常重视日本阻止琉球进行朝贡一事。他认识到，日本的目的在于吞并琉球，一旦得逞的话，朝鲜恐怕会遭受到同样的命运，要想阻止这一切，只能继续保持朝贡关系。他反复向国内进谏不排除行使武力的可能性，对明治政府也采取了强硬的态度。

李鸿章当然也反对日本吞并琉球属国，在这一点上他和何如璋的意见一致。但是在想法和政策实施上，他们存在着分歧。何如璋认为没有朝贡的话，属国也就不复存在，而李鸿章则认为没有朝贡也无所谓。再者，何如璋认为应该对琉球和日本采取强硬的姿态，李鸿章却认为应该尽可能地避免冲突，以说服为主。

1878 年 10 月 7 日，何如璋向日本政府提出了抗议。日本对其强烈反对，态度也日渐强硬，翌年 3 月，日本接收了首里城，4月又设置了冲绳县令。

日清两国签署修好条约以来，友好亦胜过从前。其第一条曰"两国所属邦土，亦各以礼相待，不可稍有侵越"，两国当然应严格遵守。这一点贵国也应知晓。如今若欺侵琉球，擅自改变旧来规定，不仅我清朝，对琉球签署条约的各国，也无颜面对。……无正当理由而废弃条约，欺压效果，无论视其情形或是参照公法，世界闻此，都当反对贵国之行为也。

上面所述何如璋的抗议文中值得注意的是，引用《中日修好条规》这一点是遵从了李鸿章的意见。我们不能忽略的是，到了这个时期，首先引用《中日修好条规》这一思路的存在，及其根本行不通的结果。

琉球被编入冲绳县的所谓"琉球处分"，对清朝造成了很大的冲击。《中日修好条规》第一条在此过程中丧失了效力，而清朝担心的属国的灭亡，终于成为现实。

这一条原本是为了预先防止日本对属国的侵略而采取的手段。如果行不通的话，更不可能用于它本来的目的，即更为重要的朝鲜。实际上，从那以后清朝就再也没有引用过这一条。清朝采取了其他的手段，其差异成为区别19世纪70年代与80年代的显著指标。

第五章

"东方的俾斯麦"

李鸿章，1878 年
（摘自魏尔特《赫德与中国海关》）

"海防"与"塞防"

海军的建设

1874 年日本出兵台湾，极大地加深了清朝对外的危机感。如果军备充实的话，北京谈判也就不必向日本做出让步，也可能日本就不会出兵。于是，中央与地方都异口同声地要求加强海防。

李鸿章并没有直接参与关于日本出兵台湾、琉球处分的措施和交涉，因此未见有什么大的动静。这是因为南方的台湾、琉球并不是直隶总督和北洋大臣的管辖范围。李鸿章原本就担任外政的要职，又是督抚中的头号人物，凡事都必征求他的意见，他也会发表具体意见，无疑是具有相当大的影响力的。只不过他没有站到前面来负责处理而已。

但是，在军事上的近代化，自然要另当别论了。当时的清朝能够依仗的军队，也只有李鸿章麾下的淮军了。李鸿章拥有最大的发言权，仅凭这一点就不奇怪。而且，他手里还掌握着面向外国的口岸上海，是所谓洋务的统帅，发言权就更大了。

1862 年进驻上海以来，李鸿章为了加强自己麾下的淮军力量，一直没有懈怠军备的西方化建设。他并没有一味地购买外国生产的武器，不久，他为了自己制造武器进口了必要的机器设备，接着又开始自行生产机器设备。在整个过程中，李鸿章最初就处于主导地位。

首先是 1865 年江南机器制造总局的成立。李鸿章在担任江苏巡抚并署理两江总督时，收购了美国人在上海的工厂，配备了从美国买来的机器开

金陵机器制造局 （摘自约翰·汤姆生《中国与中国人影像》）

始生产。他将上海海关收入的二成作为经费，生产枪炮、弹药和船舶。另外，他还设立了外语学校和翻译馆，不仅培养翻译人才，还翻译了有关自然科学、技术、历史和国际法方面的外国书籍，截至 19 世纪 80 年代，共发行了 200 多种的翻译书籍。

也是在 1865 年，李鸿章在南京创建了金陵机器制造局，主要生产枪炮。1870 年，他就任直隶总督后，接手了已有的天津机器制造局，并进行了大规模的扩建。这里原本是生产火药的工厂，扩建后可以生产小型枪炮。这也是因为 1870 年以后，淮军的主力逐渐转移到了天津方面，李鸿章在自己的地盘里必然会设立武器工厂，用来给驻扎的淮军补充军备。

上面大概都是针对国内的措施。淮军原本就是为了镇压内乱而建立的，其武装的强化也应出于相同目的。工厂建设和武器制造都是其中一部分，归根到底是为了维持国内的治安。

可是，海防首先是为了对抗外国。与以往不同，在组织海军

方面，清朝完全没有经验。所谓洋务是以日本出兵台湾为缘由，进入新阶段的。这时，站在前头的仍然是李鸿章。

海防仅仅看字面意思的话，是指沿海的防卫。但是，当时的含义包括海军的组织，以及必要的武器、舰船或者物资的购买、制造，再加上矿山的采掘，铁路、海运、电信等通信手段的引入，乃至士官的训练，技官的培养等，以及军事基础设施的构筑。因此，海防一词几乎和洋务相当，并有所扩大。

那么，是不是海防就在官界大多数人的绝对支持下，一帆风顺地得到了发展呢？事实并非如此。这是因为，当时清朝对外的危机，不仅仅只是在沿海一带。

西北风云　　18 世纪中叶，最晚归顺清朝的新疆，拥有众多的穆斯林人口，总是处于动荡之中。进入 19 世纪后，引起了清朝当局的注意和戒备。

邻接的甘肃省和陕西省也有不少穆斯林，到了 19 世纪中叶，陕甘地区的穆斯林矛盾激化，受其影响，1864 年新疆当局的权力就此瓦解。

与此同时，沙俄开始在中亚进行扩张。自 19 世纪 50 年代起，沙俄就数次远征锡尔河流域，1867 年成立了以塔什干为中心的土耳其斯坦总督区。第二年，又占领了撒马尔罕，布哈拉沦为俄国附庸。邻接的希瓦汗国、浩罕汗国很快也被征服，整个中亚在 19 世纪 70 年代，几乎完全处于沙俄的统治之下。

新疆也受到了波及。趁着权力出现空白，西面邻接的浩罕汗国权势者阿古柏侵入准噶尔建立起独立政权，在天山北路以伊犁地区为中心建立了独立政权。伊犁政权很快就和接壤的沙俄关系恶化，1871年被沙俄推翻，伊犁被沙俄占领。乌鲁木齐等剩余的天山北路地区，阿古柏政权从南部开始入侵。这样一来，不仅是伊犁地区陷入了沙俄的占领之下，就连整个新疆也面临从清朝分割出去的危险。

这一范围广大的叛乱得到平定，是在1866年左宗棠就任陕甘总督以后。左宗棠出生于湖南省湘阴县，称得上是曾国藩的同乡，他比曾年少一岁，一直将其视作竞争对手。在个人能力上，左宗棠也许要更胜一筹。然而，他未能考取进士，再加上极其自负的性格，他未能占据官界的主流地位。他率领的军队被称作楚军，也是在老家湖南省征集的义勇军。当时的形势是由淮军对付河南、山东和安徽的捻军，楚军则负责讨伐陕西、甘肃的叛乱。

左宗棠在作战时最花心思的，便是如何确保军费。陕西、甘肃在当时的中国是数一数二的贫穷地区，不得不极大程度地依靠其他地方的援助。而大的财源几乎都被李鸿章和淮军掌控，军费的筹集并不如意。

于是，左宗棠通过上海的金融商人以向外国企业借款来填充军费。这称为西征借款，本质上是军费援助的借贷。由于按照正规的手续，无法立即筹到必要的金额，便采取了从外国商社和外国银行先行借款，事后再从原本应有的财源中返还的办法。

左宗棠 （摘自近藤秀树
《曾国藩》）

在李鸿章看来，自己也要使用的财政收入被先行借走，自然存在着利害冲突。话虽如此，陕西、甘肃的叛乱，当然需要平定。刚刚平定捻军的李鸿章，在1870年率军奔赴陕西，以助左宗棠一臂之力，不巧发生了天津教案，不得不赶往直隶、天津一带。虽然未能实现并肩作战，这一时期，两者的利害冲突并未凸显出来。

论争

1873年这一年，左宗棠和楚军终于平定了陕西、甘肃一带的叛乱。这时出现了下一个问题，就是要不要进而征讨西面的阿古柏。左宗棠原本就有此意，他驻扎在兰州开始着手准备，其中一项就是成立武器工厂兰州制造局。

此时却有人提出反对。李鸿章等人提出应该就此偃旗息鼓。这样一来，新疆只会停留在分割的局面。李鸿章指出，从乾隆平定新疆后的百余年来，清朝为了维稳耗费了巨大的劳力和资金，却毫无利益可言。与其再如此下去强行远征，不如承认阿古柏政权，让其对清朝重新进行朝贡。

阿古柏政权早在1872年和1874年，分别和沙俄、英国签订了通商条约。李鸿章考虑到当前的国际形势，再加上想使新疆成为沙俄和英国之间的缓冲地带这一意图，可以说这是更现实地稳定新疆地区的一个办法。

这意味着不再将有限的财政收入用于西北地区。取消了新疆远征，那么这笔资金当然就应该重点用于危机高涨的东南沿海地区的防卫——海防。

左宗棠却极力反对这一意见。他认为，一旦新疆失守，清朝将失去西北的边塞，反而会消耗更多的兵力、财力。

这场争论被评价为中国"历史上的一大辩论"，即"海防"与"塞防"的论争。"塞"指的是万里长城，广义是指西北大陆的防卫。这场争论从微观上而言，不过是地方大官李鸿章和左宗棠的权力之争，为了争夺兵力和财源罢了；但是从宏观来看，则是就清朝之后的政权和国家去向提出质问的一场论争。而它的答案，毫不夸张地说，直到今天也始终未能找到。

李鸿章海防论的构想是，在当时西方列强和日本远渡重洋苦苦相逼这一前所未有的"奇局"之下，应将军事和政治重心转向政治、财政、经济中心所在的沿海地区。这一想法是创造性的。而左宗棠认为应该优先西北防卫的塞防论，在历史上是自秦汉以来的传统，可以说是保守的。

本来，清朝就是满人和蒙古人合二为一的政权，继承了欧亚大陆北方游牧民族浓厚的传统色彩。正因为如此，清朝很重视李鸿章的海防论，却也未能放弃塞防论。左宗棠主张新疆在地缘政治学上的重要性，指出"要保卫首都，就必须保全蒙古，要保全蒙古，就不能轻视新疆"，对此清朝是无法轻易加以否定的。

这场论争终究没有分出胜负就结束了。也就是说，结论是海防、塞防同样重要，都要给予相应的费用。新疆的远征光是最初的预算就要花费 1000 万两白银，几乎相当于财政收入的四分之一。海陆双方都不足的财源虽然都依靠外国借款，然而最终必定会增加沿海经济发达地区的负担。李鸿章的不满日渐累积了下来。

西北的安定与北洋海军

左宗棠自告奋勇远征新疆，一路顺畅，1877 年夺取了天山南路的门户所在——吐鲁番。同年，阿古柏死去，其政权瓦解后左宗棠很快就掌控了几乎整个新疆地区，最后只剩下了伊犁。

清朝与沙俄从 17 世纪末以来，一直维持着和平关系。其中有名的要数划定了边界线和进行贸易往来的《尼布楚条约》了。然而，到了 19 世纪后期，沙俄入侵东方，内忧外患的清朝割去了黑龙江流域和沿海各州。随后是新疆，沙俄占领了伊犁地区，一直默认阿古柏政权的独立并持以观望，没想到左宗棠收复新疆的速度如此之快，围绕伊犁的归属问题双方陷入了紧张局势。

1879 年，崇厚作为全权大使被派往沙俄，签署了《里瓦几亚条约》。返还伊犁的条件是割让边境，赋予沙俄通商特权等不利内容，清朝政府对此强烈反对。崇厚遭到处罚，驻英法公使曾纪泽在圣彼得堡重新谈判，左宗棠也发兵威胁沙俄。1881 年，《中俄伊犁条约》签订，在领地和通商方面将《里瓦几亚条约》

修改为对清朝有利的条款，并确定了如今中俄在西面的国境线。

清朝在第二次鸦片战争时，将沙俄视为从北部蚕食版图的头号外敌。而占领了北京的英国，由于打着通商的旗号，清朝对它的危机感和警戒不及沙俄。沙俄占领了伊犁，并对新疆、蒙古虎视眈眈，更是构成了巨大的威胁。因此，塞防才能合法化。

从这个角度考虑的话，《中俄伊犁条约》中清朝与俄国达成和解，具有划时代的意义，既巩固了新疆的统治，又保住了西北边境的安全。实际上，俄清在后来的很长一段时间里，都维持了这一和平关系。

沙俄被视作头号外敌时，日本还没有进入清朝当局者的视线。然而，正如前面所述，从19世纪60年代后半期开始，清朝对日本的警戒感急速加深。1874年的出兵台湾、1879年的琉球处分等事实，都证明这些警戒并不是杞人忧天。而极力呼吁这一点的，正是李鸿章。

> 日本势力日益扩大，让人忧惧。企图在东洋称霸蔑视中国，侵攻台湾之暴举便是也。西方虽强，却在七万里之外。日本与我毗邻探我虚实，正乃中国永久之大患也。

以上摘自在日本出兵台湾问题平息之后，李鸿章于1874年12月10日上奏的一段文章。李鸿章认为日本最让人忧惧，西方只要遵守条约的话，就能风平浪静。与英国有《天津条约》，和沙俄有《中俄伊犁条约》，已经不再是直接的敌对关系了。与此相比，不遵守《中日修好条规》的日本，对靠近政治中心北京的朝鲜半岛，以及包括经济中心江南在内的东南沿海构成了威胁，成为清朝最大的敌国。

从这一意义上来说，海防是必不可少的。它的重心是在距离首都和日本都很近的渤海、黄海的北洋。也就是说，在李鸿章的管辖之下，这里建设的北洋海军的假想敌国，除了日本再无他想。这和日本的意志并无关联，也没有像西北、沙俄那样，转化为稳定状态。

朝鲜

属国自主　　　　着手建设北洋海军的李鸿章，他最大的利害关心点首先是朝鲜半岛。用主张保全蒙古、新疆的左宗棠的论调，要保卫北京就要保卫东三省，要保卫东三省就必须要控制住朝鲜半岛。对李鸿章来说，这一点要远远迫切和重要得多。

其实，无论是李鸿章，还是清政府，在内乱尚未收敛的 19 世纪 60 年代，或是对外军备尚未整顿的 70 年代，根本无暇去介入朝鲜半岛的政治和军事问题。其典型例子便是朝鲜的所谓"洋扰"。

1866 年法国、1871 年美国的舰队进攻一事，本来就和清朝不无关系。首先，朝鲜是清朝的朝贡国家即属国，法美顾忌两国的关系，在对朝鲜行使武力时通知了清政府。对此，清朝回答道："朝鲜虽为属国，其内政外交均自主，不容我等干涉。"意思是不想卷入朝鲜与西方的纷争当中去。不过这倒不是虚伪之言，过去 200 多年来的事实也确实如此。

只不过需要注意的是，就算事实的确如此，然而如此将"属国自主"明文化，并向西方表明，此时却是第一次。这种清朝和朝鲜关系的表达是为了让西方人也能够理解，然而身为属国也可以自主这种国际地位，已经超出了西方人的理解范围。

在洋扰中，法国和美国都将朝鲜视作自主，也就是独立国家而行使了武力，然而清朝所定义的"属国自主"这一地位，在之后也一直成为极大的争议点。1876 年，日本和朝鲜签署的《江华条约》，就是最典型的事例。

在德川时代的日朝关系中，朝鲜通信使不定期地前往日本，交换与将军的国书，对马藩几乎独占了日常性的贸易和通交中介。因此，幕藩体制瓦解时，这一关系也就必须改变了。

然而，朝鲜却不希望改变先前的关系，拒绝接受日本送来的王政复古的通知书，日朝之间出现了对立。焦急的日本用军舰进行武力威胁企图打开局面，1875 年 9 月，在汉城（今首尔）附近的江华岛进行炮轰，翌年 2 月，逼迫朝鲜政府签订了《日朝修好条约》，也就是所谓《江华条约》。

条约第一条规定朝鲜为"自主之邦"并"保有平等权利"，是对日本有利的不平等条约。日本想以此将日朝关系改变为符合西方近代标准的国际关系。自主之邦的朝鲜，并不影响它也是清朝的属国，在那之前日本和朝鲜就是平等、对等的。《江华条约》被视作日本改变了以前的日朝关系，对清朝和朝鲜而言，并没有改变它们之前的相互关系，以及和日本的关系。

条约交涉　　　　由此，不如说从此时开始，日清形成正式的对立关系。担心日本侵攻朝鲜半岛的清朝，想通过《中日修好条规》第一条"所属邦土"不可侵犯的规定来维持属国，却在琉球处分事件上惨遭失败。此时清朝认识到，和日本的条约已经不再有用了。

接下来的方法是让朝鲜和西方列强签订条约。朝鲜和西方各国签约的话，日本就会对列强有所忌讳，应该不敢轻举妄动。反对意见占了上风的朝鲜政府，也在清朝的反复劝说下产生动摇，终于同意和美国签署条约。

与美国的条约交涉实际上是在 1881 年底开始的。朝鲜使节拜访天津的北洋大臣李鸿章造成了直接的契机。之后正式开始交涉，包括条约的签署，有关朝鲜半岛的问题，清朝几乎由李鸿章一人操纵。

李鸿章与朝鲜使节协商后，决定与美国实质性的条约谈判在天津由李鸿章主导进行，商定好的条约则在朝鲜签署。朝鲜方面的条约草案也达成了一致。第一条内容是"朝鲜是清朝的属国，内政外交由朝鲜自主"。这只不过是将之前的"属国自主"明文化罢了。

李鸿章此时仍然把"属国自主"放入条约中，有一定的理由。十年前的洋扰事件中已经明确的是，西方各国并不理解清朝与朝鲜的关系。不但不被理解，也没有得到尊重。日本的琉球处分使其尝到了苦头，后面还会提到，由于越南问题与法国开始产生摩擦。因此，必须要预先告知朝鲜是清朝的属国。在具有约束力的条约中明确记载的话，西方各国也就不得不承认。估计李鸿章是这么考虑的吧！

全权代表美国的是当时航行世界的海军提督薛斐尔。他与李鸿章从1882年3月25日开始进行谈判。成为最大的争议，直到最后双方的意见都不能一致的，正是规定了"属国自主"的第一条。薛斐尔提督始终坚持，不符合西方式的条约，不同意在条约正文中写入"属国自主"。

李鸿章无奈之下，只好将此事暂且搁置，优先实现在朝鲜的签约。即使不明确写入条约中，也要在签署时想办法从形式上让美国承认"属国自主"。为了见证条约的签署，清朝派遣委员前往朝鲜，命其见机行事，一有机会就重新恢复"属国自主"的条约，不行的话就实现其他的替代方案。这名委员就是李鸿章幕僚的其中一人——马建忠。

马建忠当时38岁，他并不是科举出身的旧式知识分子。他

马建忠 （摘自冈本隆司
《马建忠的中国近代》）

曾是天主教徒并留学法国，毕业于巴黎法科大学。他前往济物浦（今仁川），负责美朝之间的从中调停，5月22日顺利签订了条约。而关键的条约草案第一条中"属国自主"的字眼，由于薛斐尔始终未能同意，只好由朝鲜国王写入亲笔信中带给了美国大总统。

马建忠格外重视的是朝鲜的姿态。他从朝鲜应对的态度，怀疑朝鲜会轻视清朝，和日本结盟。他担心敌对的日本和朝鲜关系加深，会和清朝与朝鲜的关系发生抵触，于是，他为了排除日本影响，加强朝鲜与清朝的关系，决定采取实现"属国自主"中的"属国"，而将"自主"名义化的方针，换而言之，就是不实现违背清朝利益的自主方针。

美朝条约的签署过程中，最重大的瞬间就在此时。这是因为之后李鸿章的行动，原本就决定了东亚的整个历史过程。

壬午兵变

就这样，清朝将朝鲜的自主名义化，转为加强干预朝鲜内政外交的方针，不久这一方针就得以实践，正是"壬午兵变"。

壬午兵变发生在1882年7月23日，朝鲜旧部队在汉城挑起暴动发展为武装政变，引退的朝鲜国王的生父——大院君李昰应掌握了实权。李昰应不仅仅攻击朝廷、杀害高官，政变的矛头还对准了日本公使馆，杀害了数名日本人，强行赶走花房义质公使，成为日朝之间的重大外交问题。

花房公使死里逃生回到日本后，日本政府派出四艘军舰、三艘运输船和一支陆军大队，再次命令他前往朝鲜。他提出要保护居留民，追究朝鲜政府暴动的责任，同时对日朝之间的通商规则也提出了条件。

因此，对清朝而言，壬午兵变也是重大事件，绝不仅仅是属国的内乱。照这样下去，朝鲜将屈服于日本的武力，被纳入其势力范围之内。这样一来，琉球处分以来担忧的局势将成为现实。深感危机的清朝急忙派马建忠赶赴朝鲜，为了牵制日本平定内乱，还派出了由吴长庆率领的三千淮军。就这样，日清两国的军队陆续集中到汉城，稍有不慎，随时都有可能点燃战火。

大院君 (1821—1898)
亲生儿子高宗于1863年继位后，大院君立即掌握政权，发挥了强大的领导能力，推动了政府权力的强化方针和锁国政策。执政十年后隐退，仍是壬午兵变等反政府势力必然拥立的对象（摘自冈本隆司《世界中的日清韩关系史》）

花房先到了汉城，开始和大院君政权谈判。朝鲜却采取拖延政策，急不可耐的花房离开汉城，以拖延可能导致关系破裂威胁强迫朝鲜接受其要求。花房前脚刚走，马建忠就来到汉城，绑架了大院君并送往中国，他率领的淮军讨伐并打败了朝鲜旧部队，原先的政权得以复辟。随后，又让朝鲜政府重新与花房谈判并签署了条约，日朝之间的紧张局势才终于有所缓解。这就是《济物浦条约》，时间是1882年8月30日。

日本对这一结果也基本满意。这是因为他们的要求基本得到了满足，清朝也并没有介入，而是日朝之间直接谈判的成果。也就是说，朝鲜对日本按照《江华条约》中所规定的那样，是在自主、平等的基础上进行交涉的。

然而这一切，只不过是表面现象罢了。对与日本交涉的朝鲜全权代表，发出指示的正是清朝的马建忠。要和将朝鲜视作独立国家的日本斡旋、阻止其行使武力，朝鲜对外关系上的自主虽说只是名义上，却是不可或缺的。然而在绑架大院君和讨伐旧部队的问题上，马建忠一开始就公然干涉了朝鲜，而这完全是将朝鲜视作属国的行为。

也就是说，壬午兵变的结局，是建立在马建忠自行定义的"属国自主"之上，其中"属国"事实化，"自主"则不过是名义罢了。之后清朝的朝鲜政策，也始终坚持这一路线。

甲申政变与天津条约

从美朝条约的签订，到壬午兵变爆发之初这段时间，迎来六十大寿的李鸿章由于母亲病危、去世而暂时离职回到了安徽省。代替他担任直隶总督和北洋大臣的是张树声。张树声也是合肥人，与李鸿章同乡，是淮军最早的部将，后来升职成为治理广东省的总督。李鸿章不在时，据说对壬午兵变的积极政策都是张树声的主意，与李鸿章的方针、路线背道而驰，其实这是不对的。他们二人基本上都忠实地执行了幕僚马建忠铺设的路线，并没有中断过。

袁世凯（摘自并本赖寿、井上裕正《中华帝国的危机》）

推翻了朝鲜旧部队，镇压了壬午兵变的武装政变后，淮军继续留驻在汉城充当亲清政权的后盾。李鸿章回到天津复职后，又向朝鲜政府内部派遣了顾问，加强了朝鲜的从属地位。

面对清朝的这一态度，朝鲜也不得不拿出明确的态度。攘夷、锁国当然是不可能的，"开化"成为既定路线，然而在推行这一路线时，是遵照清朝的方针呢，还是反对呢，这里出现了分歧。于是，出现了所谓事大党和独立党，或者是稳健开化派和激进开化派的区分，两者之间的相克也日渐明显。淮军支持的政权要人多属于事大党，他们占了优势；不满清朝的压力和干预的独立党金玉均、朴泳孝等人却明显处于劣势。而日本也感到不满，本以为签署了《济物浦条约》应该对自己有利，不曾料到清朝的势力无形间又占了上风，这导致了日本势力的后退。

与日本携手合作的独立党，终于在1884年12月4日，依靠日本公使馆的武力发动了推翻亲清政权的武装政变。这就是"甲申政变"。他们杀害亲清政权的要人们，成功地树立起新政府，却遭到袁世凯率领的淮军的攻击，新政府仅仅建立三天便被推翻，独立党的领导人金玉均和朴泳孝等逃亡日本，其党派也几乎全军覆没。

平定武装政变的袁世凯年方26岁，出生于河南省项城县，

李鸿章给袁世凯的回信（1888 年 8 月下旬） 由幕僚
于式枚（1853—1916）起草，可以看出李鸿章适当做
了修改（摘自《李文忠公尺牍》）

任职驻屯汉城的淮军参谋。袁世凯立功后很快就受到李鸿章的提拔，1885 年秋作为北洋大臣派遣的代表常驻汉城。当时的李鸿章无论如何也不会想到，这名比自己的儿子还要年轻的军人，今后竟会左右自己甚至是整个中国的命运。

袁世凯与淮军也攻击了参与武装政变的日本公使馆，日清之间的军事局势紧张，战争一触即发。但是，双方此时并没有在朝鲜一事上产生纷争。日本在 1885 年 4 月初向天津派出参议官内卿伊藤博文，清朝则由北洋大臣李鸿章应对。经过两个星期的艰难谈判后，双方同意分别从朝鲜撤兵。4 月 18 日，签订了《中日天津条约》。

《中日天津条约》只有简单的三条规定，其中最重要的是第三条，规定再向朝鲜出兵时需要事先通知对方。眼下先撤兵，仍然想保留自由出兵权的李鸿章，和坚决要求"双方均一之主意"的伊藤之间产生了激烈的对立。最终前者让步，终于签署了条约。

最后，日清之间相互牵制，避免了武力冲突。这种情况实际上一直持续了十年。朝鲜半岛虽然获得了暂时的稳定，双方却均

未满足于这一结果，特别是做出了让步的李鸿章。然而，肩负北洋乃至整个清朝的军事重任的他，不能仅仅只考虑朝鲜半岛的事情。我们也暂且将视线从日本和朝鲜移开吧！

越南

清朝与越南

自古以来，在南部与清朝接壤的越南就与中国有着深厚的渊源。10 世纪，越南北部脱离中国的版图建立了独立王朝。之后中国屡次武力干涉，越南将其击退后又按照朝臣之礼朝贡，这种情形不断反复。

当时统治越南的是阮朝。19 世纪初，阮朝在法国人的帮助下扩大势力，统一了整个越南并向清朝朝贡，被封为越南国王。可以说正是由于这些情况，越南才得以避免受到法国和清朝的压迫。

到了 19 世纪后半叶，法国天主教的传教活动在各地盛行，越南也出现了各种摩擦，传教士受到了严酷的镇压。法国海军为了保护传教士活动，采取了军事行动。19 世纪 60 年代，法国将越南的朝贡国柬埔寨纳入势力保护之下，并吞并了邻接的越南南部地区。

可是，法国仍然不满足，接着又进入了红河流域、河内周边的北越，1874 年 3 月 15 日与阮朝政府签订了《法越和平同盟条约》。第二条中规定，承认越南国王"主权以及对所有外国的完全独立"；第三条中规定，越南国王"感谢法国的保护，本国的对外政策遵照法国的政策来决定"。

对此，清朝的总理衙门向法国表示，越南"原本就是中国的属国"。法国却毫不理会，清朝也没有采取进一步的行动。法国想利用《法越和平同盟条约》将越南纳入自己的保护势力范围内，在事实上，这也成为越南正式走向殖民地化的一个巨大转折。

在清朝看来，朝贡国和属国的越南与朝鲜呈现出了一种平行现象。它们都在19世纪70年代中叶与其他国家签订条约，规定了独立、自主。即使这些用语和它与清朝的关系相矛盾，清朝却没有积极地加以干涉。

这一时期正是海防论和塞防论的争议时期。东南方向是日本向台湾出兵，西方方向是收复新疆的战斗，吸引了大部分的注意力。越南、朝鲜方面尚未感受到强烈的危机。

走向中法战争　然而，进入19世纪80年代后，时局发生剧变。70年代末，清军进入北越镇压叛军，清朝和法国的对立开始加深。这是因为法国认为清朝的这一行动，违背了自己对越南加以"保护"的《法越和平同盟条约》。

此时正赶上琉球处分，属国灭亡的危机意识高涨。督促朝鲜与西方各国签署条约这一姿态的转变，同样也发生在越南。驻法公使曾纪泽在1880年11月，向法国外交部递交了书简，主张对越南的属国关系。毫无疑问法国政府对此提出抗议，清法两国之间围绕越南问题的艰难谈判拉开了帷幕。

曾纪泽在巴黎持续提出抗议，法国方面也不肯让步，双方迟迟未能达成妥协。1882 年 4 月 25 日，500 名法国军人占领了河内。清朝对此提出抗议，邻接的广西、云南两省的军队对北越发动了进攻。

就在这种紧张的军事形势下，法国政府中止了和曾纪泽的协商，将交涉事项全权委托给驻北京的公使宝海。同年 10 月，宝海与清朝政府开始谈判，11 月底在天津与北洋大臣李鸿章达成协议，签署了三条备忘录。

可是，两国之间的纷争并没有就此平息。1883 年初成立的茹费理政权否认了备忘录，并更换了宝海公使。紧接着，8 月 25 日法国与越南政府直接签署了《顺化条约》，明确规定越南为法国的"保护国"。对此，清朝显示出强硬的态度。同年年底和翌年 3 月，清军与法军先后在越南的山西、北黎发生了战役，清军节节败退，处于下风。

为了打破这一僵局，李鸿章与旧友、法国海军中尉福禄诺在天津谈判，1884 年 5 月 11 日签订了协议。然而，在协议的履行过程中屡次出现失误，两军发生冲突，清法陷入了全面战争之中。

随着战争的推移，法国在海上占了上风，清朝则在陆地上占据了优势。1885 年，直属总理衙门的总税务司赫德的工作奏效，清法于 4 月 4 日在巴黎签署了停战协议，6 月 9 日签订了《中法

曾纪泽（1839—1890）
曾国藩的长子，受过西方教育，1878年任驻英法公使，1880年兼任驻俄公使。

会订越南条约》，战争由此结束。

清法双方先后三次消除了对立才达成了一致。第一次是于1882年年底签署的李鸿章宝海备忘录，第二次是1884年的李鸿章福禄诺协议，最后是《中法会订越南条约》。观察整个经过的话，会清楚清法对立的情况吧。

保护与"属国"

如果有人问对立的核心和焦点是什么，回答会是简洁明了的，那就是对河内周边北越的军事保护权。对于法国试图北上的举动，清朝为了确保自身的安全，希望保住与自己相邻的地区。清法为了争夺保护权最后发展为战争，最后的归属是法国。然而，仅仅这些，还不能达成完全的和解。

最初，双方对保护权都有需求，却并没有足够的形式去拥有。直到相互采取军事行动，意识到要各自确保军事上的保护权，才开始追究其根据。法国方面的根据是《法越和平同盟条约》中的"保护"规定，清朝的论据则是对越南的属国关系。法国以条约为依据要求将其"保护国"化，而清朝强调要在属国基础上加以保护，双方的对立则无从避免。

而试图达成妥协的，是李鸿章宝海备忘录。它实质上是把北越的军事势力范围和保护权分成了南北两部分。然而，法国将其视作违背了对越南的"保护国"化，而将其驳回，并用武力迫使清朝让步。

李鸿章觉察到形势上的不利，便转换了方针。既然武力不敌，就只能打消从事实上进行军事保护的念头。即使如此，他还是和福禄诺签署了清朝方面能够达成妥协的协议。条约中规定，清朝尊重法国和越南之间的条约，同时，法国不签署"有碍"

越南山西进攻图 （摘自并本赖寿、井上裕正《中华帝国的危机》）

越南和清朝"威望体面"的条约。后者在 1885 年 6 月，签署战后的停战条约即《中法会订越南条约》时，也在清朝的固执己见下得以基本沿用。

尊重法国和越南的条约，也就意味着承认法国对越南的保护权，对此，不"妨碍"清朝的"威望体面"，在清朝看来，意味着越南仍然是自己的属国。在承认对方的保护权的同时，还要视越南为属国，按照法国或者是西方的思维，这一理论几乎是无法理解的。

但是，清朝自己却没有放弃属国的概念。一旦放弃了，就等于亲口承认了属国的灭亡。和日本之间有关朝鲜的纷争，也难免会受到巨大的影响。就连琉球处分，清朝也没有正式承认。

李鸿章原本是驻扎天津的直隶总督和北洋大臣，华南以及南方的越南并不在他的管辖之内。由于种种原因，他对越南一向很冷淡。然而与宝海谈判并签署了备忘录以来，加上精通法语的马

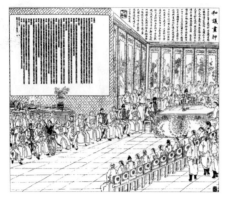

签订《中法会订越南条约》 由李鸿章与法国公使葛罗签署，左上方记载了条文（摘自《点石斋画报》）

建忠从旁辅佐，他主导了对越南和对法国的政策，这是为了要和更重要的朝鲜局势取得平衡。他之所以对中法战争的军事行动不甚积极，正是在为朝鲜半岛做准备，而且同一时期，他不得不在和伊藤博文签署的《中日天津条约》的谈判中做出让步，也是中法战争的走向并不透明的缘故。

对李鸿章来说，中法战争的结果也还是有可取之处的。《中法会订越南条约》的签订从主观上来看，属国关系仍然得以维系，法国的威胁被解除，就像《中俄伊犁条约》之后的西北边境那样，南部的边境也得以安定。如果将此与伊藤签订的《中日天津条约》结合起来看，李鸿章成功地除去了当时来自外部的威胁。

在同一时期的欧洲，德意志帝国的宰相俾斯麦在外交中发挥出了铁腕作风，由此德国能够处于太平局面。看来李鸿章被称作"东方的俾斯麦"，倒也不是空穴来风。这一称呼的由来不过是将东西方的重要政治家进行比较和联想罢了，不过就外政上发挥的作用而言，两者可以说是旗鼓相当。

洋务的命运

对外关系与李鸿章的作用　　　从上面的内容来看，从 1870 年开始高涨的清朝外政危机，到了 19 世纪 80 年代中叶终于平息了下来。当然这不仅仅是李鸿章一个人的功劳。但是可以说，他在其中发挥了最重要的作用。

首先是他的行动力。可以毫不夸张地说，在清朝的对外交涉中，几乎没有李鸿章不参与的。而且最后签署条约，也基本上都是李鸿章的任务。清法和清日之间的条约都以天津冠名，也证明了这一情况。

这一点可以从内外两方面加以说明。首先是外国，他们认为对方是李鸿章就可以谈判，也可以签条约。反而言之，此举意味着和其他官僚或官府，比如说首都的总理衙门就不一定能谈得通，或者说无法进入正式的谈判。概括来说，就是在谈判对方的信任感上有差异。李鸿章比起任何人，都对外国人富有说服力和决断能力。

这也和国内情况不无关系。首先李鸿章富有决断能力，因为李鸿章拥有清朝最强大的军事力量，能够最后承担责任。因此，政府和那些想要息事宁人的官员也故意将对外交涉委任给李鸿章。其中，外国人在背后议论的"延期衙门"，就是一个典型。

李鸿章的四周，聚集了一批开明派和精通西方事务的人才。

首先是军人、技师等军务相关人员，再者又因为他以贸易中心上海为基础，商人等从事贸易活动的也不少。其中，不光是类似马建忠等受过西方教育的人士，也有纯粹的西方人，李鸿章招揽他们成为幕僚，让他们尽情发挥力量。拥有这么多四面八方人员的官员，当时的清朝政府再也找不出第二人。外国觉得能够谈得通，也是在情理之中。

然而，这是否意味着中国的所谓近代化得到了发展呢? 答案是否定的。不如说情况截然相反。主导了对外交涉的李鸿章，他的存在本身就是和近代化相矛盾的。如果是近代化的政府组织，就应该有专门管辖对外政策、对外交涉的外交部和专任的官僚。可是，顶着直隶总督和北洋大臣官衔的李鸿章只不过是一介地方官，就算有交涉的权限，也只限于对外参与北方的开放口岸而已。即使这样，他的实力和手腕使他成为事实上的外务大臣，这只不过是趋势使然，一步一步导致的结果而已。

李鸿章的对外政策　同样的情况，也反映在李鸿章实施的对外政策的内容上。《中日修好条规》的"所属邦土"、朝鲜的"属国自主"以及越南的属国与保护，都是以过去的朝贡关系为前提的，和近代的外交、国际关系以及国际法的思想是不一致的。围绕这一属国概念，以及在与自主、保护的相关联的问题上，清朝和西方国家法国、以领土作为前提的日本更加对立，甚至引发了战火。

将让步的程度缩减到最小，改善与两者的关系，是李鸿章和他的幕僚们做出的功绩。然而，这一切的前提是 18 世纪以前的对外关系，要论近代化，还相距甚远。

话虽如此，和 18 世纪相比，清朝的对外政策也不是一成不变的。从这里可以看到基于地缘政治要控制周边重要地区的战略意图，具有 1870 年化解对外危机的浓厚的安全保障色彩，这和传统的属国概念相结合。"所属邦土"不可侵犯是毫无疑问的，海防论中弃疆的提议也是出于此因。李鸿章的意见并不是丢弃不管让给列强，他的意思是将新疆作为朝贡国即属国，成为与清朝有一定关联的缓冲地带。

到了 19 世纪 80 年代，清朝表现得更加积极。不仅在以前的属国关系基础上将其作为与对手的缓冲地带，还规定属国为自己的势力范围之内，欲从军事上加以保护。朝鲜的壬午兵变、甲申政变和越南的中法战争，无一例外。

军事上的保护和传统的属国概念并不存在不可分割的属性。从琉球处分就可以看出，还未到使用武力来维系琉球存亡的地步。但是，在这一时期，他们认识到，在安全保障上重要的地区，保护行为和属国的概念是不可分割、互不可缺的。换言之，对朝鲜和越南能够行使武力，是因为以往存在着朝贡、属国关系。对此，李鸿章于 1884 年曾做出了如下解释：

在交涉中提及属国，各国都接受并无异议，缘自册封与朝贡乃基础也。册封、朝贡过去不甚重要。然在今日，尤为紧要关键。

越是权力政治的时代，就越要维持属国的存在，而传统的朝贡关系恰好就是依据。

交涉与军备

然而，李鸿章的说明并不能让人信服。经历了现场与外国人斡旋的他，会说出"各国都接受并无异议"，只能让人觉得他在掩盖实情。无论是日本或是法国，如果真的"接受"了清朝所说的属国的话，那么就不会发生甲申政变或是中法战争这样的事件了。李鸿章之所以能够如此欺瞒，是由于对内的奏章所需，反过来，对外国主张属国的自主和保护，如果看作是与对内欺瞒相呼应的话，也就不难理解了。

如此思考的话，可以想到几点要因。首先是向那些对属国的存在或是以前的国际秩序深信不疑的人的一种展示。这些人在政治上的表现，清议正是最典型的。包含了浓厚的清议论的攘夷思想，是以中华、华夷观念为前提才存在的，而这一观点的具体表现便是朝贡和属国关系。

李鸿章之所以要不断展示，是因为攘夷、排外、清议的势力在政界和社会都很强大，虽然这一点在史料上很难寻见，却不容忽略。正像1870年的天津教案中看到的那样，夹在国内的反对和国外的威胁之间，能对应二者的手段只有维持属国这一方针。

李鸿章手下有那么多通晓西方情况和西方人的幕僚，他不会不懂国际法和国际关系，而他采取的对外政策和交涉手段，应该视作是不得已而做出的选择。

还有一点是，无法完全扫除国内反对和外界威胁的李鸿章，其自身也存在着问题，淮军强军和海军建设进展得并不如意。1882 年，他在壬午兵变时曾透露过可能会输给日本，可见他对军备并不自信。

让我们来听听当时李鸿章的解释吧！

在对外保持与外国和平之同时，需变革内部制度。若因循守旧而不变革，将日趋衰弱，与此国言和，却与他国敌对，危机难逃。……如今各国皆屡屡变革，日渐强大，唯中国顽固不已，竟似要墨守旧法直至灭亡矣。

他提出，只有对外进行和平交涉，对内进行制度改革，才能够与西方各国为伍。李鸿章之所以擅长与外国斡旋，也是由于他的本职所在和缺少军事自信，颇具讽刺意味。而且，一旦加强军事力量的制度改革没有进展，势必会影响到对外的和平交涉。

一面受到打着儒教意识形态的正论的清议观点牵制，一面又要和张牙舞爪的列强们周旋。正因为他清楚地认识到自己的这一立场，在不得不对外国进行妥协的时候，为了让国内能够接受，他也只好彻底地打出属国这张概念牌。

失望　　　　　那么，军备的强化和制度的改革为何迟迟
未见进展呢？李鸿章很清楚个中原因，早
在任职江苏的 1864 年，他就曾经分析过清朝的武器输给西方的
原因，并指出了中国社会存在学理与技术、儒者与匠人、士大夫
与百姓之间的严格界限和游离等特性。他一针见血地指出，学问
与实际运用游离，以及技术专业之所以不能扎根，都是由于不断
生产制造出凌驾于现实之上的知识分子精英的科举的弊端，属
于允许并支持其存在的社会结构的问题。

那么，李鸿章的目标指向自强、洋务和海防，物质上的军事
整顿自不用说，还需要在制度上培养人才，并进行社会改革。面
对这些课题，他并未袖手旁观。为了解决这些问题，他提出了一
整套方案。1874 年，在整顿海防、建设海军之际，他上奏了如下
一段文章，特别是在人才培养问题上，他提倡要进行制度改革。

> 科举虽不能瞬间变更与废除，其内容有失真实，不符合人
> 才培育之道。故应对考试制度稍加变革，为培养人才，应特别
> 设立洋务合格之课程。……实施海防之各省均设立洋学局，专
> 门教授物理、化学、数学、地理、军事、汽船、机械、电气
> 等科目。以上乃民生日用、制造武器之根本，外国根据其成绩
> 来采用人才，其意志、能力也日趋进步。华人之才能并不落后
> 于西方人。然未能施教，故意志成果皆无。

李鸿章的肖像 （摘自魏礼森著、松岛刚译《日清文明论》）

在生活在后世、经历过中国革命的人看来，也许这只是理所应当、不温不火的建议罢了。然而，这在当时却被视作过激的改革论。创设洋务课程和洋学局，是"用夷（西方）变夏（中华）"，简直就是中华士大夫和臣子中的败类，因此李鸿章受到了激烈无比的反对。毫无疑问，反对方占了绝对上风，这些提议也只能不了了之。

海防争论可以说是洋务运动上的分水岭。武器装备自不用说，李鸿章提倡的以培养人才为支柱的制度和社会课题，现实中能够改革到何种程度，关系到洋务运动能否成功。至于结果就没有必要详细描述了。即使制定了加强军备的方针，制度部分却无法实施，就连军事上的物资等事项都被束之高阁。

李鸿章本人也是愤懑不已：

> 综合思量，西洋之学胜于中华之学。为何无法开辟此道？夷人已进入内地驻扎北京，尚且在叫嚣夷夏之防，果真有"用夷"之下策之外的攘夷秘策乎？务必说来听听。

> 论吾喜爱洋务并听之论之，陷入危机或是遭受诽谤，今日正要畅言。如今皆恐避谈论，非狼狈则无谋，往往误国也。尔等不言便罢，吾若不言，如何扶天下？中国日渐懦弱，外国日渐

骄横。此非一人一事之责也。今后，若自强则可自立，不能自强，则未来不可得知。……若要自强，需先变革制度启用人才。现今之人才与制度，如何自强？不怪罪无法强大之因，一味否认因循守旧。如出自书生、俗吏之口尚可，尔若出此言，被指作迂腐不通事理，亦无奈矣。

以上内容选自李鸿章当时写给江西巡抚刘秉璋书翰中的一节。刘秉璋出生于靠近合肥的安徽省庐江县，原本是淮军的部将，李鸿章的手下。这段话读起来似乎极为自负，痛骂愚钝之辈，然而正因为是原先的手下，才能够如此肆无忌惮地宣泄心中的愤懑吧！从这里也可以看出他的想法并未被官界和广大社会所接受。

在19世纪70年代中期到中日甲午战争这20年间，李鸿章的地位坚如磐石。即使受到众多政敌的攻击，他的权势也未受到过影响。话虽如此，这和他的夙愿是否能够实现，却是两码事情。

要想真的实现李鸿章的目标，就必须改革支撑清议和科举的社会结构，诞生出明清时代以来存续的中间集团和自己势力基础的淮军的母体都需要被解体。也许他并不具备否定自身的意志和能力吧，应该说他陷入了极大的失望之中。

"东方的俾斯麦"，到底和铁血洗礼后的军事大国、国运昌盛的德意志帝国的俾斯麦，是似是而非的类比。这种称谓，想必李鸿章本人，也一定觉得很别扭吧！

第六章

"落日"

李鸿章，1896 年
(摘自立德夫人《李鸿章》)

中日甲午战争

与日本的对峙　　　总而言之，自从 19 世纪 60 年代以来，李鸿章算得上是清朝头号的知日派。他在 1872 年给去世之前的曾国藩寄去的信函中如此写道：

> 汽船、军舰制造固然乃自强之策，然而中国的政体乃官与民、中央与地方各自为政，即使实施最后也恐怕难以成功。……无论资金或是人才，皆远不及西方，尚且不如日本，乃实情也。日本在君主主导下官民齐心协力，资金人才源源不息。而中国即便一两名地方大官呼吁，然朝令夕改前途堪忧也。

他越是对中国的现状感到失望，就越是对日本感兴趣，甚至有了敬畏之心。这是因为他自身无法完成的官民一体的西方化、近代化在日本得到了飞速的发展。正因为如此，他比任何人都强烈地把日本视作威胁，日本是"中国永远的大患"，也是他羡慕的对象。而这些观念在其他官僚身上，是极其淡薄的。

1874 年的海防争论实际上意味着制度改革遭受了挫折，李鸿章似乎早在 19 世纪 70 年代中期就悲观地预见到了未来。

> 朝廷所言愈发茫然无信，吾等只有尽其所能。否则，即使

尽人事待天命，最终也别无他法。

上面这段话，是他在光绪元年（1875）寄给同一年通过科举考试的郭嵩焘的信中写的。郭嵩焘出生于湖南省湘阴县，与左宗棠、曾国藩是姻亲，还参与了湘军的创建。李鸿章向来对这位比自己年长五岁的同年的见识赞赏有加，在给他的信中李鸿章坦率地抒发感想。引用的这段话也不例外。

既然身居要职，总不能光发牢骚吧。随后，除了开采矿山、铺设电线、开办学校外，李鸿章还开始创办军需、民用等所谓洋务企业。海军建设也有了进展，不仅在国内开始建造舰船，也成功地从欧洲采购了军舰。

然而，由于缺乏关键性的人才，企业的经营运作陷入了效率极其低下的状况。即使如此，恐怕对李鸿章而言也要"尽其所能"，这也是无奈的选择吧！

众所周知，海军的财源被挪用于颐和园的建设，军备无法更新。西太后的个人欲望与政治上的困惑等，这一点上能列举出很多原因吧！但是，北洋海军未能实现精炼化和强化，有着根深蒂固的原因，不单纯是武器和金钱的原因，这一点李鸿章本人是最清楚、最通晓的。因此，他对挪用一事并未公开提出过异议。

就这样，围绕朝鲜半岛，李鸿章与日本不得不陷入了对峙的局面。在好不容易逃过了战争的《中日天津条约》签署的第二天，他向总理衙门发了一封文书：

伊藤大使历访欧美，竭尽全力以效仿，实乃治国之才也。一心专注于通商、善邻、富国、强兵诸政事，不轻言战争、吞并小国。再过十年，日本之富强指日可待。迟早或会成为中国之外患，目前并非紧迫之威胁也。

众所周知，日本的伊藤博文也被称作是"东洋的俾斯麦"。自此以后，两名"俾斯麦"之间形成了某种信任关系。上面这段话是李鸿章持有的信任感的表明，也就是他对日本做出的评价。应该说他果然具备看到了十年之后"日本之富强"的慧眼，反而言之，清朝自身的举动也必须确定下来。

日本的威胁要让世人知晓，但是，清朝目前的军事力量尚无法与日本抗衡。因此，不能对危险做过低评价，也不能大肆煽动。"并非紧迫"这种说法便是苦心的体现，有必要向国内外显示不会输给未来"威胁"的军备力量。

北洋水师

李鸿章一手培养出的淮军，当时大约拥有17万兵力。他聘请了德国军人汉纳根担任军事教官，实行德国式的训练，并以克虏伯枪等德国生产的武器为主来武装淮军。北洋海军的建设也有了很大的进展。1880年，天津水师学堂成立，开始培养海军士官，1888年编制了北洋水师，由提督丁汝昌担任舰队司令。两年后，旅顺的军港建成，成为舰队的大本营。

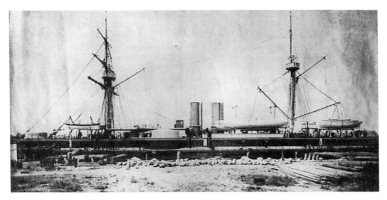

定远舰曾是北洋水师的旗舰

　　组成舰队的军舰，大多从英国和德国购入，具备了当时世界首屈一指的水平。例如，旗舰定远、镇远号，是德国伏尔铿造船厂建造的铁甲舰。1885年开始服役，被誉为东洋最坚固的军舰。

　　1886年，两艘军舰率领巡洋舰，依次访问了朝鲜的釜山、元山，俄国的海参崴和日本的长崎，兼有示威的意味。9月在长崎时，船员们上岸后胡作非为，日本警察与北洋海军的水兵发生了冲突，演变为街头战等武力事件。日本的舆论一度高涨，要求对清开战，而日本政府慑服于北洋海军的强大阵容而有所顾忌，回避了战争。五年后的1891年，编制后的北洋水师再次在长崎靠岸，举行了示威运动。

　　从这里可以看出李鸿章等人的用意。无论战舰多么强大坚固，缺少士官、技师等人才和组织，就无法运营和强化海军，以李鸿章为首的当局知识分子不会不懂这一点。正因为如此，在面对外界的威胁时，最少应该振兴海军的威容。正因为对日本的西

1886 年的海军衙门大臣　从左至右依次为善庆、醇亲王、李鸿章（摘自立德夫人《亲密接触中国》）

方化感到畏惧和羡慕，痛感自身的差距，北洋海军才会屡次前往长崎，在日本人面前炫耀，这不过是虚张声势而已。北洋海军并不战斗，只是示威性的抑制罢了。

对实战没有把握这一点，李鸿章本人也十分清楚。

这么一来，在对外关系特别是与日本的关系上，就绝对不能出现明显的破绽。然而，他深谙的外交手段也迎来了走投无路的时期。

开战

焦点依然是朝鲜半岛。1894 年 2 月，东学信徒们在全罗道发动起义，要推翻朝鲜政府。东学名称来源于与西学（基督教）的对立，是 19 世纪后半期在朝鲜扩大起来的新兴宗教。由于受到当局的镇压，东学党为了能够合法经营教会而发动了起义。被派去镇压的部队几乎节节败退，5 月 31 日全州沦陷。6 月初，朝鲜政府终于效仿"壬午、甲申的先例"，请求清朝派兵支援。

清朝把这看作是千载难逢的机会。特别是对经李鸿章授意、在汉城驻扎了十年来以证明朝鲜属国立场的袁世凯而言，更是如此。派遣援军，实现军事保护的话，那么谁都能知道，朝鲜是清朝的属国。

　　但是,《中日天津条约》却不能坐视不理。第三条规定,日清向朝鲜出兵时,需要事先相互通知。从当时的形势来看,如果日清两国有一方出兵,那么另一方就自动有了派兵的权利。李鸿章之所以一直克制对朝鲜行使武力,也是有这一条的缘故。

　　当然,袁世凯不可能不知道这些。即使如此,他还向上司李鸿章请求派兵,是因为他看到日本由于政府与议会的对立造成内政纷争,根本无暇顾及朝鲜。李鸿章也同意了,他立即派出了两艘巡洋舰,于6月5日抵达仁川。同月8日至12日,又派遣了2400名陆军从牙山登陆,25日又增派了400名。李鸿章解释这次用兵朝鲜为"保护属邦的惯例",想必是打算挽回十年前做出的让步吧!

　　但是,这次却导致了一场无法挽回的失败。

　　叛乱很快就被平息。东学党和朝鲜政府在6月10日签署了《全州和约》,达成了和解。援军很快就用不着了,撤兵只是时间早晚的问题。没想到,6月10日这天,日军进入了汉城。

　　日本政府很早就掌握了清朝派兵的消息,确定了对策。6月7日,根据《中日天津条约》进行了相互通告,日本以《济物浦条约》中的"在外公馆保护规定"为法律依据,派出了军队。其速度之快超出了想象,继430名海军陆战队队员登陆汉城后,6月16日又有大约4000名陆军混合旅团在仁川登陆。距离清朝陆军登陆朝鲜,不过才短短四天。

　　日本方面也感到危机重重。朝鲜半岛对日本而言,不亚于清朝，在安保和地政学上极其重要。他们意识到清朝此次派兵，势力均衡被打破，对清朝更加有利，而对日本不利。日本出兵是为了挽回这一局势，不达到目的是不可能撤兵的。

与此时的日本相比，李鸿章、袁世凯这边还是比较有余地的。内乱已经结束，只要撤回已经不需要的军队，恢复原状即可。这样既可以留下保护属国的战绩，又能使朝鲜政府内部的亲清势力占据优势。虽说没有料到日本会出兵，不过只要双方共同撤兵，事态也不至于恶化。

日本方面，特别是外相陆奥宗光，对此早已明察秋毫。他担心同时撤兵会让清朝的势力有所增长，因此没有答应。反过来，他提议朝鲜进行内政改革，还搬出《江华条约》的第一条，企图驱赶清军。也就是说，他们声称"保护属邦"的清军的存在，违反了规定朝鲜自主的条约，于是向清朝发出了战争的挑衅。

7月20日，日本向朝鲜政府发出了最后通牒，要求"侵犯朝鲜独立自主"的清军撤退。倘若朝鲜政府做不到，日军将代为驱逐。位于仁川、汉城之间的日军南下，7月25日在丰岛冲发生海战，29日又在成欢、牙山交战，8月1日，日清宣布开战，战火就此点燃。所谓陆奥外交，就是如何将试图撤兵和避免战争的李鸿章拖入战争的泥潭，说到底，他的策略圆满地成功了。

破局

陆奥的成功，也就是李鸿章的失败。中日甲午战争的经过和结果就没有必要详细介绍了。军事上，可以说是日本取得了绝对性的胜利。7 月 29 日的成欢、牙山战役，9 月 16 日的平壤战役以及 17 日的黄海海战，日本陆续大获全胜，局势已定。

黄海海战中的北洋水师 （圣德纪念绘画馆所藏）

造成这种结果，原因当然在于李鸿章也意识到的外实内虚的军备。正因如此，他才想回避战争，并想尽了办法。之所以未能实现，是由于阻碍势力的存在。

一点是陆奥外交和它的结果。陆奥宗光将李鸿章策划的英俄干预尽数除尽，挑起了战争。而且，随着战争的发展，列强原本在一定程度上支持李鸿章的干预和意图，也逐渐发生了变化。英国原先将清朝和李鸿章当作阻止沙俄南下的壁垒而满怀期待，之后却逐渐转向日本；沙俄原本忌惮清朝和李鸿章而有所收敛的南下政策，也终于进入了实施的阶段。

另一点是清朝的内政结构以及势力均衡的变化。前面已经讲到，1860 年以后的体制，建立在垂帘听政和督抚重权的组合之上。现实政治之所以得以顺利实施，是由于北京朝廷并不掌握统治的实权，取代年幼皇帝的西太后依赖地方督抚李鸿章，对他的裁量和施政一直给予了一定程度的支持。日清开战的这一年，也就是光绪二十年，正逢西太后六十大寿，就等着四周为她庆祝，而李鸿章也已经72岁，进入了古稀之年。从个人角度来讲，两人也偏向于隐退，而不希望挑起战争。

可是，这一时期的政治条件却发生了变化。首先，光绪皇帝已经长大成人。作为名正言顺的主权者，他的意见已经不能不听。长期以来有名无实的皇帝，开始掌握实权，不满于现状的势力纷纷投向光绪帝，试图与实权派对抗。在这件事情上，他们表现为批判非战意见的主战派。

李鸿章最初没有将他们放在眼里，他觉得区区几个书生成不了什么气候。没料到，他以军费不足为由拖延开战的时候，皇帝一派的户部尚书（财务大臣）翁同龢却在7月11日凑出了300万两的巨款交付给北洋水师。被逼入困境的李鸿章，已经无法再坚持回避战争了。即使如此，他仍然未放弃回避战争的希望，没有一举派出大军，而是逐渐增派，这在战术上是最不可取的。

10月24日，日军跨过鸭绿江，11月21日占领了北洋水师的大本营——旅顺的军港。翌年1月，日军从山东半岛登陆，又占领了舰队所在军港威海卫的炮台。2月11日，北洋水师的统帅丁汝昌自杀，舰队第二日投降日军。就这样，充当清朝内外国防、支撑着李鸿章权势的淮军与北洋海军全军覆没。整个清朝失去了颜面主动求和，李鸿章本人的地位也就此一落千丈。

如此看来，中日甲午战争并不是一场单纯的战役，它相当于体制瓦解的过程。日本强行发起战争，虽说是他们判断自己与北洋海军的实力在军事上旗鼓相当而发起的挑衅，然而战争爆发后，形势向对日本有利的方向转化。反而言之，19 世纪 80 年代李鸿章掌权时的政治、军事和外交等所有条件，都由于这场战争而丧失。对李鸿章而言，这是毫无疑问的败局。然而，没有人会允许他就此没落和隐退。

亲俄路线的回旋

马关条约　　　　　　　在美国的调停下，中日甲午战争开始议和。

1895 年 1 月 31 日，清朝全权使节张荫桓、邵友濂前往广岛，与总理大臣伊藤博文、外务大臣陆奥宗光会面。日本指出两人带来的全权委任书中存在欠缺，拒绝与他们谈判。也就是说这两人被客气地回绝了。同时，日本方面向二人强调，希望派李鸿章前来谈判。

当时也好，现在也罢，不少人认为这一要求是无理取闹。张荫桓、邵友濂二人的受托权限，在惯例上是足以应对的。但是，早在之前，清朝的谈判只靠形式是没有进展的，特别是和外国，需要可靠的谈判对手。李鸿章总是稳坐头号交椅也是出于这个原因，这次也不例外。20 多年来，凭借着实力和成果，他已经具备了对外国多年累积而成的信誉。伊藤和陆奥也把确认胜利和议和条件的履行，寄托在李的信用之上。

李鸿章等，似乎觉得与日本不值一谈，却未敢马虎，不顾年迈之体特意前来。可见其守信也。

这段话出自与李鸿章同岁的胜海舟之口，他很早就对这位邻国的砥柱怀有亲近与敬畏之情。他的这句短评，恰如其分地概括了日清双方的心理。

李鸿章虽然并不情愿，却也无从推却。虽然自己 20 多年来的心血付之一炬，此事却是前所未有的国难。此刻能够承揽重任的，也只有自己。看来他的自负，并不逊色于青年时代。

4 月 17 日是《马关条约》的签订之日。第一条把中日甲午战争的导火索朝鲜的国际地位，规定为"完全的独立自主之国"，而清朝引以为据的属国、朝贡关系遭到了否定。第二条规定，将清朝的辽东半岛、澎湖列岛和台湾割让给日本。第四条规定，清朝向日本赔偿"军费库白银两亿两"，相当于清朝一年财政收入的 2.5 倍。日本还获得了最惠国待遇，开放新的口岸，承认其在口岸可以"自由从事各种制造业"。第六条使列强在中国建设工厂、输出资本获得了合法化。马关的春帆楼上，李鸿章发出条约"过于苛刻"的悲鸣，却改变不了大局。敏锐如他，应该早在到达谈判桌之前，就已经预料到了这一结果吧！其中尤其严重的问题是，辽东半岛的割让以及日本在朝鲜半岛的势力扩张。如何才能挽回这一结局呢？之后的李鸿章，精力都集中在这一问题上。比起战胜国日本的意志和行动，这一问题更主宰着东亚的命运。

三国干涉

当然，像李鸿章这等人物，不会一味听从日本而在条约上签字。他在议和谈判期间，向列国通报了谈判经过，要求他们从中干涉。在得到德国传来的暗号电报确认有干涉行动后，他才签署了《马关条约》。这就是历史上有名的"三国干涉"。

干涉的主导国，正是与清朝从地政学上比任何国家都存在利害关系的沙俄。1895年4月23日，《马关条约》签订后的第六天，沙俄、法国、德国三国公使向日本政府提出照会，指出占领辽东半岛会危及清朝的首都，将朝鲜的独立变为有名无实，造成对"远东和平"的障碍。当然他们不会松懈武力上的示威，三国的军舰汇集在将要批准交换《马关条约》的所在地烟台。

日本无奈之下只好屈服。5月5日，日本答复俄法德三国，放弃对整个辽东半岛的占领，不过要按照原定计划批准交换《马关条约》，并取得返还辽东半岛的赔款。5月8日批准交换，11月18日，李鸿章与林董公使在北京签署了返还辽东半岛的条约，清朝支付3000万两白银的赔款。

众所周知，三国干涉使日本更加仇恨沙俄，成为十年后日俄战争的远因之一。再加上陆奥宗光对此做出辩解，指出是"内外形势艰难"和"对内有所顾虑"，日本人将视线全部投向了沙俄。这种认识需要被订正过来，其实，将沙俄卷入此事的，不是别人，正是李鸿章。

前面已经提到，军事上的失败已经历历在目，李鸿章的课题

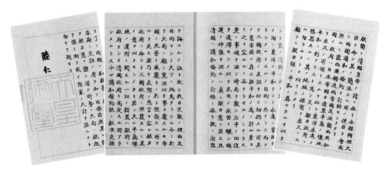

《关于辽东半岛返还的诏敕》 1895 年 5 月 10 日公布的签名原件（日本国立公文书馆所藏）

便是如何减轻外国对清朝的威胁。具体而言，是尽可能地把战胜国日本与朝鲜半岛、东三省拉开距离。用于牵制日本增强军备的军事力量，已经不复存在；以往一直保持亲密"同盟"关系的英国，也通过战争看穿了清朝的家底，再也指望不上了。而邻国沙俄的力量，却是必不可失。

李鸿章的这场干涉，在这个问题上大获全胜。不但收回了辽东半岛，还把日本在朝鲜半岛的势力几乎一扫而尽。胜海舟说"果然被李占了上风"，评价得十分到位。

当然，这并不是李鸿章一个人的作为。身居要职的清朝官员们自然会想到这个办法，类似的意见也很多。如果不联想到《伊犁条约》以来俄清之间的和平关系，就无法理解这一思路。不过就算有好几种方案，也只有李鸿章能付诸实施。他出动后，沙俄接受他的提议的那一瞬间，东亚的走向就此定格了。

中俄密约

《马关条约》批准交换后，李鸿章回到北京，受到光绪帝的召见和责备，卸去了北洋大臣和直隶总督的职务，时值1895年8月28日。可是，要说他就此完全下台，那可就错了。他仍然停留在北京，还签署了归还辽东半岛的条约。翌年2月，沙皇尼古拉二世举行加冕仪式，他被任命为庆贺使前往参加。之所以选择李鸿章，是由于沙俄政府的强烈要求。他率领的使节团趁此机会，周游了欧洲各国。

1896年3月28日，李鸿章从上海登上了轮船。考虑到74岁的高龄，为了以防万一，他还随身携带了一口棺材。4月27日，他抵达沙俄的敖德萨，在沙俄滞留了将近一个半月。6月13日到达德国，7月4日到达荷兰，8日到达比利时，14日到达法国，8月2日到达英国访问后，22日又重新启航，跨越大西洋，于28日到达美国，9月5日抵达加拿大。14日，他从温哥华出发，回到天津已经是10月3日。前后历时半年之久，完成了这场绕地球一周的大旅行。两周后，他回京复命，紧接着一周后的24日，他被任命为总理衙门大臣。

4月30日，李鸿章抵达彼得堡，先后在5月4日和7日，两次谒见了尼古拉二世，5月26日在莫斯科参加了加冕典礼。原本，他的使命就不仅仅是这些。他的本意不是要在典礼上献花，而是要与沙俄签署同盟密约。

加冕典礼前后，经过与沙俄政府的交涉，条约终于得以在6月3日签署。实际上负责谈判的，是沙俄财政大臣维特。这一中俄秘密同盟条约全文由六大条款构成，最重要的有以下两点。一是将日本作为假想敌国，俄清之间结成包含朝鲜半岛在内的防守同盟。二是允许沙俄的西伯利亚铁路经过东三省，东清铁路便是根据这一条款建设的，后来又将支线延伸至南部，从哈尔滨一直通到沙俄租借的旅顺。其中的长春至旅顺路段在日俄战争后，变成了日本的南满铁路。

《中俄密约》将沙俄的势力引入了东三省，成为日俄战争、九一八事变的导火线，后来又引发了中日战争。由此，对负责谈判与签署条约的李鸿章，世间的评价极其苛刻。这里引用一段最早的、最具影响力的评论，摘自中国外交史学家蒋廷黻的《中国近代史》：

> 光绪二十二年的《中俄密约》是李鸿章终生的大错。甲午战争以后，日本并无于短期内再进攻中国的企图。是时日本政府反转过来想联合中国。因为西洋倘在中国势力太大，是于日本不利的。威特的本意不是要援助中国，是要利用东清铁路来侵略中国的。以后瓜分之祸及日俄战争、"二十一条"、九一八，这些国难都是那个密约引出来的。

从之后历史发展的情况来看，正如蒋廷黻所述，李鸿章逃脱不了造成这种结果的责任。然而这也正是堪称"谤史"的中国式历史叙述。当时的李鸿章，或者是其他的任何人，何尝有其他的选择呢?

要想挽回中日甲午战争的失败,除了寻求沙俄干涉之外别无他法,而沙俄也积极做出回应,只好彻底走向亲俄之路了。一旦拒绝的话,沙俄也会反友为敌。只有尽可能地完善亲俄路线,这是当时外交政策的基本所在,而能够实现它的,也只有李鸿章一人。要论对日本的侵略企图、军事实力过大评价,或是对沙俄的预见过于轻率,这些指责都无可厚非。然而要仅仅夸大《中俄密约》的话,可以说太缺乏对历史的考察了。

如果要说"失策",那么指的就是常胜将军李鸿章打过的唯一一次败仗——中日甲午战争,以及点燃了这场战火。导致日清开战的出兵朝鲜这一举动,是他一生中最大的失败。导致这一无奈举动的,正是他向来对日本的敌视。要指责李鸿章的"失策",如果不追溯到此来思考的话,那么不论对历史学而言,还是对中日两国而言,都是没有意义的,甚至是有害的。

李鸿章本人也并非认为签订密约是最妥善的办法,他应该预见到了背后蕴藏的危险。然而,他最终还是进行了交涉并签署密约,是出于当时他肩负的使命。

历访欧美

当然,这场旅途的目的并不仅仅是沙俄,也并非只是加冕典礼和秘密同盟。李鸿章历访各国时还和欧洲各国就修改关税率进行了交涉,并向美国提出了撤销华人移民限制的要求。但是,这些交涉都无果而终。

索尔兹伯里（左）、寇松
（右）与李鸿章

从这个意义上，毫不夸张地说，这趟使节之行是失败的。

即使如此，大家却不怎么在意，原因在于李鸿章一行凡是所到之处，都受到各国各地举国上下的欢迎。和如今的游客一样，李鸿章每到一处，也都要去名胜古迹走一遭。例如，英国的大英博物馆，巴黎的埃菲尔铁塔，美国的弗农山庄和加拿大的尼亚加拉瀑布等。当然要是算上其他城市、工厂和企业，那就更数不过来了。在每个地方，他都受到了热烈的欢迎。胜海舟所描述的"在世界这个大舞台之上，李鸿章可谓炙手可热的人物"，虽然话里有讥讽当时的伊藤博文之意，但"炙手可热"这一表现是无可非议的事实。

虽然对"炙手可热"的盛况很有兴趣，这里却无暇深入探究。对此评价，李鸿章本人想必也没太大的兴趣吧。只要一有机会，他便会举行演讲，也接受记者的采访，留下了很多记录，却没有什么特别引人注目的发言。可以说，基本都属于社交和应酬的范围。

这里仅仅介绍一次李鸿章与隐退于德国汉堡的俾斯麦的会谈。74岁的东方俾斯麦与81岁的正牌俾斯麦会面，太稀罕了。

"请教为了政府的统治方法。"

"加强军备乃立国之本，除此别无良策。军队并不是人数越多越好。一国有五万大军固然不错，必须是年轻力壮的精兵。

如此则能所向披靡。"

"中国不是缺人的问题，而是缺乏领导和军制的问题。这三十年来，为了向贵国看齐，我一直警告本国人们。然而却依然孱弱不堪，让您笑话了。"

俾斯麦与李鸿章

这么罕见的会面，内容却有些偏离了人们的期待。读者读到这里，会觉得李鸿章的发言顺理成章，而俾斯麦也不过是延续了毛奇以来的常识性论调而已。实际上也许对话更有意思，然而清朝的史料记载中只有这些，可见有其用意。

同一记录当中，还有不少李鸿章欧美见闻后所发的一些感慨，里面不乏"百闻不如一见""眼见为实"之类的话语。不过总而言之，这几乎都表明他在洋务上的决心。也就是说，当时的中国依然和李鸿章活跃的时代一样，面临着相同的课题。

另外，李鸿章本人的地位又如何呢？他在各地，经常提到自己回国后将恢复权力。和俾斯麦会谈时，他也保证回到中国后，一定会效仿德国组建军队。然而他说的话，又有哪些是出自真心的呢？受到历史悠久的中国的头号政治家对本国文明的称赞，就算是自尊心再强的欧美人，想必也不会不愉快吧。这里还是将它们看作是外交辞令或是巧言辞令比较好。

当时的李鸿章发挥的便是这种作用。往年的成果使他远近闻名，和外国的外交官们也有很深的交情。即使他并不具备立即组织谈判或是实施政策等权力，却是再适合不过的窗口人物，可以在建立关系上发挥作用,应该说也有"炙手可热"相应的功效吧!

"瓜分"与变法　李鸿章回国后被任命为总理衙门大臣，也是出自相同的背景。失去了军事力量，他再也无法主导督抚重权的大任了。然而他还是被委以对外交涉的重任，这是出自他 20 多年的经验。从中也可以看出，打了败仗暴露了国力的清朝，在对外交涉上更是举步维艰。

可是，列强的侵略远远超出了预想。特别是 1897 年 11 月，随着德国占领胶州湾而引起权益争夺的白热化，清朝几乎没有抵挡之力。沙俄也继德国之后，强行向清朝租借了旅顺和大连，几乎是背弃了与清朝的同盟，还霸占了三国干涉后本应归还清朝的辽东半岛。此时，沙俄向负责谈判的总理衙门大臣的两位巨头，李鸿章和张荫桓，分别进行了 50 万卢布和 25 万卢布的贿赂，也是有名的史实。

即便如此，这场贿赂本身却并不具备重大的意义。原本，清朝对沙俄的背叛也采取不了任何有效的措施。即使拒绝沙俄的贿赂，也几乎毫无意义。想必李鸿章也看穿了这一点吧。这里反倒能够看出，要采取贿赂这一手段的沙俄心虚的一面。

为了对抗沙俄南下和势力扩张，英国也从清朝掠取权益，法国也乘虚而入。落后一步的日本和美国则提倡"保全支那""门户开放"来加以对抗。中国瞬间就卷入了被"瓜分"的局势当中。

面临这一危急局势，清朝内部也开始告急。早在中日甲午战争刚结束后就开始呼吁的"变法"，瞬间就步入了付诸实施的气氛当中。康有为、梁启超等少壮派下等官僚和知识分子主导下的变法，是将清朝的政体改变为立宪君主制、近代国家的一种新的尝试。

变法政策得到实施，是在1898年6月至9月间的大概100天，因此也被称作"百日维新"。9月21日，拥护西太后的保守派发动政变，变法派被镇压，而一直推进变法的光绪帝，两天后也遭到了幽禁。

然而，将变法及其挫折仅仅看作是改革与守旧之间的对立，是不充分的。变法最大的特点和弱点是和督抚重权、垂帘听政互不相容，背离了现实的政治社会结构。变法派在知识分子阶层中展开宣传运动，同时通过光绪帝来控制中央政界，是康有为等人的战略。康有为的主张在当时被视为极其激进的改革，无论是中央或是地方都有不少人为之折服。根据当地的实情在地方的裁量下进行施策，由中央来检验并批准，是督抚重权、垂帘听政的模式；而光绪帝采取的自上而下下令变法的方式却与之背道而驰，再加上命令的内容脱离现实，只会逐渐失去效力。变法派想要改变世界，需要时间和局势的变化。

在变法训令陆续颁布期间，9月7日这天，李鸿章被撤去了总理衙门大臣一职。虽说变法派素来就将李鸿章视作政敌，撤职的具体经过和意义却不十分明了。变法对之前的洋务做法进行批判，以此来获得自己的合法性，还对导致"瓜分"的对外政策和亲俄路线进行了纠正。李鸿章的罢免无疑就是这一姿态的象征。

原本变法的具体政策内容，以培养人才为首，和李鸿章提倡的洋务、海防就有很多重叠之处。而李鸿章本人，对变法也绝没有敌视的情绪，甚至他还曾经公开宣称："我和康有为是一派的。"76岁的李鸿章，也许出乎意料地对新世代的新举动怀有巨大的期待。

然而，随着变法的失败，中国仍然处在剧烈的风雨飘摇之中。已经步入垂暮之年的李鸿章，直到瞑目的那一天都没有歇息过。

最后的舞台

义和团

从变法派和光绪帝手中夺取政权的保守派，却未能得到同情变法的外国列强的共鸣，也就得不到和这些国家日常通交的地方政府的支持。这在保守派策划废黜光绪帝的举动中明确地得到了体现。1900年初，废帝计划由于外国与地方势力的反对而泡汤，保守派的反动

北京进攻图 （米兰市立印刷博物馆所藏，摘自并本赖寿、井上裕正《中华帝国的危机》）

倾向更加明显了。重新恢复了垂帘听政的北京朝廷，与变法派一样也脱离了督抚重权。

当时十分兴盛的是华北的教案。其中势力最大的是山东省的义和团。义和团是民间的秘密团体，宣扬通过巫术式的仪式和拳术以及习武便可以获得超人的力量，他们拒绝西方人和西方文明，不断地对以教堂为首的西方设施及人员进行排外性的袭击。其势力得以扩大的原因，在于觉察到朝廷反动意向的地方政府的庇护和援助。义和团的"团"指的是团练，意味着得到政府的承认。因此，它的口号也是"扶清灭洋"。

对此动态，列强自然是提出了抗议。新任山东巡抚的袁世凯，经过授意对义和团进行镇压，义和团又迁移到直隶省，开始了新的排外性攻击活动。转化为反动排外、脱离督抚重权的清朝中央，与义和团携手合作是自然的趋势，1900年6月，清朝将义和团引入了北京。6月19日在北京召开的会议上，西太后决定对列强宣战。

在之前的6月11日，日本公使馆书记官杉山彬被清军士兵杀害。20日，德国公使克林德被击毙。21日，清朝正式颁布了宣战诏书。

6月20日至8月14日期间，清军和义和团包围并袭击了外国公使馆。对外交官和在外公馆不得施加危害这一国际惯例，在这个时代也不例外。在列强们看来，这简直是无法容忍的暴行和野蛮行为。对此，列强们组成了两万人的八国联军，占领天津后，又在8月14日进入北京，解放了公使馆。15日，西太后和光绪帝逃出北京，10月底，他们抵达西安落脚。

东南互保

被免去了总理衙门大臣的李鸿章，很快就被保守派政权任命前往山东省，实地调查黄河治理工作。他一直待到了第二年。后来，随着废黜光绪帝计划的进展，为了防止变法派对此展开反抗，他接受命令前往开放口岸进行调查，随后又被任命为治理康有为、梁启超等领袖故乡的两广总督，其目的依旧是镇压变法派。1900年初赴任后，他开始执政。义和团事件发生时，他还身在广州。

对北京朝廷的反动和加大排外的举动，李鸿章恐怕是感到了不安吧！当他接到毁坏康有为祖坟的命令时，他竟然有所怠慢，表现出了消极的抵抗。这条命令也太无视人伦、过于残酷了。

不管他如何看待北京，如今他再次当上了地方的总督。这时的他，已经不再是当初位居第一的督抚了，和中央的垂帘听政也已经背道而驰。在这种政治结构下，他也只好担当相应的角色。

当然，李鸿章认为义和团是存在危险的。他也对义和团入京提出了反对，并发电报声称：

> 如遇不测，或局势剧变，各国必将合力而大举。中国之危亡，即在旦夕也。

然而，他的呼吁最终还是未能起到作用。不仅如此，北京朝廷在宣布开战之前，命令李鸿章进京谒见。这是为了拉拢地方的督抚。只要元老人物李鸿章做出支持北京的姿态，其他的大官也会纷纷效仿。他们不停地催促李鸿章："你早来一天，北京就早安全一天。"

对此，李鸿章回电表示答应，实际上却并未动身。原本他就不打算做徒劳之功，更不能轻举妄动，导致事态更加恶化。这时，上海的盛宣怀发来了电报。这一天是 6 月 24 日。

盛宣怀原本是李鸿章的幕僚之一。他在实业领域发挥手腕，经营了多家近代企业，是代表洋务经济的人物。当时他负责上海电报局，对内外的情报最为熟悉，在感到北方局势的危机后，他和两江总督刘坤一、湖广总督张之洞等长江沿岸各省的督抚一道，商量和外国各自达成和解，也就是所谓的"东南互保"。向李鸿章发出电报，是为了征求曾经的主人、最年长的总督对此的意见。

李鸿章本来就没有异议。第二天，他给盛宣怀发电报表示支持，他管辖的广东、广西两省也保持一致的步调。27 日，得到

香港总督卜力与李鸿章，1899 年　戴眼镜的是唐绍仪（摘自福尔索姆《朋友·客人·同事》）

支持的盛宣怀正式与驻上海的列强达成一致，实现东南互保。造成清朝一边在北京、天津方面和列强交战，一边在南方维持着和平关系，形成了两面政策。

　　地方的督抚重权，俨然已经违背了中央的垂帘听政，因此，对外战争也仅仅限于北京、天津局部地区，逃脱了全面沦陷的局面。78 岁的李鸿章，也是发挥了重要作用的其中一员。

告终

　　对外宣战进入战争状态的北京朝廷，依然要求李鸿章进京。7 月 8 日，李鸿章接到命令，再次被任命为直隶总督和北洋大臣，并前往北京。可是，李鸿章却迟迟没有动身。受到一再催促后，16 日他才从广州出发，21 日终于抵达上海。

　　此时，联军已经展开进攻了。正如李鸿章所料，各国果然"大举"进攻。北京朝廷为了挽回局势，8 月 7 日任命李鸿章为全权大臣负责谈判。离进攻北京还有一周时间。可是，李鸿章仍然按兵不动。

　　李鸿章未曾想过要逃避。9 月 19 日，他以高龄之躯抵达天

李鸿章，1900 年

津，就任直隶总督后前往北京，接着又马不停蹄地与同样受封为全权大臣的庆亲王奕劻联名和各国公使取得联系，开始议和谈判。这一天是 10 月 15 日。

虽说进入了谈判，李鸿章却没有什么绝招。联军已经派出了 4 万人，要想让他们停战撤兵，只能接受他们提出的条件。为了缓和局势，李鸿章倾注了全力。1901 年 9 月，谈判总算告一段落。7 日，清朝与 11 个国家代表签署了《辛丑条约》。

条约规定，清朝要按当时人口数量每人白银一两支付给列强，总额高达 4.5 亿两。列强享有在北京、天津等地驻兵的权利。设立外务部取代总理衙门，在政府机构中位列第一，等等。《辛丑条约》确立了中国的从属性地位。

身在北京的李鸿章，只能站在北京的立场上行动。他在广州担任总督时，一直违背中央的意志，还参与了东南互保。这无疑是出于地方立场上的举措。然而，为了与列强议和并顺应他们的意愿修复关系，他也不得不承认与地方利益相抵触的条款。支付赔款就是一个典型代表，最终还是会被转嫁给地方，掠夺他们的财源。由此，中央与地方的分裂初见端倪。

与列强的谈判历时一年之久，对年老的李鸿章来说已经是不堪重负。他自己曾表示，长期的焦虑加上经常失眠，食欲也有所减退。他赖以支撑的，也许是他认为克服这一难关非己莫属，年轻时就不曾改变过的自负吧。

其中，沙俄的态度尤为强硬。义和团起义时，沙俄就独自以保卫东清铁路为由派出大军，占领了东三省。因此，李鸿章不得不就撤兵一事和沙俄谈判。

沙俄与李鸿章暗地进行谈判，起草了几乎独占整个东三省的条约草案，觉察此事的日英两国，联合刘坤一、张之洞等地方督抚，阻止了条约的签署。之后，沙俄的撤兵问题演变为国际政治问题，不久后引发了日俄战争。

一面是沙俄的强硬态度，一面是内外的反对之声，夹在当中的李鸿章苦不堪言。据说，沙俄代表在签署《辛丑条约》后，也一直逼迫患病中的李鸿章在条约草案上签名。作为把沙俄引入了东三省这一亲俄政策的报应，李鸿章可以说是自作自受。这么说虽然过于苛刻，但这原本就是政治家背负的责任。

可以说，李鸿章一生极为健康。他自己评价，从政40多年，从未因病休息过。在日本马关脸上受了枪伤那次，竟是他生平第一次就医。

然而，残酷的北京谈判，到底还是侵蚀了他的健康。1901年10月30日深夜，他大量咯血引发病危，11月7日那天与世长辞，享年79岁，谥号文忠。

他临终前留下了一首诗，其中一段写道：

秋风宝剑孤臣泪，落日旌旗大将坛。

海外尘氛犹未息，诸君莫作等闲看。

无须多作解释。弥留之际的李鸿章，想必还是心存不甘吧！

尾声

迎接新时代

20 世纪的到来 "落日"的"孤臣",是李鸿章临终前的自画像,形象地勾画出自己的境遇。迎来 20 世纪的中国,进入了新时代。也许是旧时代已经日落西下,年迈的自己却被抛下的感慨吧!

李鸿章是垂帘听政和督抚重权互相弥补、处于稳定时期的政治家。也许,他的实力正是将两者相结合,保持稳定。然而,在中日甲午战争到义和团起义这一过程中,他失去了权势,垂帘听政和督抚重权陷入了彻底的决裂。中央与地方之间的急剧对立,决定了之后中国的结构框架。而李鸿章的位置,似乎已经不在其中。

如果说一个人无法同时生存在两个时代,那么,顽强地度过一个时代的李鸿章,也许称得上是圆满人生吧!这个时代是中国

天津的李鸿章庙 （画册《天津名胜》，爱知大学国际中国学研究中心所藏）

进入"近代"这一时代范畴的过程。

如果将其起始的 19 世纪初和终点的 20 世纪初进行比较，就可以清楚地发现它的特色。先前稳定的皇帝独裁转变为王朝的危机，地方督抚势力扩大。对外贸易和金融比重日渐增加，占据经济的核心，近代工业继而兴盛起来。包括上海在内，与外国往来的沿海地区取得巨大发展，在带动中国经济的同时，也拉开了与内陆的差距。

中国的这些变化，也体现在李鸿章的生平之中。作为旧式的科举官僚代表的精英人物，摇身一变成为实业官僚的先锋，批判科举，担任中国前所未有的洋务统帅，主导海防，周旋在以日本为首的外国列强之间，走完了一生。

他的存在举足轻重。李鸿章不仅仅是经历了一个时代，他还创造了一个时代。前面提到的政治和经济变化，几乎全部和他有关，这里多少都反映出他的特性。正因如此，他在下一个时代也无可非议地成为褒贬毁誉的对象。

梁启超，1904 年

爱国主义、梁启超与李鸿章

下一个时代是 20 世纪，"爱国主义"的时代。以前尚未出现或是非常微弱的"国家"和"民族"的概念兴起并渗透，中国要成为国民国家是自明的目标。作为新时代旗手并成为领袖人物的，是刚才提到的梁启超。他在变法失败后亡命日本，致力于新闻事业，为爱国主义的普及和国民国家的形成做出了贡献。

李鸿章死后不久，梁启超为他写了评传并出版。当时他 30 岁，可以说还是个青年。他断言道："四十年来中国的大事，几乎全部与李鸿章有关。"

李鸿章坐知有洋务，而不知有国务。坐知有军事，而不知有民政。知外交却不知内治。知朝廷之存在，而不知国民之存在。

总结旧时代，展望新时代固然不错。把旧时代的责任推给李鸿章，挖掘他的短处来作为新时代的靶子，从立场而言也是无奈吧？让人无法认同的是，对其"不知"的夸大批判。

李鸿章果真没有实施"民政"和"内治"吗？当时，还没有"国务"和"国民"的概念。把实施过的事情或是不存在的东西都判断为"不知"，是有意的虚伪、理论上的欺诈。这里不是对

李鸿章一家，1898年　后列从左至右依次为李国杰夫人（张氏）、李经述的女儿、李经璹（李鸿章最小的女儿）、李经迈夫人（卞氏）、李经述夫人（朱氏）。中列为李经迈、李经述、李鸿章。前列为李国熊、李国煦、李国燕、李国杰。中列的经迈、经述是李鸿章之子。前列的四人是经述的儿子们。（摘自福尔索姆《朋友·客人·同事》))

他人或先人的同情、共鸣基础上的历史视角，不过是为了匆忙让自己的观点正当化的政治思维而已。

李鸿章极尽为人臣子之道，不仅健康长寿，还拥有众多的子孙。在私生活上也是无可挑剔。不过，他个人的私事，也几乎没什么意思。正如他的老师曾国藩所言，他热衷于当官从政，是名"黯出命干"的官僚。作为官员，他的举手投足都与"中国的大事"息息相关。在实地的政治行政上，可以说在敷衍了事的中国传统的官僚、士大夫中，他的作风极其罕见。正因为如此，有违他初衷的事情也不少。

失败的生涯及其意义

李鸿章作为一名科举精英，一开始奉职于翰林院，如果就这样下去的话，他应该会成为一名集中华文明精髓于一身的拥有荣耀的文臣，这也是他年轻时的目标。然而，命运的捉弄让他意想不到地当上了地方大员，终其一生。按照传统的价值标准来看，无论多么的富贵或是有权有势，地方官员终究只是二流而已。他一生都对此心怀自卑。

　　1898 年 5 月 1 日这天，他担任总理衙门大臣，身在北京。与他同一时期考上进士的杨味苑来看他，目的是炫耀自己写的书。李鸿章嘲笑他说：

　　"考上了进士，进不了翰林院，真是丢人。"

　　杨味苑也不甘示弱地回敬道：

　　"进了翰林院还空有宰相的头衔，却当不了文官，不也丢人吗？"

　　也许是自卑心理受到了刺激，李鸿章勃然大怒，拿起拐杖追打杨味苑。杨味苑只好狼狈地逃了回去。

　　当年的李鸿章 76 岁。如果这件事是真的，应该李鸿章的行为是凶残的、野蛮的，如此高龄却有此等精力确实让人惊叹。更让人感慨的是，他的矜持与官界的常识之间的鸿沟竟然如此之深。

　　即便如此，他身为肩负清朝命运的中流砥柱这一点，却是不容置疑的。那么，作为一名地方大官，他的业绩到底不是他的本意。尤其是 20 多年的洋务和海防。洋务与民政、内治脱离，成为军事和外交，是由于撞上了中国的政治体制、社会结构这一堵墙壁，无奈之下的结果而已，并不是他所期望的。聪明而又自负的李鸿章，认识到这堵墙壁无法突破后，他只是没有犯下有勇无谋、头脑发热最终失败的愚蠢错误而已。

而这堵墙壁，同样地竖在了批评李鸿章的梁启超面前。不，还不只是梁启超。之后的中国改革家、革命家都无一例外地面对同样的问题，他们不也同样经历了无数次的失败吗？

即使如此，不，应该说是正因如此，人们不时会从投机的角度对李鸿章的一生进行描写。中国谴责他是"投降主义""卖国"或"误国"，外国也评论他是"现实主义""实用主义"，现在也是如此。而由来之一，无疑就是梁启超。

然而，李鸿章的一生具有的意义，于中国自不必多说，对日本也是极其重大的。这样一来，最重要的是紧密联系当时的文脉进行分析。梁启超试图完成对旧时代的总结和新时代的展望，如今的日中双方也都迫切需要思考这一点。李鸿章和他的时代，不正是恰当的材料吗？

关于参考文献

19 世纪后半期的中国史，由于所有的事情都和李鸿章有关，相关的参考文献几乎不胜枚举。然而，要论李鸿章的事迹，它们无一都是片面的，未能成为素材来源的依据。无论哪一个场面，最后都不得不将同一时代的李鸿章以及相关人物的文章加以直接对照。

当然，在纪传体正史的本家中国，出版了大量的李鸿章传。我逐一阅览，学到了很多东西。然而，这些传记都缺乏趣味性。这是论述方法和写法都被定格了的缘故。中国的历史书都有这样的特点，并不仅仅体现在李鸿章传中，不过人物传记之类的书往往勾不起人们的兴趣。

即便不是如此，李鸿章也是一位散文式的人物。用"散文"来比喻，也许太具文学色彩了。虽说也不乏戏剧性的场面，却也称不上英雄，他的事迹与感动或兴奋无缘。这一点和他的恩师曾国藩以及后继的中国革命者形成了鲜明的对比。

曾国藩在与太平天国交战时呼吁"名教奇变"，孙中山则用"革命未尽"来总结自己的一生。这些都有浓郁的文学色彩，足够上演一出好戏。李鸿章却完全不是这样，他留下的文章也都是公务性质的，和文学没有什么交集。

这些原因，使得李鸿章不受大众喜爱，日本人也难以注意到他。然而，却不能就此下结论说，他的生平并不重要，或是毫无趣味。

李鸿章曾经的幕僚吴汝纶编纂了李鸿章的文章，于光绪三十一年（1905）出版发行，题为《李文忠公全集》，共 165 卷。这部庞大的文集收罗了奏折、书信和电报等，通读全卷的话，便能大致知晓李鸿章的公务活动情况。奏折是正式文书，固然很重要，却很难看出真实的想法。电报在当时用于重大事件的往来，在思考各个事件上必不可缺，但过于简洁，有些难懂。因此，最有阅读价值的，就剩下书信了。

《李文忠公全集》中收录的书信，分为"朋僚函稿""译署函稿"和"海军函稿"三种。"朋僚"是指寄给官僚、朋辈和友人的，"译署"是指寄往总理衙门的，"海军"则收录了1885年成立的海军衙门的往来书信。

李鸿章的文章并没有完全收集于此。很早开始，就有人一直在发掘、整理和公开《李文忠公全集》中没有收集到的东西，其中还是以书信占绝大多数。如《李文忠公尺牍》《李鸿章致潘鼎

新书札》《李鸿章家书》《李鸿章手札》(《近代史资料》第91辑)
和《李鸿章致张佩纶书札》(《历史文献》第9辑),等等,都属
于辅助性的文献。潘鼎新是淮军的将领,张佩纶是清议的官僚,
后来当了李鸿章的幕僚并成为他的女婿。

最近,中国将这些成果集大成,编纂出版,这就是:

顾廷龙、戴逸主编《李鸿章全集》,39册,国家清史编纂委员
会文献丛刊,安徽教育出版社2008年版

这是自2002年以来,作为国家项目推进的中国清史编纂业
的成果。在已经出版的文书基础上,又网罗了未曾公开的文书,
堪称完美。今后估计会成为主要的工具,可惜固执的笔者往往
还是使用那些之前收集,已经习惯的老资料。

可是,一开始就去钻研这些资料,往往会消化不良,还是需
要有指南性的读物。中国出版的为数众多的李鸿章传,可以用于
这一目的。从这一角度来看,首屈一指的文献是:

窦宗一编《李鸿章年(日)谱——近代中国血泪史实纪要》,友
联出版社1968年版

年谱是按照时代顺序来书写的传记,之所以有"日",是包
括以月日为单位的记述的缘故。

在研究论文中最值得依赖的是日本前辈学者的论文著作。我这里只举几篇不容易注意到的代表性的杂志论文：

小野信尔《李鸿章的登场——围绕淮军的成立》，《东洋史研究》第 16 卷第 2 号，1957 年

小野信尔《关于淮军的基本性质——清末农民运动的侧面之一》，《历史学研究》第 245 号，1960 年

臼井佐知子《太平天国末期李鸿章的军费对策》，《东洋学报》第 65 卷 3、4 号，1984 年

最后，书中提到的梁启超写的《李鸿章传》，有日语版。从此处入手，可能也是一种方法吧：

《李鸿章——清末政治家悲剧的一生》，张美惠译，久保书店1987 年版

前面也讲到过，要注意到梁启超这本书里的政治偏向。但是，包括这一偏向在内，这篇才华横溢的文章，现在读起来仍然让人感到清新。

这些文献都是我年轻时候爱读的，已经很古老了。但是，历史文章并不是越新越好。重要的是能否最大限度地传递当时的真实情况。在这一点上，古今之间是不存在差别的吧！

后记

　　佐藤春夫写过一部题为《李鸿章》的小说。描写的是1896年作为赴任常驻中国沙市领事的年轻外交官堀口九万一与李鸿章之间的交谈，文库本大小，尚不足15页。小说中并没有详尽地记述李鸿章其人和他的生平，而是通过堀口大学父亲眼中看到的"李鸿章"，来重新认识东西文明之间的差距。

　　这部作品发表于1926年，佐藤春夫的写作意图尚不为知。可是，从第一次读它开始，我就感觉到一种说不出来的滋味。原来，李鸿章的为人是这样的啊! 仅靠区区几页的描写，就能让人有如此感受，源于作者天才般的艺术技巧。这到底不是粗犷野蛮的历史写手能够模仿而成的。

　　是佐藤春夫，或是堀口九万一用了"春风骀荡"一词来形容让人无法捉摸的李鸿章。要是从法科上来分析的话，下面的内容不知道准确与否，摘自将高坂正尧评论为"外交家"的山崎正和的文章。

在国际关系中国家乃属虚构，与国内社会的实况时常大相径庭。夹在其中的外交工作者不仅要与外国对峙，更要不停地与本国的混乱进行斗争。而外交家要坚持斗争，还要不让外界对其中的混乱有所察觉，就要像代表单一不同立场那样面带微笑，侃侃而谈。

山崎正和《历史的真实与政治的正义》
中央公论新社，2000 年

这段犀利的论述，绝非愚钝的历史写手们可以写出来的。第一次读到这一段，首先浮现在我眼前的是清末的李鸿章，而不是日本的任何一位政治家、外交官或知识分子。作为日本人，也许我的头脑的构造与众不同吧！

读佐藤春夫时感受到真实，山崎正和却给人以直观。虽说都是专门研究中国历史，对李鸿章这一人物素来了解，才会有如此感受。不过要说为何如此，恐怕我本人也无法说清楚吧！也就是说，了解的程度还不够。于是我转换了思路，带了些许意图来重新看待李鸿章。

深入研究近代、19 世纪后半期的中国，总有某一处某一件事会遇到李鸿章。也许这过于顺理成章，反而造成了对李鸿章缺乏关注。日本虽有限定主题的个别论文，却没有对他的整个生涯、思考和事迹进行论述的文章。同样是中国近代史研究，以李鸿章为对象和以袁世凯、孙中山、蒋介石或是毛泽东等为对象，研究存在极大的差别。

在一直关注李鸿章的我本人看来，这非常有意思。我想，这些事情很意外地体现出日本对中国的研究存在偏颇。有机会的话，我想把佐藤春夫、山崎正和的断篇放在时间与史实的过程之中，有始有终地予以描写。

这时，岩波书店的小田野耕明先生让我动笔写书。他要求我刻画人物，也刻画时代，虽然难度很高，然而从描写人物穿插历史的角度来看，拒绝等于是自我否定，从而无法回绝。

虽然鼓起勇气接受挑战，我却自觉无法超越佐藤和山崎二位。最后我决定，与其东施效颦，不如顺其自然，抛开条条框框，按照自己的想法来写。之所以能够得以出版，是小田野先生周到考虑的缘故。

对方是一位40多年屹立于中国政治最前线的巨人，我却是尚未到知天命之龄的不才，无从下手的东西太多了。这次也不例外，我尊敬的友人村上卫先生、箱田惠子女士、青山治世先生和水盛凉一先生也都不吝赐教。我在古诗方面得到同事林香奈女士耐心的解释。制作年谱时，也得到了研究生荻惠里子小姐的协助。在此谨表谢意。

对作者来说，读者能对自己的作品津津有味地阅读便已足够，其他的期望可以说是奢望。可是，对于"文章乃经国之大业"这一认识，也没有理由反对。

除了唐宋之前的诗词以及民国之后的现代，对其他都漠不关心，这是进入 21 世纪后日本人在理解中国上的巨大缺陷。正如不懂江户和明治，就不懂现代日本一样，如果不观察清代和清末，也就是李鸿章时代的中国的话，也就无法理解现代中国。日中关系深化的同时，难度也在加大。希望这本渺小的作品，能够对理解深不可测的中国起到作用，如能，也是意外的惊喜了。

冈本隆司于贺茂之畔

2011 年 9 月

索引

李鸿章简年谱

粗体字为李鸿章相关内容

公元·年号（年龄）	事件
1644·顺治一	明朝灭亡 清兵入关
1689·康熙二十八	签订《尼布楚条约》
1727·雍正五	签订《布连斯奇条约》
1784·乾隆四十九	英国减税法
1796·嘉庆一	白莲教起义
1823·道光三（1）	**生于安徽省合肥**
1839·道光十九（17）	林则徐任钦差大臣前往广州 没收英国商人鸦片
1840·道光二十（18）	**通过院试，成为生员** 英军集结广州后北上
1842·道光二十二（20）	签订《南京条约》
1843·道光二十三（21）	**上京**
1844·道光二十四（22）	**通过乡试**
1845·道光二十五（23）	**拜曾国藩为师**
1847·道光二十七（25）	**成为进士，进入翰林院**
1851·咸丰一（29）	太平天国起义
1853·咸丰三（31）	曾国藩组建湘军 **离京，转战安徽** 太平天国占领南京
1856·咸丰六（34）	亚罗号事件
1858·咸丰八（36）	英法美俄签订《天津条约》 合肥陷落
1859·咸丰九（37）	**进入曾国藩幕下**
1860·咸丰十（38）	太平军占领苏州 英法联军侵入北京 英法俄签订《北京条约》

公元·年号（年龄）	事件
1861·咸丰十一（39）	成立总理衙门 同治帝继位，西太后垂帘听政 **安庆乞师**
1862·同治一（40）	**组建淮军** **进驻上海，署理江苏巡抚** 千岁丸停靠上海
1863·同治二（41）	**阿思本舰队事件** **收复苏州**
1864·同治三（42）	健顺丸停靠上海 **解散常胜军** 太平天国灭亡
1865·同治四（43）	**江南制造总局成立**
1866·同治五（44）	丙寅洋扰 **金陵机器局竣工** **讨伐捻军**
1868·同治七（46）	明治维新 **镇压捻军**
1869·同治八（47）	**就任湖广总督**
1870·同治九（48）	天津教案 **就任直隶总督** 柳原前光使节团访问天津 **兼任北洋大臣**
1871·同治十（49）	辛未洋扰 沙俄占领伊犁 **签订《中日修好条规》**
1872·同治十一（50）	**要求成立轮船招商局**
1873·同治十二（51）	《中日修好条规》交换批文

公元·年号（年龄）	事件
1874·同治十三（52）	法越签订《法越和平同盟条约》
	台湾出兵，"海防""塞防"论争
1875·光绪一（53）	江华岛事件
1876·光绪二（54）	日朝签订《江华条约》
1877·光绪三（55）	左宗棠新疆战役
1878·光绪四（56）	**成立开平矿务局**
1879·光绪五（57）	日本吞并琉球
	天津、大沽间铺设电信
	签订《里瓦几亚条约》
1880·光绪六（58）	**设立天津水师学堂**
	设立电报学堂
1881·光绪七（59）	签订《中俄伊犁条约》
	天津、上海间铺设电报线路
1882·光绪八（60）	**签订《朝美修好通商条约》**
	壬午兵变
	与宝海签署备忘录
1883·光绪九（61）	法越签订《顺化条约》
	山西会战
1884·光绪十（62）	北宁会战
	与福禄诺签署协议
	中法战争爆发
	甲申政变
1885·光绪十一（63）	**签订《中日天津条约》**
	签订《中法会订越南条约》
	派袁世凯前往朝鲜
	定远、镇远服役
	设置台湾省
1886·光绪十二（64）	**长崎事件**

公元·年号（年龄）	事件
1888·光绪十四（66）	组建北洋水师
1890·光绪十六（68）	旅顺军港建成
1891·光绪十七（69）	北洋水师停靠长崎
1894·光绪二十（72）	中日甲午战争
1895·光绪二十一（73）	签订《马关条约》
	三国干涉
	免去北洋大臣、直隶总督
1896·光绪二十二（74）	被任命为庆贺使，出席沙皇尼古拉二世加冕典礼
	签订《中俄密约》
	周游欧美
	被任命为总理衙门大臣
1897·光绪二十三（75）	德国占领胶州湾
1898·光绪二十四（76）	沙俄租借旅顺、大连
	戊戌变法
	免去总理衙门大臣
	戊戌政变
	奉命对黄河治水进行实地调查
1899·光绪二十五（77）	奉命对开港口岸巡回调查
	被任命为署理两广总督
1900·光绪二十六（78）	光绪帝废黜计划失败，李鸿章广州赴任
	庚子事变，东南互保
	再次被任命为直隶总督、北洋大臣，上京
	北上至上海
	被任命为全权大臣，八国联军进攻北京
	到达天津
	西太后、光绪帝前往西安，进京开始议和谈判
1901·光绪二十七（79）	签订《辛丑条约》
	逝去

想象另一种可能

［李鸿章·袁世凯］

袁世凯
现代中国の出発

［日］冈本隆司 著

马静 译

北京日报出版社

EN SEIGAI: GENDAI CHUGOKU NO SHUPPATSU

by Takashi Okamoto

© 2015 by Takashi Okamoto

Originally published 2015 by Iwanami Shoten, Publishers, Tokyo.

This simplified Chinese edition published 2020

by Beijing Imaginist Time Culture Co., Ltd., Beijing

by arrangement with the proprietor c/o Iwanami Shoten, Publishers, Tokyo

北京出版外国图书合同登记号：01-2020-5131

本书的日语版本是两册著作，今中文版依据作品原貌予以合并，个别语句略有节略。

图书在版编目(CIP)数据

　　袁世凯／（日）冈本隆司著；马静译. -- 北京：
北京日报出版社，2021.1（2021.2 重印）
　　ISBN 978-7-5477-3785-9

　　Ⅰ. ①袁… Ⅱ. ①冈… ②马… Ⅲ. ①袁世凯
(1859-1916) － 传记 Ⅳ. ① K827=52

　　中国版本图书馆 CIP 数据核字 (2020) 第 153545 号

责任编辑：许庆元
特邀编辑：张旖旎　田南山
装帧设计：彭振威
内文制作：李丹华

出版发行：北京日报出版社
地　　址：北京市东城区东单三条 8-16 号东方广场东配楼四层
邮　　编：100005
电　　话：发行部：（010）65255876
　　　　　总编室：（010）65252135
印　　刷：山东韵杰文化科技有限公司
经　　销：各地新华书店
版　　次：2021 年 1 月第 1 版
　　　　　2021 年 2 月第 2 次印刷
开　　本：787 毫米 × 1092 毫米　1/32
单册印张：6
单册字数：124 千字
定　　价：88.00 元（全二册）

版权所有，侵权必究，未经许可，不得转载

如发现印装质量问题，影响阅读，请与印刷厂联系调换

目　录

序言

袁世凯与日本人

"二十一条"　　　　　　　　1914 年 6 月 28 日，塞尔维亚一名青年在萨拉热窝刺杀了奥匈帝国的皇储夫妇。无疑，当时谁也不曾想到这件事会引发一场史无前例的战争。第一次世界大战就在毫无预料中开始，又在出人意料中结束。

虽然是百年以前，世界却已经步入了国际社会，大战并不仅仅是欧洲的问题。例如，日本政府的元老们将这一大战称为大正的"天佑"，当时的大隈重信内阁也试图乘机巩固在外国的权益并将其扩大。首先，他以日英同盟为由，向包括德国"租借"的青岛在内的山东省胶州湾派出军队。当时是 8 月 23 日，不久，大战也给东亚造成了巨大的影响。

中国政府担心由此对己不利，早早就宣布了中立。当时是袁世凯任大总统的中华民国。而列强们实际上在中国并没有什么有

加藤高明

关大战的明显举动。他们忙于在欧洲应战，无暇顾及东亚。能够有精力涉足中国的，只有日本而已。

日本打着从敌国德国手中夺回青岛的旗号，出兵山东并占领青岛。袁世凯政权也乘机在 1914 年底，向日本提出撤军并返还占领地的要求。日本却不予理会，不仅如此，还在翌年的 1 月 18 日，秘密提出了涉及权益的要求。这就是所谓的"二十一条"。

主要内容列举如下：首先，日本继承德国在山东省的权益；第二，扩大日本在东三省南部、内蒙古东部的权益；第三，承诺不租借、不割让沿海地区；第四，由日本人担任清政府的政治、财政和军事顾问，且任用大量日本人从事警察工作；等等。

每条的目的不尽相同。外相加藤高明最看重旅顺和大连的租期延长，把山东省看作是达成目的的"交换材料"。所谓政府顾问，他自己也承认要求的内容过于盲目空洞，过分地考虑了日本国内情况。于是，涉及顾问问题的第五条内容，日本隐瞒了其他列强，开始秘密谈判。

日本围绕"二十一条"的举动过于拙劣。作为接受方的袁世凯政权，应该可以说更为巧妙吧！他们首先将接到的内容透露给各国和媒体，引起国内外对日本的反感。最终的外交谈判与加藤的预想大相径庭。

日中关系

身为大总统的袁世凯，亲自指挥了这场谈判。当时的中国正处于内忧外患之中。反抗国会和各省政府的事件不断发生，治安恶化，财政困难，政治形势陷入极其困难的局面，还有强敌在一旁虎视眈眈。"二十一条"的内容无一不损害中国的利益。不难想象，袁世凯心中对日本是何等的怕，又是何等的恨。

袁世凯对企图以武制胜的日本，进行了顽强的抵抗。同一时期英美也发出强烈的反对声音，中国国内还出现了抵制日货等局面，反日情绪高涨。在动荡不安中，谈判一直持续到5月，眼看就要达成妥协时，日本又犯了错误。5月7日，日本向中国政府发出最后通牒，要求其在9日之前接受要求。

这种做法在之前的对华外交上基本属于惯例。不仅仅日本是这样，其他列强也基本通用。中国当局为了逃避责任，打算接受日本的要求，也是出自这一原因。

此时，日本删除了"二十一条"中存在争议的第五条，向中国做出了很大的让步。即便如此，两国政府仍旧想按照以往的惯例解决问题，也许是墨守成规吧，而为此付出的代价着实不小。

强硬要挟、采用高压手段的日本，和软弱无能、一味退让的袁世凯各自鲜明的姿态，重新激起了中国民间的强烈反感。各地都开展了激烈的排日运动。袁世凯为了扭转矛头，解释自己是为了避免开战，不得不接受"二十一条"。他将5月7日、9日指定为"国耻"纪念日，呼吁人们为了雪"耻"而"卧薪尝胆"，开始着手实现国内的稳定，推动强有力的统治。想必即位皇帝这一举动，也是其中的一部分吧！

对袁世凯的这一姿态，日本人可谓深恶痛绝。当时的日本人，并没有觉得"二十一条"是多么过分的要求。他们认为比起之前欧洲列强的行为自己要轻微得多，在这里已经产生了感觉上的差异。至少袁世凯已经和前代处于不同的风潮之中了。可是，日本的官民却对中国政府的顽强抵抗恼羞成怒，把各地频发的排日运动，也看作是袁世凯政权的唆使。由此，日中关系更加恶化，陷入了万劫不复的深渊之中。

本书的意图　当年的袁世凯57岁，并不是初次和日本打交道。反倒是每逢重大事件，他几乎都会率先和日本接触。1884年的甲申政变、1894年的中日甲午战争、1904年的日俄战争以及这次的第一次世界大战，都是如此。这30年间，没有一件事是出自中国的本意，他自身的情绪也好不到哪里去。

然而，当时的日本人在这方面却很迟钝，他们甚至不知道袁世凯这个人。通常日本人知道的袁世凯，是辛亥革命后背叛清朝、当上了民国临时大总统、攫取了政权的人。背叛君主、不仁不义的权术之徒，本来就不招日本人喜欢，加上这次的交涉，更让人觉得他是一名背信弃义、俗不可耐的政治家。

或许有人会说双方都半斤八两吧！但是，不仅是当时，一直到今天，日本人描绘的袁世凯的人物形象，都没有超出这一范围。大抵可用"枭雄""权谋者"等词汇形容他贪权、不仁不义，或是和清代的政治家相比，说他不学无术、反日等。袁世凯正是批判所谓旧中国作风的合适人选。

但是，对袁世凯给予差评的，不仅仅是日本人，中国人也是如此。通常都将他作为旧体制下的政治家代表来描写，这和反革命、崇洋媚外等评价是密不可分的，也是为了迎合"爱国主义""反帝国主义"或是"半殖民地半封建"的意识形态。与这种历史观持同样论调的日本人的著作也不少。

除去这些清一色的差评，袁世凯身上几乎什么也没有剩下。为何这样的人物可以扩展势力、爬上权力的巅峰，甚至当上了皇帝呢？世间的评论全部都集中在他的个性上，没人能回答这一质朴的问题。似乎也并没有谁试着去汲取这一时代的教训。

近年来，经过专门的研究，当时的各种史实得到精细的解读，对袁世凯的所谓重新评价也有所进展。可以说，在一片骂声中的人物形象，已经成为过去。可是，要说是否已经有了新的形象取而代之，却还是不得不苦笑。

他所置身的时代，已经很容易看懂了。即使如此，他自身的形象并没有因此变得清晰起来。对他的评价，还是以之前的差评为基础，只不过在个别地方为他翻案罢了。把"阴谋的权术者"改成为"周到的政治家"，似乎意义不大。

既然当时的时代背景已经如此清晰，那么我想基于这一背景，不受以往褒贬、评价的主轴所影响，来解读袁世凯的生平及意义。这就是本书的意图。通过袁世凯的所作所为来探讨当今中国存在的共通之处，这也是我的写作目标。

具体来讲，相比以前重视辛亥革命和其后的写法，我把重点放在了被忽略的辛亥革命之前的时代。因为这样的话，辛亥革命之后的意义会变得更加鲜明。

第一章

朝鲜

袁世凯的印章

上路

在中国内陆的河南省中部，黄河以南靠近安徽省的陈州府项城县北部，有一个叫张营的村落。19 世纪进入下半叶时，要说村里最有名的人家，首先要数袁氏。

袁氏一族出了不少达官贵人。19 世纪 50 年代最有出息的是袁甲三。他不仅通过了当时可让千万士子出人头地的科举考试，中了进士，还在讨伐一时猖獗华北的捻军中立了功，官位升到了漕运总督。总督是可以管辖相当于日本国土的广阔地方的大官。

他的儿子们也随着父亲立了军功，走上了仕途。不过，袁氏一族的同辈人，也不是每个人都如此。袁甲三兄长树三的儿子保中就没有当兵，他留在项城县的乡村里，应对不断出没的捻军。

直到 19 世纪 50 年代末，太平天国、捻军以及第二次鸦片战争等，中国的内忧外患并没有好转的迹象。就在咸丰九年八月二十日（1859 年 9 月 16 日）这天，保中的第四个儿子袁世凯在张营村出生了。他是庶出之子。

实际上，在此前后，袁家搬迁到了张营村往东 20 里的地方。他们占了很大的土地并营造了防寨，由此被称作袁寨村，至今还留有不少袁家的墓地。袁世凯的幼年也是在这里度过的。因此，有的书倾向于将他记载为"袁寨人"。

庶出的袁世凯长到 7 岁时，无子嗣的叔父保庆收他做了养子，同治八年（1869），他随养父移居到了南京。

生在袁家这种名门，通常从小就要刻苦学习，准备参加科举考试。事实上，袁氏族人中有能力的也都通过了科举考试，取得了各种学位。也就是说，他们从小时候起，就励志于学习。

袁世凯也不例外。为科举做准备，首先要熟读最基本的教材——四书五经。熟读指的是完全背诵下来，这是最起码的、必不可少的前提。话虽如此，四书五经的原文加起来就有 43 万字之多，还要加上比文本本身多出好几倍的解说文字，这些也都需要掌握。同时，也必须学习史书和文学，还要练习作诗。这需要耗费莫大的时间和努力，不是一般人可以承受的。最起码笔者是受不了的。固然是不能和连一篇《论语》都背不下来的笔者相比，不过袁世凯的天性，似乎也带有这种倾向。

据说他天性刚烈，或者说是武术坯子，即便坐在桌前，也无法好好读书，而是偷偷地出去骑马或是舞枪弄棒。这些也可能是他出名后的传说而已。不过，他未能专心准备科举考试，恐怕是不争的事实吧！

成年　　　　　　1873 年，养父袁保庆去世。这一年，袁世凯虚岁 15 岁。筹备葬礼的是刘铭传和吴长庆，两人都是当时首屈一指的地方大官、直隶总督李鸿章率领的淮军将领。这一关系决定了他的一生，看来人生的际遇真的

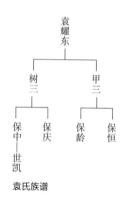

袁氏族谱

是不可思议。

养父死后，袁世凯先是回到了故乡项城。可是他的举动，依然我行我素。周围人焦急之下，又把他送到北京，在养父的弟弟保龄身边继续读书。同在北京的叔叔保恒考中了进士，在中央做了官，因此对袁世凯的监视就更严格了。不久保恒又当上了户部、刑部的左侍郎，以现在的日本来说，相当于财务副官和法务副官。可是，袁世凯还是学不进去。大家可以注意到他在这方面的固执和顽钝。

袁世凯总算是通过了童试，考上了学校。上了学，才有参加科举正式考试的资格。然而，正式考试他却未能通过。

1879年，第三次乡试落榜后，袁世凯已经无法再忍下去了。寄养的家主袁保恒在这一年去世，袁世凯留下"大丈夫应效命疆场，安内攘外，岂能受困于醒醒笔砚之间，误己光阴呢？"的豪言壮语，将诗文付之一炬。

袁世凯"不学无术"的评价便由此而来。当然，这和我们如今所说的不学无术，意思是不一样的。袁世凯只是没有参加科举考试，不喜欢学习罢了。他不仅有古典文学的修养，还写得一手好字。

日本人却由此产生了误解，他们觉得未能取得科举学位，就比前两个时代的曾国藩或李鸿章要差好几个层次。不能否认的是，这种误解对之后的日中关系产生了不小的影响。

当时的袁世凯虚岁才21岁，即使考到年迈连科举考试资格都拿不到的人也不少见，虽说袁世凯年轻气盛，然而决定放弃科举，作为名家的子弟，可以说是需要相当勇气的决断。

按照中国的传统，通过科举获得社会的尊崇，才能获得在经济上和政治上的特权。反而言之，放弃科举对以后的出人头地是极为不利的，周围的人们一定极度担忧他的前途吧！甚至有人因此和他绝缘也说不定。

然而，时代已经不同于从前了。纵观袁世凯的一生，可以看到，即使是做出让人不悦的举动，也是可以走出一条新路的。当然，一名年仅21岁的年轻人，是不可能预见到未来时空的。从这个意义上来说，袁世凯可以说是幸运的。

武装的时代　而这一时代，需要我们来分析一下。袁世凯出生时，中国正受清朝这一王朝政权统治。清朝在中国历史上，是曾经出现过最和平最繁荣时代的政权之一。18世纪后半期的乾隆时代便是其中的典型，也是清朝的全盛时期。

可是，此时已经不再是太平盛世。内忧外患之下，各种事件已经不足为奇，于是清朝着手建立能与之对应的体制。这里暂且将其称为"督抚重权"吧！

"督抚"是上面提到的总督与巡抚合起来的简称，明末以后，用来指那些统辖一省或是几个省的军政、民政的地方大官。清朝皇帝统治汉人，从一开始就是通过这些总督、巡抚来实现的，这是清朝的基本结构，历代皇帝都把对他们的利用和管理当作课题。

其中最为彻底的，要数清朝第五代皇帝雍正帝。他亲自掌握、限制督抚的行动，在地方行政上贯彻自己的意志。在统治上取得的改革成就，是雍正帝的努力取得一定成功的原因。

并不是历代皇帝都能像雍正帝那样实行独裁统治。特别是经过18世纪的繁荣后，中国的人口从17世纪末的1亿人猛增到4亿，翻了4倍后，原先的政治体制也就渐渐地出现了破绽。

17世纪确立并按照当时的规模延续下来的皇帝独裁以及官僚制度，已经无法掌控和统治18世纪后爆发性膨胀的民间社会，治安的恶化也日益显著。19世纪初出现的内忧外患，便来源于此。

日益庞大的社会矛盾加深，旧的秩序下无法收容的人群增多，倘若官府不能提供保护，那么就只能是自己保护自己。由此产生的非法组织虽然不像字面意义上那么隐蔽，姑且还是按照惯例称呼它们为秘密结社吧！随着它们数量的增加，每个地方的自卫组织也有所发展。人们称其为团练。两者之间会发生冲突，加剧了治安的恶化。

无论是服从权力或是反抗权力，民间进行武装活动已经变得相当普遍。虽然各个地方的进展不同，事态各异，但我们还是可以将它们统称为"社会的军事化",因为它们是在同一时期、相同条件下,产生于相同社会组织的基础之上。社会的军事化成为清朝全国的发展趋势。

督抚重权　　　　这种"社会的军事化"到了 19 世纪中叶,已经不仅仅停留在治安的恶化方面,而是呈现出内乱的模样。这是由于反抗权力的一方汇集好几个秘密组织,引起大规模的叛乱,太平天国、捻军都是如此。而顺从权力的一方为了与之抗衡,各地都组织团练和义勇军,来充当地方的防卫。纠集众多的义勇军组建大规模的军队镇压叛乱的曾国藩和李鸿章,成为这一个时代的主角。

19 世纪后半期的特征体现为,从"社会的军事化"发展而来的义勇军和以往总督、巡抚主导下的地方行政结合起来。为了维持地方上的治安,负责管辖的总督、巡抚必须要掌握、指挥义勇军。然而,实际上这一流程是反方向的。指挥义勇军的首脑,会逐步被任命为总督或巡抚,结果同样是通过军事力量掌握所辖地区,拥有财政权力来维持军事力量。北京的中央政府再凌驾于这一基础之上,形成了清末的政治结构。督抚重权指的就是这种权力比重向地方的督抚转移的局面。

就在此时,清政府的权力经过政治斗争后有所弱化。继位的同治帝尚且年幼,代行其职责的是母亲西太后。这就是"垂帘听政"。太后执行政务时,因为身为女性不方便抛头露面,便在前面垂下帘子，这种政治形态在历史上也曾经出现过几次，并不是史无前例，西太后自己也颇为拿手。尽管如此，毕竟她只是代理，不可能像康熙帝、雍正帝那样拥有对总督、巡抚和地方大官的领导力和统治力，也是无可奈何的事。

指示不及时到位，还不如下放权力。北京想要对地方的情况了如指掌并下达适当的指示，比起上一个世纪，局面更加复杂多端，变动也非常快。倘若地方政府不根据当地情况立即处理的话，就会来不及收拾局面。要是事事都要上传遥远的中央等待指示，就很难避免事态的恶化。实际上也时有这种情况发生，由此清朝也最终缩短了自己的寿命，这一点暂且放下不谈。

那么，尽可能地批准地方的裁量权，并使其发挥手腕和力量，更为明智。随着"督抚重权"的日益显著，北京权力的削弱超出了预想，转变成顺应这一形势的体制。

在这种体制下，内乱终于得到平息。极度恶化的治安，也迎来了相对稳定的局面，按照当时的年号被称作"同治中兴"。当时正值 19 世纪 70 年代，正是袁世凯出场的时代背景。

进入淮军

与此同时，这个时代传统的人事系统受到了破坏。在汉人官场上，通过科举考试任官的称作"正途"，也就是正规的仕途之路；通过其他途径进入官场的被称作"杂途"，也就是走后门的意思。

要想走后门，有很多办法。最普遍的一种叫作捐纳，字面上是捐款的意思，然而其报偿是获得科举的学位和官职，说白了就是买官。买官虽然在清朝初期就已经存在，但在这一时期出现了迅猛的增长。

当然，社会上崇尚的是正途，杂途具有浓厚的阴暗色彩。不难想象的是，那些买官的人难免会由此而感自卑。

从最客观的角度来看，科举是对儒教经典和其注释的死记硬背，就算是通过了科举，也不能判断其人是否有能力。至于这些人能否担当重任，就更是无从得知了。

因此，即使传统的选拔人才方法能在平时起效，在非常时期也只能起到反作用。非常时期需要非常的人才，而正途并不能保证充分供应这些人才。于是，从杂途录用人才的方式逐渐增多了。

这一情况在军务上表现最为明显。当时最紧要的是维持治安，其中必不可缺的是具备实力的军队，其主力则是由督抚掌握、平定了内乱的义勇军。督抚为了维持并加强军力，在其管辖的地区训练军队，筹集军费，并制造西式武器。中国的学术界一般将这种现象称为"自强运动"或"洋务运动"。

由于这类任务并不包含在以往的官僚制度当中，一些通过杂途进入官界的特殊人才就这样得到录用。因此，当时最大最强的义勇军——李鸿章的淮军，是拥有这种特殊人才最多的机构，也是形势使然。

看透了科举正途的袁世凯也不例外。他投奔到了淮军分支的吴长庆门下。

吴长庆，字筱轩，安徽省庐江人，从淮军创建初期就是得力干将。他原本在老家组建警备队打仗。李鸿章的淮军，正是安徽省这些众多的集团集结而成的。吴长庆麾下的军队取了他名字中的"庆"字，被称为"庆字营"或是"庆军"。这也是惯例，比如刘铭传的部队叫作"铭字营"或"铭军"，充分体现了其私人军队的性质。话虽如此，吴长庆对统帅李鸿章很是顺从，每逢战役必定率军跟随其后。

1880年，吴长庆立下军功，被提拔为浙江提督。虽然是浙江省的汉人中职位最高的武官，却不过是虚有其名罢了。他的实际任务是，将其麾下大约3000人的核心部队驻扎在山东省的登州。登州是坐拥北部开放口岸的要地，吴长庆在此维护治安。

吴长庆和袁世凯的叔叔、养父袁保庆是结拜兄弟。这是因为吴长庆的父亲在庐江老家和太平天国交锋时，袁保庆曾经派出援兵相助。前面已经提到过，袁保庆去世时，吴长庆亲自为其下葬。想必养子袁世凯也是由于这一缘故，才进了吴长庆的部队吧！

1881年5月，袁世凯前往庆军驻扎的登州，就任"营务处会办"一职。字面很难理解，实际上相当于一名参谋。这一年他虚岁23岁。光看年龄的话，就相当于现在大学毕业后刚参加工作一样。

参军是当时无法走上正途的子弟们普遍的想法。依靠关系找一份差事，早就不是什么稀罕的事情。因此，袁世凯的就职和参军，也并无特别之处。即便如此，在此期间，他之所以能够鹤立鸡群崭露头角，还是有一定理由的。

这个时期进了驻扎在登州的部队，可以说是天赐良机，在这一点上他也是个幸运儿。然而，能够把握住这一良机并充分发挥，却是只有他才具备的才能。

天赐良机指的是什么呢？是指隔着黄海与山东半岛遥遥相望的朝鲜半岛的局势。袁世凯的飞黄腾达之路，就始于这段渡海之行。

波澜

清韩关系

袁世凯的飞黄腾达与他本人并无关系，在他毫无预感的情况下，机会就摆在了他的面前。人生也许就是如此。要如何抓住这一机会呢？到了袁世凯接受考验的时候了。

即便如此，这次可谓天赐良机。1882 年 7 月底，日本史上也经常提及的壬午兵变拉开了序幕，这就是所谓"朝鲜问题"。

朝鲜问题用一句话概括，指的就是朝鲜半岛对中国的威胁。这种威胁主要来自日本，这种印象则来自历史上日本的一系列举动。虽说倭寇和丰臣秀吉出兵朝鲜是过去的历史，但是日本开国之后推动西化改革，对中国产生了军事上的威胁。在日本人看来，这一观点十分武断，是毫无根据的偏见。然而这一偏见的存在也是史实，让人无可奈何。

无论如何，清朝对明治日本的对内政策与对外举动，一直抱着警戒之心。其焦点就在于朝鲜半岛。

日清两国早在19世纪70年代开始，就不断发生冲突。特别是日本1874年的出兵台湾、1879年的琉球处分，都导致了千钧一发的战争危机。之所以双方没有大动干戈，都源于清朝的让步，因为对当时的中国而言，还没有到非要你抢我夺的地步。与彼时对照，此次会导致如此深刻的对立，是双方都不让步的缘故。

日本不让步的原因，是明治日本的国策在于转变为近代国家，这一点无须赘言。而中国也不能让步，实际上是为了保住朝鲜半岛。

中国自古以来的世界观和对外关系，通常被称为中华思想或是华夷秩序，如今已经不复存在，也没有一个固定的称谓。虽然有些复杂，但这里主要讲述的是朝鲜问题，我们暂且先使用脍炙人口的"宗属关系"这一称谓吧！

"宗"即宗主国，指的是中国王朝。从规模大小而言是"大国"，从上下关系而言为"上国"。"属"是藩属，指朝鲜等周边的国家。也称为"小国"或"属国"。只要履行明确上下关系的礼仪程序，原则上上国是不干涉属国的国内政治和对外关系的。周边国家将这一程序视作"事大"（跟从大国）。当时的朝鲜与清朝的关系就是一个典型，琉球与清朝也基本如此。

对当时的清朝来说，先不说邻近的台湾，说得极端一点儿，琉球根本算不上是问题。因为琉球孤悬海外，并不直接影响到中国的安危。事实上，清朝虽然直到最后也没有承认日本的琉球处分，却也没有阻止日本的举动。

清朝在意的，并不是琉球本身，而是如何保住琉球王国的属国地位。明治政府废除了琉球王室对清朝的君臣之礼，将整个琉球群岛列入日本的版图，这是清朝无法容忍的。或者说，琉球和朝鲜一样都是清朝的属国，一旦属国被吞并、灭亡有了先例，下一个就会轮到朝鲜了。

以地缘政治学的观点来看，在安全保障方面，朝鲜是琉球无法与之相比的要地。朝鲜不仅与清朝发祥地毗邻，更可以直达首都北京。正因如此，明清两朝都不得不在朝鲜驻军。在中国看来，朝鲜并不是仅仅维持"事大"这一礼仪就可以的国家，相反，这种礼仪正是维持他们紧密关系的手段。因此，一旦失去属国这一属性的话，关系也就断绝了。正因为如此，19世纪末这一时期，围绕具有相同属国地位的琉球，清朝与日本之间的对立不断加深。

抗议无效并最终目睹了琉球处分的清朝，必须采取措施防止朝鲜重蹈覆辙。这一年是1880年。

从这时起，清朝对朝鲜政策变得更加积极。朝鲜在1882年和美国、德国、英国等签订条约，也是清朝的积极政策之一，其目的是为了牵制已经与朝鲜签订条约、不断保持往来的日本。

日本的姿态与壬午兵变

对日本来说，朝鲜半岛在地政学上的重要地位也毫不逊色。历史上元朝曾经途经朝鲜半岛，联合蒙古、高丽军队入侵日本，如果将此地拱手相让，会关系到日本的存亡。

特别是开国以来，日本在世界各国的势力均衡中觉醒，对这一认识更加深刻。如果仅仅是一个朝鲜王国尚且不足为惧，可是巨大的沙俄、中国不得不让人提防，有必要把距离最近的朝鲜半岛变成对自己有利的地方。

另外，日本还决定加入西方国际法的文明世界。在文明世界看来，江户时代以前的日朝交往类似于"私交"，根本不符合标准。明治政府之所以在维新变法后，便早早着手构筑与邻国的新关系，理由就在这里。

日本立即做出了尝试。然而，由于发给朝鲜政府的公文和契约都不同于以往的旧格式，未能得到受理。最后连建立新关系的门槛都未能迈入，就停顿了下来。

对此，明治政府愈发地感到焦虑。朝鲜为何要采取如此态度，莫非是清朝在背后捣鬼？日本越是读不懂清朝与朝鲜的关系，就越是疑神疑鬼、焦躁不安。1875 年，日本挑起了江华岛事件以武力要挟，翌年 2 月，又强迫朝鲜政府与其签订了《江华条约》，其中就能感觉得到日本的焦虑，以及它对清朝的畏惧。

然而出乎意料的是，清朝虽然提出了抗议，却没有采取任何对抗措施。日本在安下心来的同时，也产生了些对清朝不屑一顾的意味。之后，日本在落实《江华条约》的具体内容上与朝鲜进行交涉，而忽略了清朝的动向和态度。

因此，当朝鲜表现出要和欧美各国签署条约这一姿态时，日本政府反倒是持欢迎态度。因为日本期待朝鲜加入国际关系后，与日本处于同一立场，这样便可以建立起理想的关系来。

然而，正如前面所说，这些都是源自对日本抱有戒心的清朝的立场，以及其对利害问题的关心。日本并没有想到这一点，只能说它太不重视清朝的举动了。

就在此时，壬午兵变爆发，日、清、朝三国的关系和东亚的命运就此出现了巨大的转折。而袁世凯的人生，也与此息息相关。

去朝鲜　壬午兵变的导火索是 1882 年 7 月 23 日由朝鲜旧军发动的暴乱。这场暴乱转化为反政府政变，朝鲜政府的要人们被杀害，从政界隐退的国王的亲生父亲大院君被推上了王座。

事态发展到这一地步，仍然还属于内政问题。之所以演变为国际问题，是因为暴动波及日本人与日本公馆，并出现了人员伤亡。

日本政府迅速做出反应，派出了配备军队的使节，开始追究朝鲜政府的责任。对日本的这一举动做出敏感反应的，仍然是清朝。为了与日本派兵抗衡，清朝决定向汉城派遣陆军。这一举动是因为清朝担心日本会用武力压制朝鲜，光这一点就可以看出，清朝对日本的举动怀有极高的警惕。

　　此时受到调动的便是驻扎在离朝鲜半岛最近的登州、可以立即前往的吴长庆的 6000 名士兵。当然，袁世凯也身在其中。他登上了"日新"号轮船，和先头部队的 2000 人一道，向汉城行进。

　　清朝的这一举动，完全出乎日本的意料。在日本政府看来，清朝此前对朝鲜问题，特别是对日朝关系并没有积极地进行干涉，却不曾想到，这次清朝不仅通过外交渠道提出了抗议，还向当地派出了军舰和部队，态度截然不同于以往，简直让人吃惊不已。日本不得不开始考虑与清朝的冲突，甚至是日清战争爆发的可能性。

　　当然，此时的日本并不打算和清军正面交锋。清朝也是如此。由此，双方对彼此的言行和意图都感到了怀疑。

　　从这个意义上来说，日清两国一直持续到甲午战争爆发的正式对立，就始于此时。而坐船前往朝鲜的袁世凯，年仅 24 岁。他一定不曾想到，自己会成为日后的主角。

壬午兵变的平息　　日清双方都担心的军事冲突，总算得以避免，暂时得到了和平解决。1882 年 8 月 30 日，日本与朝鲜签署《济物浦条约》和《日朝修好条规续约》后，冲突暂时告一段落。让我们来按照日期回顾一下壬午兵变的大致经过。

7月23日	朝鲜旧军发生暴动
8月5日	驻日公使黎庶昌通知日本政府派遣军舰
8月7日	对吴长庆部队发出动员通知
8月10日	清朝三艘军舰、马建忠与水师提督丁汝昌到达朝鲜
8月12日	丁汝昌暂时回国迎接陆军
8月13日	花房义质公使决定进京
8月16日	日军进入汉城
8月20日	花房义质向大院君提出要求书。丁汝昌与陆军来到朝鲜
8月23日	花房的日本军退出汉城。马建忠的清军到达汉城。马建忠追踪花房
8月24日	马建忠到达仁川，与花房会见
8月25日	花房与马建忠会谈
8月26日	马建忠擒拿大院君送往中国
8月28日	日朝开始谈判。清军攻击朝鲜旧军
8月29日	清军压制朝鲜旧军
8月30日	日朝签署条约

从出现次数就可以看出，在上述过程中发挥了最大作用的就是清朝一方的代表——马建忠。马建忠家世代都是天主教徒，他曾留学法国，是专修国际法的西式知识分子，深受李鸿章的赏

马建忠

识。他在以往的对外谈判中发挥了重大作用，在朝鲜和美国、英国、德国签订条约时，也起到了主导性作用。作为首屈一指的朝鲜通，他在壬午兵变爆发当初就率先被派到朝鲜。认为清朝应从本国派出陆军、要求支援的是他，策划并掌控行动的也是他。

在军事行动中，仅仅身为一名参谋的袁世凯，也开始崭露头角。但是，要说他做了些什么，起到了什么作用，具体却不清楚。不过，也不是完全看不出来。

袁世凯的存在和言行，也在他与马建忠的交往上体现出来。马建忠的报告书中数次提到他，并让他负责与部队司令官吴长庆之间的联络。可以说是参谋的本分工作。于是，袁世凯通过与吴、马二人的合作，镇压了朝鲜方面的叛军，日后的清韩关系就此确定下来。如果真是这样的话，或许袁世凯在这一局势中发挥了重要的作用。

成功地讨伐了朝鲜旧军的吴长庆部队，控制了整个汉城的治安。就在这时清军中开始涌现不满之声。驻扎朝鲜的日军并不强大，现有的吴长庆部队就足以应对，朝鲜政府也就没有必要再支付巨额赔款来向日本妥协、求和了。因此，他们对议和首领的疑虑不断加深。

9月7日，日军再次进入汉城，看到他们的弱态时，清军中原先的疑虑明确地化作了批评。甚至有人"痛骂"谈判者，也就是马建忠"想要依靠日本出人头地"，此人正是袁世凯。

> 参与谈判者，对贵国（朝鲜）冷淡，向外夷求好。
>
> 我军一去，眉叔（马建忠）必来。损贵国者，非此人莫属。
>
> 眉叔（马建忠）之辈，一味依靠日本而为贵国所重，依靠日本与贵国而为北洋（李鸿章）所重。迎合竞走贵国之士依附追从，对内有违民情，对外将受侵犯矣。

翻一翻朝鲜方面的记录，可以找到上述文字。此文甚至上升为对北洋大臣、淮军统领李鸿章的批判，谴责他只退不战，一心想要求和。

他们的这些愤慨，表面看赔款是直接原因，其实是因为他们得到消息，李鸿章有意将吴长庆的部队"划归马建忠之下"，马建忠将取代吴长庆成为他们的头领，或是位居吴长庆之上。

先不去管其他人，至少对袁世凯来说，与其说他与马建忠在政见或政策上存在分歧，倒不如说出于他对收留自己的吴长庆的义气，或者说是忠诚吧！派系虽然不同，但不是在政策或政局上，而应该看作是年轻人的侠义之情，或是感情上的偏袒吧！与地方的局势产生共鸣，将这些批判转化为政治问题的，反而是本国的那些李鸿章的反对派。

壬午兵变的平息，并没有受到北京官场肯定，反而被认为是对日本的过分让步。这一看法与袁世凯等人的意见相同，恐怕正是由当地流传而来。于是，对所谓的软弱外交的执行者马建忠及其上司李鸿章的谴责之声不期而至。

果然，壬午兵变的主角马建忠由此下台，再也未能踏上过朝鲜的国土。在朝鲜拥有实力的，反而是吴长庆在汉城的驻军，袁世凯也因功被提拔为正五品官，地位得以确保。

朝鲜的政局并未就此稳定下来，政府的姿态飘摇不定，很快就发展成为党派之间的对立，再次引起了内乱。于是，袁世凯发挥了超出壬午兵变的关键作用。

甲申政变　　　　大院君武装政变夺取的政权被推翻后，朝鲜政府的权力重新掌握在闵氏手中。然而，政界还是分为两派。之所以会如此，是因为汉城驻军所代表的清朝势力急剧扩大，这让朝鲜政府感到极其困惑。

虽说对镇压内乱一事感谢不尽，然而也有很多人持相反看法，他们认为前所未有的、以绑架大院君为开端的内政干涉并非所愿。恐怕国王高宗也不例外。

于是，倾向于前者的加深了对清朝的依赖，而倾向于后者的，则加强了对清朝的反抗。这形成了所谓"事大党"和"独立党"之间的对立。

他们之间的分水岭原本不是非常清晰。壬午兵变刚刚平息时，双方大概都对清朝爱恨交织，党派的界限也并不明显。

　　然而，随着货币发行和大规模贷款等激进的改革不断遭受挫折后，负责策划的少数少壮派政治家们，开始感到了焦虑。他们是金玉均、朴泳孝和洪英植等人。他们认为，妨碍他们进行改革的正是消极保守的亲清派，以及他们背后的清朝势力，两者之间的裂痕不断加深。

　　就这样，党派之间反目成仇，改革派最终决定仰仗日本的势力行使武力，这就是1884年12月的"甲申政变"。

　　选在这一时期发动政变，和中国的军事局势有很大关系，局势直接对汉城造成了影响。

　　当时，法国为了争夺北越的势力与清朝对立，河内一带的军事冲突演变为战争，即中法战争。在此前的1884年4月底，清朝为了加强北京周边的防卫，将壬午兵变之后一直驻扎在汉城的庆军调遣回国。并不是全军都被召回，约有一半部队1500名士兵留在当地，当地的朝鲜军队也接受庆军的训练和指挥。而负责这些部队的，正是年轻的参谋——袁世凯。

　　中法战争爆发后，法国海军在南部不断取得胜利，清朝陷入不利的军事局面中。对改革派而言，这是清朝的军事压力暂时减退的大好时机，他们认为不能错过这一良机而加快准备，更是可想而知的事。

　　12月4日，在由洪英植担任总办（大臣）的邮征局（邮政厅）的开业庆祝晚会上，武装政变拉开了帷幕。他们利用身边的日本公使馆守卫一个中队的兵力，将国王转移到景祐宫后，杀害了保守派的政府要人，宣布成立新政权。

走到这一步，应该还在改革派和其支持者日本的意料之中。可是，在一旁注视局势发展的袁世凯，却无法袖手旁观。他果然没有违背此前对马建忠的痛斥之言，不行安逸妥协之策，毅然决定与日军正面交锋。

他四处收集信息，确认朝鲜国王安然无恙，一接到政府的出兵请求，立即说服了上官吴兆有，亲自带领1500名士兵进攻王宫，和150名日军展开了枪战。夺回了国王的清军，袭击了未能逃回日本公使馆的日本居留民40余人，其中的30多名妇女受到了清军的凌辱和掠杀。

这一敏捷的军事行动，使发动政变一方乱了阵脚，其政权也一如其名"三日天下"，仅仅维持了三天便瓦解了。政变仅仅三天后的12月7日，金玉均、朴泳孝、徐光范和徐载弼等主谋人员从仁川乘船逃离，与火烧日本公使馆后逃亡长崎的竹添进一郎公使会合后逃亡日本。洪英植遭到杀害，其同伙也不得不流亡日本。由此，清朝的势力在朝鲜半岛占据了绝对优势。

汉城

英俄

甲申政变实质上是清朝与日本的武力冲突，无论事态如何平息，都必须由两国来达成和解。第二年，即 1885 年 4 月 18 日，清朝的全权大臣李鸿章与日本的全权大臣伊藤博文，签订了《中日天津条约》。

条约规定了以下三点：四个月内日清两国从朝鲜撤军；朝鲜的军事教官从日清以外的国家派遣；朝鲜发生内乱需要派兵时，两国须事先互相通知，事态平息后立即撤军。

条约这一说法虽然过于简略，但双方从 4 月 3 日开始，在天津前后谈判了七次，才达成了协议。谈判之所以非常艰难，是因为清朝试图保留向朝鲜派兵的权力，而日本则坚持"相互主义"要求对等，两者相持不下。

到此为止，甲申政变得到平息。清朝虽处于优势，在条件上却和日本基本对等，倒也不难看出它做出了让步。

负责谈判的李鸿章，作为掌管朝鲜问题的负责人，必须尽快地对甲申政变进行善后。清朝国内舆论虽然依然强硬，然而顾忌到与法国正处于交战这一形势，不能再冒引发战火的危险了。局势不允许清朝和日本决裂。

可是，就朝鲜而言，局势愈发严峻。日清两国在天津谈判的关键时期，朝鲜政府内部出现了私通沙俄的迹象。

朝鲜政府的外国人顾问穆麟德，制定了从沙俄聘请军事教官的计划，与沙俄秘密接触并达成了一定的共识。而且，它的目标并不仅仅是招聘军事教官，而是为了对抗清朝的势力，将朝鲜纳入沙俄的保护之下。

原本，穆麟德是被清朝雇佣的德国人，受李鸿章器重，任命他前去压制日本的势力。穆麟德与金玉均等人敌对，在甲申政变时也镇压了其党派，的确是没有辜负李鸿章的重望。

可是，穆麟德本人并不全部赞同清朝的举动，他认为清朝对朝鲜的干涉有点过火，因此感到不快。他认为朝鲜摆脱清朝的势力，才是正当的和有利的。与沙俄之间的秘密策划，也是基于这一方针的举动。对提拔并派遣他的李鸿章而言，是何等的讽刺。

1885 年 7 月，招聘沙俄军事教官的计划暴露，清朝意识到此事对己不利，对穆麟德的背信弃义勃然大怒，立即将他赶下了台。这就是所谓朝俄密约事件。

围绕朝鲜半岛的国际局势，到此为止实际上只与日清两国利害相关。随着沙俄的介入，事态变得错综复杂。还不仅仅是沙俄，就算没有沙俄，也有在中亚地区和沙俄针锋相对的英国。英国一直对东亚的局势抱有戒备之心，先发制人占领了朝鲜的巨文岛。当然，此事完全没有联络或事先通知。这就是所谓的巨文岛事件。到了这时，事态已不仅仅是清朝和日本的对立了。

因此，虽说占据了优势，清朝也未能放手不管，乐观面对这一形势。首先最重要的是，朝鲜政府的稳定与否。无论是壬午兵变，还是甲申政变，都起源于政府内部的党派纷争，以及外国势力与之结合。要想防止它们，只能依靠外部的压力。而能够施加压力的，从客观上具体来看，当前也只有清朝了。

英国惧怕沙俄而与清朝加深关系，日本的外务卿井上馨与李鸿章就朝鲜政策协商后，虽然未能付诸实施，却也制订了八条具体方案，这些事情都和上面所述原因相关。在这一局势下，袁世凯的存在开始逐渐变得醒目起来。

大院君

李鸿章

提拔

说到甲申政变的主角，袁世凯是当之无愧的一人。20多岁的年轻参谋果断采取行动，决定了清朝最为重要的对外关系的归属。身在本国的李鸿章，也不得不开始注意到他的存在。

李鸿章从镇压甲申政变之后，就立刻计划要把壬午兵变时绑架并扣押在保定的大院君送回汉城。大院君是高宗的亲生父亲，可以作为清朝的人质来防止朝鲜政府的蠢蠢欲动。而这也原本是袁世凯出的主意。

不考虑本人的意愿，强行绑架后又将其送回，这一行为本来就蛮不讲理。可不管怎么说，清朝对朝鲜政策的首次出手就是如此。1885年9月22日，清朝看准了日本的态度后，决定正式将大院君送归朝鲜。

袁世凯也在甲申政变后不久，从汉城回到了中国。他在老家隐居了一段时间。化解了政变，挫败了日本的野心，几乎都是他一个人的功劳。正因为如此，同僚的嫉妒和日本的责难，都集中在他一人身上，李鸿章迫于形势，也不得不表面上对他呵斥。三十六计走为上，袁世凯索性回到老家观望形势，以便养精蓄锐。这种行为模式，后来也经常可以看到。在周围人看来，都以为他是因为失意而隐退。

而李鸿章对袁世凯的评价并未因此而改变。日清达成了一定的谅解后，需要实施具体的政策方针，送还大院君就是其中的一项。至此，李鸿章提拔了袁世凯，并派他护送大院君返回朝鲜。再次前往汉城的这名27岁的年轻军人，已经不再是派遣驻扎部队的一名参谋了，而是上国清朝的代表。

派遣　　就这样，1885年10月3日，袁世凯再次踏上了朝鲜的国土。三天后，他谒见了高宗。

被护送回国的大院君，先在旧居安身。然而，曾将他视作仇敌的闵氏却无法袖手旁观。她先是抓走了跟随大院君的人士，随后又软禁了大院君本人。

大院君本人回国后，有多大的政治上的野心，也很让人疑惑。他是个顽强而又精力旺盛的人物，要说他怀有野心也毫不为过。然而，根据清朝方面的记录，他曾经留下了极其消极的发言。虽说有可能是嘴上说说而已，但也说不定是肺腑之言。总之，他没有发挥任何影响力，也没有实现清朝希望他对朝鲜政府的轻举妄动起到压制作用的这一愿望。

袁世凯目睹这些情况后，暂时回国复命。自己带来的要人受到这种待遇，想必他一定是不痛快的吧！因为这件事，说小了是自己脸上无光，说大了是清朝丢掉了面子。

送还大院君，是清朝的一个失败之举。然而，对于李鸿章这个大政治家而言，他不可能料想不到这一结果。倒不如说，李鸿章是想启用提出这一建议的年轻人袁世凯，让他在实地积累经验，有足够的觉悟，所以才赋予他护送大院君这一任务。也许李鸿章是看穿了朝鲜的局势、袁世凯的性格与器量，才委以重任的。果然，不久后，回国复命的袁世凯就接到了重大命令。

领命　　1885 年 10 月 30 日，袁世凯被任命的职位是"总理朝鲜交涉通商事宜"。这个名衔看上去冗长难懂，正如字面意思，这个职务是集朝鲜的对外交涉与通商事宜为一身。当然这是李鸿章的举荐。推荐信里，李鸿章先是称赞了袁世凯的能力和资质，称其"具有胆识，才略过人，能办大局"，接着又分析了当地的局势和所需的职能：

> 如今与国外的贸易日益繁盛，各国公使都聚集于汉城，故一切临机处置都要依靠于清朝的辅佐。应加强该人员权限，使用此头衔来干预对外交涉。

最后，又将他比作"西洋列强向其属国派驻之人员"。因此，袁世凯前往朝鲜赴任时，在他的名片中加上了英文"Resident"

袁世凯名片

这一名衔，意思是有如英属印度具有较大权限的英国"常驻官员"。

由此可见，袁世凯派驻朝鲜，他的任务从一开始就是干预其内政和外交。他本人也领会得很到位，言行举止都贯彻了这一方针。应该说是对他的安排适得其所吧！

李鸿章之所以会进一步提拔袁世凯，赋予他这一任务，是来自他深重的危机感。而所有事情的导火索，仍然是朝俄密约事件。与其说是出于对沙俄的畏惧，倒不如说是关系到清朝对朝政策的根本所在。

袁世凯将大院君送归汉城时，曾向高宗提出了一份意见书，名曰《摘奸论》，意思是揭发驱逐奸恶之徒。这篇文章不仅是他个人认识、政策的总结，还可视作坦言了清朝的立场。文章首先断言：

> 保护之权力，原本乃上国所有。壬午、甲申中镇压内乱就是其明证。

称保护朝鲜之权力，只有上国清朝可以独占。随后，他又写道：

> 清朝之属国，内政外交由其自主。西方却非如此。只是收取年费，内政外交无法自主，获取之财物，也归宗主国所有。

文中指出了清朝的属国与西方世界的属国之间的区别，逼迫朝鲜从中做出抉择。

这里值得注意的是开头部分的"保护"和末尾的"属国自主"，两者有着紧密的关联。上国清朝，保护属国朝鲜是本该有的姿态。然而，至今为止，朝鲜如若不主动要求自主，别说朝鲜本身了，其他的国家也无法适用。

但是，对清朝而言，当时就连这一点也岌岌可危。《摘奸论》虽然指的是沙俄，却不仅仅限于沙俄。甲申政变时，朝鲜投靠了日本。后来，美国也出现了。也就是说，属国除了上国清朝外，还向其他国家寻求保护，犯下了大忌，需要加以矫正。

而此时被委以重任的，便是袁世凯。他是一名年轻的军人。他的思考和行动，都直接而且彻底。他亲自护送大院君回国的遭遇，给他本人和清朝本国脸上都抹了黑，想必他也是耿耿于怀。这种性格和姿态，换作平常的外交，反倒会起到相反的作用。然而，对当时的清朝和李鸿章的对外政策来说却是必要的。这是预见性的任命。

纠葛

而表明这一举措奏效的是，中日甲午战争爆发前的十年，袁世凯的地位丝毫没有动摇。这一事实就胜过任何雄辩。

在此期间，袁世凯对朝鲜一直推行高压政策。他平常的态度从他的言行举止中就能感觉得到。

李鸿章写给袁世凯的书信　驻扎汉城一年左右，李鸿章原本认为他虽然"忠亮英敏"，却容易妥协，如今却赞赏他"丝毫不让人担心"

袁世凯坐着轿子大摇大摆地前往王宫，不把国王放在眼里。在朝廷上他在众多官员面前不可一世。他与外国使节们划清界限，不轻易与他们往来，每逢庆典活动必定与他们针锋相对。他的种种行为，受尽了内外的指责。

也就是说，他要让朝鲜和外国看到"上国"作威作福。这些还不仅仅限于日常的交往、惯例性的典礼以及礼仪。在历史上尤其重要的，往往是与政治外交相关的事件。

在这一点上尤其引人注目的是，袁世凯与外国人顾问德尼之间的对立。德尼是美国的法学家，曾经是常驻上海的总领事。李鸿章在穆麟德之后，将他与袁世凯一道派往朝鲜政府。

李鸿章期待德尼能够配合袁世凯，来推动清朝的对朝政策。之所以他会选择法学家和外交官，是因为他看好德尼与西方列强的关系、对国际法的了解等等。

没想到，不久后德尼对袁世凯提出了严厉批评。和前任的穆麟德一样，德尼也与李鸿章无法合作。

对两人的对立起到决定性作用的，是1887年国王的废黜和翌年的汉城教案。前者废除了高宗，另立新王，由大院君摄政；

后者是汉城的基督教徒和教会受到袭击的事件。原本，这些都没有根本性的证据证明与袁世凯有关，也都不了了之。德尼却判断是袁世凯的唆使造成的。从客观上来看，倒也不是没有凭证。

德尼

德尼勃然大怒，他认为这一行为否定了自己侍奉的君主的存在，并威胁到了和自己一样生活在汉城的外国人的生命财产。他写了名为《清韩论》（China and Korea）的英文小册，同时批评了李鸿章的朝鲜政策。他指出，朝鲜是国际法上也是事实上的独立国家，清朝和袁世凯却对其加以蹂躏，干预其内政外交。

就算德尼的说明和主张较为极端，朝鲜和外国在观点上也不乏存在共通之处。朝鲜在德尼发声之前，曾向欧美派出过常驻的外交使节。当时，袁世凯反复发出抗议，并提出各种条件加以干预，朝鲜政府和美国当局也都予以反抗。

不光是对沙俄，袁世凯对美国也开始戒备。它们都以派遣军事教官的方式，来威胁"上国"清朝对朝鲜的"保护"。在此之上，又发生了向欧美派遣使节和德尼事件，对立愈发变得尖锐了。外国列强异口同声向清朝当局发泄对袁世凯言行的不满，朝鲜政府也忍无可忍，要求清政府召回袁世凯。

可是，李鸿章的信任却毫不动摇。这是因为，袁世凯忠诚地实施了他的方针。

朝鲜问题日渐恶化，难以挽回。赴任三年，屡次调整之苦心、见机之救济，局外人不甚了解，吾却心知肚明，数次提醒其不要锋芒过露。拜读贵函，其见识度量愈发加深，实感欣慰也。

这是 1888 年 8 月李鸿章寄给袁世凯的书信。就在这封信中，他痛骂德尼为"区区蝥贼"，其"诬蔑之辞"和"邪说"都不足为信。四年后的 1892 年，他又在奏折中推举袁世凯：

袁世凯对朝鲜，首先是正其属国之名分而防止其僭越，其次对外国，用心交际而阻其欺瞒侵略。凡是有关体制、利害之处，事先预防，临机处理，事后挽回，无不把握要害。

虽说满篇都是赞美之辞，却并不为过。当时，袁世凯 34 岁，对其能力李鸿章也是颇为满意的。

跌宕

压倒

确实，进入 19 世纪 90 年代后，从客观上来看，局势也倾向于对袁世凯有利。

从他的角度来看，倒不如说之前是逆境。和朝鲜政府、外国政府的冲突越是厉害，就越是要诉求自己的地位来突出自我，这样才能忠实地完成使命。

总之，他没有就此退却。如果政府谈判这条路行不通，他便利用王室礼节，或是通商金融等手段，不惜一切来证明朝鲜是清朝的属国。

这些举措并没有立即取得预期的结果。然而，事态的好转，连他自己也察觉到了。朝鲜政府的反抗有所减弱，和他之间也出现了转圜余地。他投入的大量精力，终于逐渐获得了回报。

防谷令事件就是很好的证明。防谷令是朝鲜地方官员颁布的暂时禁止粮食对外输出的命令。每逢歉收时有关官员会经常颁布防谷令，1889 年 10 月在咸镜道颁布的防谷令，也是按照惯例实施的。

可是，按照日朝之间的通商规定，实施防谷令需要提前一个月通告日本政府。因为日本的主要进口商品就是粮食。然而，此时，朝鲜方面并没有提前一个月通知日本，于是日本方面正式提出了抗议。

翌年 1 月，虽然防谷令被撤销，然而由于这一期间禁止交易，从事大豆出口的日本贸易商人遭受损失，日朝之间围绕赔偿问题开始进行谈判。总而言之，这件事原本和清朝、和袁世凯几乎没有关系。

但是，随后的 1893 年，日本政府派遣自由党系的政论家大石正己前往汉城担任公使，事态急转直下。他在自己的著作中声称要通过列国会议将朝鲜纳入日本的保护国，否定了朝鲜对清朝的属国地位。对此，清朝和袁世凯都加强了警戒之心。

清朝担心的是，日本和西方各国联手支持朝鲜的自主、独立，朝鲜也与之遥相呼应。因此必须除去可能策划此举的大石。防谷令的赔偿谈判中朝鲜当局前来商讨对策时，袁世凯伺机进行了干预。他想乘此机会搅乱谈判，使日朝产生对立，以达到拉大石下马的目的。

大石性格粗暴，漠视礼节，始终采取威胁无礼的谈判态度，引起了朝鲜政府的反感。袁世凯不费吹灰之力就达到了目的，日朝之间的对立不断升级，最后大石宣布将行使武力，发出了最后通牒。

在日本总理大臣伊藤博文和北洋大臣李鸿章的联络协调下，危机总算得以解除。在后者的劝说下，朝鲜政府同意支付赔款，防谷令事件就此平息下来。

一贯坚持到底的袁世凯，面对本国上级李鸿章和伊藤博文之间的妥协，想必心里并不愿意吧！即使如此，这一结果是日本的巨大失败。事件平息后，日本很快就更换了大石，由常驻北京的公使大鸟圭介兼任朝鲜公使，就是证明。反倒是袁世凯收获颇丰，不光是将大石赶下了台面，自从他赴任以来与朝鲜政府之间不断恶化的关系得以好转，朝鲜对清朝的依赖也愈来愈深。

东学　就在此时，东学运动日渐活跃。东学的名称来自与西学（基督教）的对立，是综合了儒教、佛教和道教后形成了民间信仰的朝鲜的新兴宗教。教祖崔济愚从 1860 年开始布教，受到镇压被处刑。之后，东学秘密结社并不断扩大，其运动目标在于恢复教祖名誉以及教会的合法化。

1893 年 5 月，他们在忠清道的报恩郡大规模集会，批评政府，呼吁排斥外国，违抗当局下达的解散命令。朝鲜政府担心东学采取排外行动，决定不惜使用武力来阻止他们。原本仅靠自己的武力，是无法达到的，于是有人建议向外国寻求军事援助，也在私下里打探袁世凯的意见。

袁世凯也希望派出援军。因为这样一来，就更能冠冕堂皇地保护朝鲜，来证明其属国的地位。他开始着手军队的部署。

然而，报恩郡的集会并未就此结束。全琫准率领的东学教徒于翌年 3 月在全罗道起义，事态发展为名副其实的叛乱。被派去镇压的军队几乎没有招架之力。5 月 31 日，全州沦陷，已经无法坐视不理的朝鲜政府终于效仿壬午、甲申的先例，要求清朝派出援兵。

东学的这次事件里，曾经有人说是出自袁世凯的阴谋和煽动。虽然不足为信，但是其经过和这一疑惑惊人的一致，体现出事情的某一侧面。

袁世凯在汉城常驻的十年，朝鲜寻求的保护和清朝给予的保护，从来就没有吻合过。自从赴任以来，他一直挣扎在这种矛盾中，如今总算得以消除了。对属国的军事保护这一权力，名副其实地回到了上国手中。清朝将此次向朝鲜派遣援兵解释为保护属国。总算可以公开声明这一点了。袁世凯也一定体会到了很大的成就感吧！

身在本国的李鸿章接到消息后，立即向仁川派出了两艘巡洋舰。6月8日至12日期间，又派出2400名陆军从牙山登陆，25日又增援了400名士兵。

然而，朝鲜的内乱尚未等到清军部署完毕，就已经得以平息。东学与政府之间于6月10日签署了和约，政府基本上接受了叛军方面提出的要求。

照此下去，也许清朝撤军只是时间早晚的问题。没想到，6月10日这天，局面发生了变化，日军也进入了汉城。由此，袁世凯突然置身于困惑当中。

开战　　1885年签署的《中日天津条约》只有极其简单的三项条款，其中最重要的是规定出兵的第三条。内容是倘若朝鲜发生了重大变故，需要日清两国出兵时，事先必须通知对方。

根据当时的局势，这意味着只要日清有一方出兵，那么另一方便可自动派兵。出其不意的出兵，将可能导致武力冲突。建设了北洋水师的淮军统帅李鸿章，对自己的军事能力并不自信，因此在对朝鲜行使武力问题上一直有所克制。

　　袁世凯不可能不知晓这些情况，即便如此，到了1894年这一时期，他之所以建议清朝出兵，是因为看到了政府与议会对立下的日本内政纠纷不断，无暇向朝鲜派兵。结果证明，这一判断导致了致命性的错误，日本出兵速度之快，远远超过了他的预想。

　　当时正逢大鸟圭介公使回国休假，由一等秘书官杉村濬代为管理汉城的日本公使馆。他听闻朝鲜政府要求袁世凯派出援军这一消息，立即向本国发出了电报。

　　于是，日本政府在1894年6月2日的阁僚会议上决定，如果清朝出兵，日本也将派出一个混合旅团。6月5日，大本营成立，大鸟公使也前往朝鲜，10日回到了汉城。同一天，海军陆战队430名队员随后进入汉城。陆军也已经做好了调动准备，6月16日，混合旅团中将近4000名士兵从仁川登陆，距离清朝陆军登陆朝鲜仅仅四天。

　　《中日天津条约》中规定的相互通知，安排在6月7日。此时，清朝宣称自己出兵是出于"保护属国的先例"。日本方面则以《济物浦条约》中保护在外公馆的规定作为派兵的法律依据。

　　叛乱很快就得到平息，日清双方都失去了出兵的理论依据。随后，袁世凯和大鸟进行谈判，双方一致同意共同撤军，最后却未能实现。

　　原来，日本的派兵借用外相陆奥宗光的话，是为了"维持"朝鲜半岛的"权力均衡"。目的是为了防止清朝此次出兵对清朝更加有利，而对日本造成不利。日本当局判断，日清两国同时撤兵，还是会使清朝的势力有所增长，而陷日本于不利局面。这个判断并未错误。在此之后，清朝也一贯主张，双方同时撤兵是首要的先决条件，就证明了这一点。

日本政府为了杜绝诱发外国出兵的内乱，提议朝鲜进行内政改革。然而，清朝方面的回答是，还是应该先共同撤兵。对此，陆奥外相断然拒绝。这一天是 6 月 22 日。

朝鲜政府内部赞成内政改革的势力甚微，偏向清朝和袁世凯的势力占了绝对优势。他们依赖于清军，但要想实施内政改革，扩张日本的势力，就需要留住日军，并否定清军的存在。

由此，大鸟公使采纳了杉村秘书官等人的提议，提出了清朝与朝鲜的宗属问题。也就是说，保护属国的清军的存在，有违近 20 年前签署的、规定了朝鲜自主的《江华条约》第一条。恐怕意图是拒绝共同撤兵，制造冲突，挑起战争。

7 月 20 日，大鸟公使向朝鲜政府发出最后通牒，要求他们赶走侵害朝鲜自主独立的清军，倘若朝鲜方面不遵从的话，将有日军替他们驱逐清军。驻扎在仁川、汉城之间的日军南下，担当了7 月 25 日丰岛海战、29 日牙山战役的主角。

脱离　　就这样甲午战争爆发了，众所周知，日本大获全胜。起源于争夺朝鲜半岛势力的这场战争，使东亚的势力地图与秩序体系迎来了巨大的转折点。而造成这些的，正是袁世凯本人。那么，此时他的处境如何呢？

日军出兵后，袁世凯的任务是避免双方关系破裂，而致力于与日本当局的谈判和对朝鲜政府的工作之中。然而，他是个善于把握时局之人。早在6月底，他就向本国提出请求。他提出，朝鲜政府已经不把清朝视作上国，自己也就失去了常驻汉城的理由，要求召回自己。

清政府认为这一举动只会给日本造成口实，对袁世凯的回国犹豫不决。然而关键就在此处。局势日渐对袁世凯不利，四面楚歌之际，他不断提出申请，又在7月15日再次发出急电，以患病为由，将所有事务转交给部下唐绍仪，要求即日离开朝鲜。

原本无心开战的李鸿章，此时却为袁世凯的要求从旁说情，略微让人感到意外。也许，他是想庇护年轻有为的袁世凯吧！李鸿章同清政府斡旋，两天后终于批准了袁世凯的回国请求。又过了两天，7月19日，袁世凯从汉城出发离开了朝鲜。此时正是大鸟公使向朝鲜政府发出最后通牒的前一天。

7月21日，袁世凯抵达天津后便立即前往李鸿章处汇报，并数次与要人见面。清朝与日本陷入交战状态，精通朝鲜国情的袁世凯自然不能置身事外。8月4日，李鸿章任命袁世凯担任清军的补给官，派往平壤。9月下旬，到达沈阳的袁世凯得知平壤沦陷，和同事周馥一道留在了沈阳。自此以后，他再也没有踏上过朝鲜的国土。

一直为打败仗的清军补给四处奔走的袁世凯，在翌年即1895年5月，以母亲患病为由辞去了官职。自从归属庆军以来，他积累的赫赫战果也随着甲午战争的失败而几乎化作了云烟。可以说是回归到原点，从零开始。

当时，他和清政府中枢的要人李鸿藻书信往来频繁。李鸿藻的名字与李鸿章酷似，二人却没有亲属关系，李鸿藻反倒是李鸿章的强大政敌。在战争的紧要关头，与此人加深往来，不愧是具有不同凡响的政治头脑。在袁世凯5月写的书信中，总结了甲午战争并对三国（俄国、德国、法国）干涉做了以下描述：

> 然三国助我等，必有二心，他国乘虚而入，可见其企图。我方自强之路，刻不容缓也。

这一段话颇引人注目，可以说，尽数预见了以后的历史经过中呈现出来的内外问题。而这一意见，也只能是出自在汉城常驻多年，与列强周旋在权力政治当中，又经过半年多的补给任务，亲眼目睹了本国军队的脆弱和失败的袁世凯。

倘若如此的话，看上去似乎失败的年轻岁月，绝没有白白付出。军事能力和外交能力，成为试图卷土重来的袁世凯的目标，也成为他人无法企及的财产。

第二章

崛起

袁世凯，义和团时期

新军

中日甲午战争是东亚历史的一道分水岭。

李鸿章的作用

自此以后，内外的局势截然不同于以往。袁世凯本人当然也受到了不小的影响，首先要从关系到他本人进退的情况来观察。

提到"日清战争"，顾名思义，是日本与清朝的战争。汉语称之为"中日甲午战争"，基本是一样的。然而仔细分析其内容的话，就不能这样概括了。这是因为，清朝方面与日军作战的，几乎都是李鸿章领导下的淮军和北洋水师，也有人直接将之称为日本对李鸿章的战争。

对当时举一国之力作战的日本，或是对认为战争是国家之间的行为的普通日本人而言，这一点颇为难懂。然而，在当时的清朝体制下，这却是必然出现的结果。

前面已经讲过，清朝对汉人的统治，既是君主独裁制，同时也是地方分权制。虽然皇帝拥有最终的决定权，当地的统治权却委任给了地方官，特别是总督和巡抚。皇帝或者说是清政府，通过控制各省的督抚，来维持秩序。

由此带来的变化便是督抚重权。经过内乱频频发生的19世纪后半叶，督抚获得了远远超过以前的裁量权与权限。他们为了镇压内乱、维持治安，不得不在当地拥有并行使有效的军事力量，要实现这些，必须独自拥有丰富的财源和优秀的人才。

清朝中央政府的统治能力，自然而然地衰退了下去。或者可以说是通过自行减退，清朝才得以苟延残喘。从体制上来保证这一点的，正是将政治责任变得模糊不清的"垂帘听政"。身处顶峰的西太后无论有多大的权力欲望，要想独断专行，也会受制于其所处的地位，而且她也不见得有这样的野心。既然自己的统治力量微乎其微，那么就委托给通晓时局的督抚们。李鸿章就是一个典型。

直隶总督兼北洋大臣李鸿章率领中国最大、最强的军队，负责维持沿海地区的治安。这里是人口最稠密、经济最发达的地区，他的淮军、北洋水师虽说是自给自足的义勇军，事实上却占据了国防军的地位。为了对其进行维持和运营，军事上自然不用说，同时还汇集了通商、实业和教育等各个领域的众多人才。袁世凯也称得上是其中的一位。

李鸿章终究是一名地方官员，他的管辖范围是有限的。他负责沿海地区的防卫，其延伸便是所谓的朝鲜问题。他一手处理朝鲜问题，便是出于这一原因，结果发生了中日甲午战争，他负责与之战斗，也是无可厚非的。我们看作是对外战争的行为，在当时的中国，只要皇帝没有直接参与，那么在统治结构上，仅仅是某一地区出现的骚动。

权力结构的变动 　西太后对李鸿章的实力和政策的认可，给清朝带来了一段时期的安定，李鸿章也借助西太后的权威，在众多反对声中巧妙地实现了自己的方针。中央和地方形成了一种相互依存的结构。

然而，这种结构却逐渐发生了变化。首先便是时代的更迭。督抚重权和垂帘听政带来了19世纪70年代的稳定，当时，李鸿章50来岁、西太后也才30多岁，正是风华正茂的年纪。可是，到了中日甲午战争时，西太后迎来了60岁大寿，李鸿章也是虚岁72岁的高龄。时间无情地将他们变成了老人，而几乎被人忘记的幼帝却转眼长大成人。

光绪十五年（1889），虚岁19岁的光绪帝开始亲政，垂帘听政宣告结束。君主独裁制从制度上重新得以实体化。由于皇帝尚算年轻，最终的实权仍然掌握在西太后手中，但光绪帝本人对明君辈出的清朝天子这一意识，却毫不减退。

北京的中央官僚们对以李鸿章为中心的督抚重权，一直心怀不满。除了思想和政见存在分歧之外，李鸿章一派独占的地位和权力，也加剧了他们在经济利益上的不公平感。他们鼓吹儒教的意识形态和攘夷思想的原则论，经常谴责和弹劾李鸿章总是顺应现场的形势轻易与外国达成妥协。这就是所谓的"清议"。这股势力虽然受到了西太后的压制，却汇集到长大成人的光绪帝四周，他们试图利用皇帝在制度上拥有的独裁权力改变现状。

这些问题累积并爆发出来，就是日清两国的开战。虽说目的和考虑各自不同，西太后和李鸿章都想要避免开战。而最后导致开战的，外因是日本的陆奥外交，内因则是以光绪帝为中心的反对派的策划。如果放在十年前，或许会被驳回。可是，如今的状况却与以往截然不同。

就这样，垂帘听政和督抚重权都发生了性质上的变化。前者随着满怀热情的光绪帝的登场，中央政府的存在感日益增强。而后者由于中国最大的军事力量被歼灭，地方督抚的权力比重出现了绝对性的下降。一直保持着均衡的清末权力构造，瞬间产生了动摇。

小站

中日甲午战争结束时，袁世凯虚岁 37 岁。

虽然年轻时获得提拔，此时却遭受了挫折。只不过他精力旺盛，决不甘心就此摔倒而一蹶不振，动荡的时局也不允许他如此。

他的身影很快就出现在位于天津东南部郊区一个叫作小站的地方。此处原本是淮军的军营所在地，他负责在此组建和训练新军。此间的过程略微有些复杂。

中日甲午战争中淮军溃败，李鸿章也被免去了直隶总督和北洋大臣的职位。虽说他保住了中央的官僚身份，却没有了往年的权责。他之所以能作为直隶总督兼北洋大臣驻扎天津，是由于淮军身负保卫邻近的首都北京的任务。可是，战争使这支武力转移并被消灭，因此不得不组建新军进行填补。

荣禄

新军的组建是在 1894 年年底，由原李鸿章的军事顾问、德国人汉纳根提议开始的。但是，这不是地方督抚的职权所属，而是由中央政府主导的事务，实质上负责指挥的是李鸿藻、翁同龢和荣禄。

李鸿藻在前面已经提到过了。他是李鸿章的反对派，可以说是清议势力的领袖人物。翁同龢是科举状元出身的精英中央官僚，还做过光绪帝的老师，自然和李鸿藻一样，同属反对李鸿章的保皇派。中日甲午战争开战时，他掌握着财政大权，正是他把李鸿章和清朝逼上战争之路。荣禄是满人，屡次担任中央大臣，在中日甲午战争中任步军统领掌管军务。战后他担任兵部尚书并兼任总理大臣，成为掌管军事外交的最高长官。

翌年初，在他们的筹备下，以一部分残留的淮军为基础成立了"定武军"十营，5000 人规模的部队出现在小站。在当地负责管辖部队的是一个叫作胡燏棻的人物。他是安徽省泗州人，不仅是李鸿章的老乡，还当过李的幕僚。不过，同治十三年（1874），他考取进士时，李鸿藻是科举考试的考官，两者素有关联。这次的任命，也和这些渊源不无关系。

胡燏棻原本对军事并不精通，尽管有专家汉纳根指导军务，但是他们关系并不好，也没有取得成果。因此十个多月他就被替换了下来，袁世凯接替了他的职务。

为何会选中了袁世凯，实际上并不清楚。据说他从中日甲午战争时期，就和李鸿藻等中央的清议派加强了往来，受到了他们的举荐。刚才引用过的他写给李鸿藻的信件中，就迫切提到要通过建设西方化的精锐部队来充实兵力，可见在此之前两人就应该有往来吧！

另外，还有一位大官刘坤一的举荐。这种说法最近比较受到认可。刘坤一生于1830年，当时66岁。1880年以后，他曾经担任过管辖长江中下游地区的两江总督，是地方督抚中最有实力的人物之一，李鸿章下台后，可以说他占据了首位。

中日甲午战争中，他奉命前往长城最东端的山海关内外负责指挥作战，和身处兵站的袁世凯多有接触。他对袁赞赏有加，曾在奏折中写道："胸有大器且见多识广，性情忠顺恳笃，办事合理，乃出色人才。"更赞赏道："知晓军事之文官无人能及袁世凯。"

这也许是垂暮之龄对年轻一代的期望吧！刘坤一也是军人出身，想必他和袁世凯颇为投缘。总之，这封举荐信到了北京后不久，回乡期间的袁世凯就接到了传唤，在北京受到光绪帝接见后，便被派往小站赴任。

高升　　此时的军队建设被俗称为"小站练兵"。是将充实兵力的抱负付诸实践的绝好机会。抓住机会且充分利用机会，是袁世凯从朝鲜时期以来的拿手本领。

从胡燏棻手中接管了定武军没多久，袁世凯又追加招募了

炮兵行军图

骑兵马上图

步兵立正图

新建陆军 （出自《训练操法详晰图说》）

步兵和骑兵部队，部队总人数达到了7000人，名字也被改为"新建陆军"，简称新军。

新军在装备和军纪等所有方面都效仿西方，特别是德国的军队。在硬件装备上，除了毛瑟枪、马克辛机关炮等武器外，望远镜、电话机、帐篷、毛毯等器具，制服、鞋、药品等随身必备的日用品也应有尽有，都是国外生产的优质产品。新军在征募新兵上非常严格，要求提高士兵的忠诚度，严惩犯罪行为等，在纪律方面也采用了西方的方式。

按照我们的常识，这一切再理所当然不过了。然而在当时，这是对整个过去的颠覆，意味着对旧习俗和积弊的彻底否认。毫无疑问，曾经亲眼目睹中日甲午战争的袁世凯，一定在此用上了他当时的经验。

当然，要想优化装备、严肃纪律、强化军队，仅仅靠他一个人是不可能的，需要能干的干部来辅佐他。天津的北洋武备学堂提供了这些人才。

北洋武备学堂是李鸿章在1885年为了强化自己的淮军、培养陆军士官而创建的西式军校。很多教官都是来自德国的退役军人，学堂还派遣学生去德国留学。1885 年，五名留学生首次学成回国，其中一人便是段祺瑞，另外还有冯国璋、王士珍等人，此时都成为袁世凯的部下。

后来，这三人被称作"北洋三杰"，且不论其人如何，他们都和袁世凯一道担负起了下一段历史。所有的一切都起源于他们就任新军干部这个时期。袁世凯以他们率领的摇篮时期的新军为资本，逐渐展开了政治性活动。

话说枪打出头鸟，袁世凯的各种尝试性的举动，也许在周围人看来十分出格，过于引人注目，于是出现了诋毁之声。还有人上奏告发他过度仿效西方，工资与分配不公，甚至有行贿受贿和贪污的嫌疑。"如此妄谬""兵民怨恨不已"等批判，来自胡景桂等御史，也就是政府的监察人员。

据说这一弹劾来自胡景桂的同乡李鸿藻的指示。他们原本应该是举荐袁世凯的人物，此时突然转变了态度，可见政界是不能用同一把尺子来衡量的。

而从弹劾中庇护了袁世凯的，是荣禄。1896 年 6 月，荣禄收到弹劾后，作为上级和负责人前往现场核实。回来复命时，他断定胡景桂的弹劾缺乏事实根据，指出袁世凯"统治新军逐一到位，号令赏罚极其分明"，并称赞说"再过一两年一定会成为强大的部队"。由此，袁世凯逃离了危机。不仅如此，到了第二年，他的成绩受到好评，晋升为直隶按察使。这个职位相当于一省的

段祺瑞

司法长官，但他的任务仍旧是小站练兵。

两人的关系很多地方是模糊不清的。可以说荣禄很看好袁世凯，不过也有人说是后者事先去接近前者的。如果是真的，那么可以说是相当高明的政治手腕，李鸿藻之所以疏远袁世凯，也是因为察觉到了这一点。总而言之，致力于西式军队建设的汉族军人和与宫廷极度接近的满族大官，在此时互相帮助，这一点却是毫无疑问的。

1898年，袁世凯上奏北京，报告新军的师团组织已经初期完成，还要扩大规模到步兵8个大队8000人、炮兵2个大队2000人、骑兵2个大队1000人以及工兵1个大队1000人。当时实际目睹了小站的英国军人也评论道："在西方人看来也非常完美，是中国唯一的军队。"袁世凯的新军规模虽小，却堪称中国最精锐的武力。

变法

"瓜分"

就在袁世凯致力于小站练兵这一时期，内外的政治形势却是风起云涌。他再次在不知不觉中，被卷入了影响其进退的狂风暴雨之中。

世界已经进入了帝国主义的时代。列强变本加厉地压迫弱小国家，不是吞并或分割领土，就是从经济上掠夺权益。这个时期已经不再停留在通商或市场的扩大上，而是涉及资本输出了。对经历了甲午战争、向世界暴露出其软弱无力的清朝，也并不例外。

清朝政府为了支付中日甲午战争的战费和赔款，从 1895 年到 1898 年期间屡次向俄、法、英、德等国累计借款 3 亿两白银。当然不可能是白借，作为代价必须出让各种各样的权益。接下来，列强又直接投资制造业，铺设铁路和开矿。最赫赫有名、也是最重大的例子，便是沙俄的东清铁路。

无须多言，沙俄是三国干涉的主角。虽然《马关条约》中割让的辽东半岛由此回到了清朝手中，然而失去了淮军和北洋水师后，清朝就连用来炫耀的武力都没有了。为了与日本对抗，翌年清朝与沙俄签署了同盟密约，不得不允许其铺设、经营和西伯利亚铁路相接的横贯东三省的铁路。这就是东清铁路，成为以后经济权益、政治外交的一大焦点。

危机并不会就此消除。1897 年 11 月，德国以本国的传教士在山东省巨野县遇害一事为借口，派遣军队占领了胶州湾，翌年 3 月，又逼迫清政府承认其为租借地。"租借"从字面上解释是借的意思，然而为期 99 年的租借，几乎等同于占领，当时的实情不如说带有这一含义。

一旦有了先例，那么势必造成骑虎难下的局面。与清朝原本是同盟国的沙俄也乘虚而入，1897年12月占领了旅顺和大连，翌年3月将其变为租借地。与此对抗，英国占据了对岸山东省的威海卫以及香港的新界，法国也在1899年11月租借了广州湾。列强分别以各自的租借地为中心，划定了所谓的"势力范围"。日本也让清朝发布了不割让它在中日甲午战争中获取的台湾的对岸福建省的宣言，虽说晚了一步，但也加入了列强的行列。

生活在这些被瓜分的"范围"内的，当然还是从前的居民，这个社会依然如故。但是，中国国内的知识分子，或是有关的外国人如何看待当时的局面，采取了何种行动，必须先和客观史实分离开来思考。

就这样，中国国内逐渐高涨起来的，是对所谓"瓜分"的危机意识。就像切"瓜"一样，中国被分割开来，而这些危机意识对政局造成了极大的影响。

运动

可是，危机意识并不是这个时候才开始有的。甲午战争的失败已经引起了危机。输给被歧视为"东洋的小丑""欧美的猴狲"的日本，是对中国巨大的打击，改革运动的高涨也与其有着直接关系。主导这场运动的，是一名叫作康有为的、出生于广州的知识分子。

清代风靡中国的一门学问是考证学，原本是正确解读经典的一门科学，却没落成咬文嚼字的虚学，不具备实用性。到了19世纪，学界对此进行反省，开始流行起着眼于当前问题的学问。其中尤为激进的是推翻以前对正统经典的解释，将儒教之祖孔子视作制度的改革者和制定者的学派，康有为便是其中一人，他不仅仅宣扬学说，还试图进行政治上的实践。

康有为比袁世凯年长一岁，是闻名远近的学者，却在科举的最高考试中落榜。1895 年，就在考试期间，《马关条约》签订的消息传到北京，超过上千名的考生向政府上书反对与日本停战，要求从军备、内政和制度上进行改革。康有为也是其中一人，所谓变法运动就是从这时候开始的。

康有为倡导的变法主要是以明治日本为模范的改革。为了使其正当化，他把孔子标榜为改革者。这本身就是前所未有的思想，而且将其扩大的手段也和以往的政治活动有着极大的差别。

为了宣传变法，康有为在各地成立了强学会和保国会等团体，还发行了《强学报》和《时务报》等机关报。它们是以众多的下级官僚和广大知识分子为对象的政治结社、新闻机构，和李鸿章等少数地方大官推动的以往的改革在这一点上存在区别。而他的得意门生梁启超，也全力以赴地投入到了活动当中。

运动逐渐高涨起来。三国干涉以来，投靠沙俄的清朝政府对外政策失败，被瓜分的危机意识不断累积，对当时的人们产生了巨大的影响。与沙俄敌对的日本让他们感到期待，并对日本模式的变法产生了某种共鸣。

维新　　　　　　　　1898 年，康有为的屡次上书终于有了成

效，获得了在中央高官面前发表见解的机

会。当然，比前一年更加加剧的对被瓜分的危机感，在这里起

到了推波助澜的作用。此后，他的主张在政府内部得以扩散，

1898 年 6 月 11 日，清朝颁布了《定国是诏》，即光绪帝下令正式

开始变法。这一年的干支是戊戌，因此它也被称为"戊戌变法"。

支持康有为率先变法的，是光绪帝本人。他颁布《定国是诏》

后，又在 9 月中旬陆续下达命令将康有为的变法构思具体落实下

去。区别于督抚重权，这次的变法由中央主导，这也是中日甲午

战争以来一贯的做法。

变法是以明治日本为模范的改革，大致上说来，就是将以前

的体制改革成为西方式的近代国家体制。单个的改革方案涉及多

个方面，虽然也有以前就实施的"殖产兴业"和军队改革等，但

其中最引人注目的，大概要数人才培养和行政机构的重组了。

前者废除了以往的科举制度，建立起新的学校制度。就像前

面提到的北洋武备学堂那样，当时计划系统性地建立称作"学

堂"的西式学校，并率先在北京建立了京师大学堂，也就是后

来的北京大学。就算是在当今的日本，考试或是就业的制度哪

怕稍有变化也会大惊小怪，在中国这般巨大的社会，而且是具有

千年以上传统的科举制度，积累多年的观念已经深入骨髓，可以

说正如字面意思那样，这是一场惊天动地的大改革。

后者则以废除"冗官"（即职务重复、没什么实际工作内容

的职位）为核心。以往中央、地方主要的部门和官职，由此遭到废除。行政改革就算是受到的支持再多，由于牵涉既得利益，也无法草率进行。这与时间和地点无关，即便是在如今的日本，也很难顺利实施。

总之，变法的每一项，都是巨大的举措。无论中央或是地方，都对接连发来的诏令感到惶恐不已。在负责施行的各地，有的地方甚至陷入了恐慌，不久后，它们便演变成为对变法的反抗。

政变

接触　　　就这样，戊戌变法的激进改革，并未得到周围的欢迎。即使没有公然反对、违背光绪帝的敕命，但大家也没有积极地去迎合，因此，变法计划几乎未能得到实施。

那么，袁世凯的动静又是如何呢，也是让人捉摸不透。仅仅从他前后的言行来看，很显然他是支持改革的人物。"小站练兵"时的军队西化，更是不用说了。中日甲午战争结束时，他给李鸿藻的书信中也透露了这一点。去天津赴任前受到光绪帝接见时，他也曾讲述过自己的改革方案。甚至有人认为，正是因为他的具体建议，才有了小站练兵对他的任命。因此，对康有为的思想和运动，他并不是完全反对的。不仅如此，他本人还亲自加入其中。

1895 年 11 月，康有为等人在北京成立了强学会。前面提到过它是一种政治结社，不仅举行集会和讨论，还从事翻译和出版，制造改革舆论。

正值中日甲午战争刚刚结束之际，支持强学会的人士也不少。其中不乏知名的达官贵人。当时，被北京传唤前往小站练兵的袁世凯，也加入了刚刚成立的强学会，并出了资。他的参加绝不是形式上的，当他动身前往小站时，康有为给他举办了践行会，就可见其一斑。虽然记录的日期不相吻合，无法判断这场饯行会的真伪，但两人从此时开始建立关系，估计是确有其事。

当然，赞成改革，并不等同于要加入变法。这是因为，变法并不是改革的唯一且绝对的方法。而且，之后的袁世凯专心于练兵，和变法的相关时局，特别是北京的中央政府相距甚远。要说在此期间的关联，无非是和荣禄加深了往来。也许这件事是关系到袁世凯进退的重大事件，然而以他的地位，还无法立即参与到变法当中，来左右政府的方针。对待康有为等人的变法，更具体地说，对待《定国是诏》颁布之后的戊戌变法，袁世凯的态度依然是不清晰的。

因此，甚至有人指出，袁世凯加入强学会的举动，与其说是与变法、康有为产生了共鸣，倒不如看作是他四处建立人际关系的政治行为之一而已。变法与袁世凯的关系，与其说是他主动参与，不如说是变法派对他主动拉拢。

依赖　　　用一句话来描述康有为这个人物，应该说
是一名思想家吧! 而且，他并非稳重严谨
的思考者，而是擅长既成理论的知识分子，性格偏向于轻率。
他之所以怀有改变历史的改革思想，并断然发起了政治运动，
原因在于他的这种性格容易走向极端。另外，他充满了思想家们
常见的独断性，有些地方缺乏灵活性。一旦他的思想定型后，便
不会轻易改变。而且，他为了让自己的主张合理化，大量伪造历
史记录，欺骗了不少历史学家。

而起用了他的光绪帝，与冷静沉着的君主形象截然无缘。
前面提到他在心急之下接连颁发敕令，就可窥见一斑。在关系到
改革政策的人事方面，似乎也是如此，对看不顺眼的人毫不留情
地罢免。《定国是诏》刚一颁布，由于意见上的分歧，他就罢免
了自己多年的老师、心腹翁同龢，就是一个典型的例子。当然，
这和与外国保持何种关系这一政府的基本方针也息息相关，再
加上背后隐藏的西太后势力之间的关系，不能只将之归结为光绪
帝的性格问题。即便如此，古今东西，人事问题都是官僚们最为
关心的，从这一点上来看，希望光绪帝谨言慎行的，恐怕不仅仅
是笔者一个人吧!

总而言之，在轻率这一点上，君臣二人甚为相似。在中央政府
的权力比重有所提高之际，他们掌握大权，不顾周围的意见而大举
推动了变法。

无论是首都北京，还是地方上，即使赞成变法，也对这些举

康有为（左）光绪帝（右）（出自《梁启超年谱长编》，岩波书店，2004年）

措颇为冷淡。戊戌变法的方案，虽说有所举动，却迟迟不见成效。光绪帝、康有为君臣二人性格急躁，自然是坐立不安。于是，变法派开始弹劾看上去持反对态度的官僚。这样一来，反对派也无法保持沉默了。他们相应地上奏弹劾康有为，局势瞬间转变为党派之间的对立。

而焦躁感和危机意识不断加强的君臣二人，决定实施变法，采取进一步的举动，即除去反对派。1898年8月26日，光绪帝下达了严斥地方大官怠慢的敕令。接着在9月4日，以妨碍本派上诉意见为由，下令罢免所有礼部首脑，即六堂官罢免事件。拿今天的日本来说，相当于把文部科学省的大臣和副官们全部免职。

三天后，又在北京罢免了相当于外相级别的老臣李鸿章，其目的不甚明了。李鸿章主张和沙俄联手，却招致了旅顺、大连沦为租借地的背叛行为，皇帝和康有为等变法派对他心生嫌隙，是不难理解的。在实际的对外政策上，变法派要和日本联手，而李鸿章与对抗日本的沙俄关系亲近，也许因此需要排除他吧！也或许是在后面要提到的录用外国人的方针上，可能担心会被李鸿章牵着鼻子走吧！总而言之，继礼部六堂官之后对高官人物的罢免，给政界造成了巨大的冲击，让变法前途变得更加岌岌可危。

除掉了反对派，接下来便是强大自己的一派。在罢免了礼部六堂官的第二天，光绪帝便任命谭嗣同等康有为一派的四名青年担任心腹秘书和顾问，等同于宰相的任命，可以说是破格提拔。

就在此时，袁世凯登场了。9月11日，代替被罢免的礼部副官的官僚徐致靖，推荐袁世凯，要求"破格提拔"此人。光绪帝听闻后当天就命他从天津奔赴北京，谒见自己。

徐致靖当然是康有为一派的，这次的推举上奏也是出自康有为之手。在局势日渐紧迫之下，康有为最担心的是自己手中没有武装力量，于是想起了加入强学会的与自己年龄相近的袁世凯，便派遣门生徐仁禄前往小站，加深与袁世凯的关系。在一系列准备工作后，开始正式举荐袁世凯。徐仁禄正是徐致靖的儿子。

拉拢袁世凯的目的在于，要先发制人用武力制服反对派。具体计划中甚至密谋要包围、进攻垂帘听政后退位的西太后居住的颐和园。事态千钧一发。

进京　　话题回到《定国是诏》颁布的时候。颁布四日后的6月15日，翁同龢被罢免，直隶总督王文韶被召到北京接替他的职位，而空出来的直隶总督之位则由荣禄代理，赴任天津。

这意味着担任重组军队要务的荣禄，拥有了当地的指挥权。而在小站继续训练新军的袁世凯，自然也成为他的属下。

这场人事调整想必出自西太后的意思吧！起先，西太后和她的派系就想破坏变法，并着手布局，这次的人事也被视作是其中的一部分。然而至少在这个时候，目的是为了防止变法初期造成的混乱，要将军队托付给皇室信赖之人。

从袁世凯的角度来看，以前关系就不浅的荣禄成为自己的顶头上司，当然是件好事。荣禄也对部下袁世凯的工作赞赏有加，就在徐致靖举荐的五天前，他刚刚上奏表扬了袁世凯。当命令袁世凯进京的电报抵达天津时，想必也毫不惊奇吧！

因此，康有为对袁世凯的拉拢，不得不说还是相当勉强的。对袁世凯来说，他和荣禄的关系远比和康有为要亲密。无论徐仁禄再怎么努力，效果也就如此而已。

袁世凯进京谒见皇帝是在 9 月 16 日这一天。为了专致于"练兵工作"，他被免去了直隶按察使的职务，被任命为"侍郎候补"。相当于中央机构的副官待遇，是破格的升官。

如果只是看此次任命的话，很难理解其中意味。五天前徐致靖（其实是康有为）的举荐中写道，袁世凯"不过一介按察使，位于总督之下，位低权轻"，并建议如下：

赐予督抚之职，或是任命为中央官僚，具有独自指挥权，以镇定首都周边地区如何？

这次任命俨然是与荣禄平起平坐，用意在于将其武力拉拢到光绪帝和自己这边。不过用词不便过于直截了当，而对破例的待遇诚惶诚恐的袁世凯，想必也没有悟出背后的含义吧！

梁启超（前列左端）与谭嗣同（右端）（出自《梁启超年谱长编》，岩波书店，2004 年）

然而，袁世凯身边的局势急转直下。两天后的 18 日，上司荣禄发来电报命其速回天津。这天夜里，袁世凯正忙着准备离京，一名年轻人来到了他下榻的东城区报房胡同的法华寺。来者就是在袁世凯高升前十天左右，被破格提拔当了"宰相"的谭嗣同。

谭嗣同被带到里屋后，缓缓地说明了来意。

"破格蒙受皇恩，一定要予以回报。皇上如今遭受大难，唯独你可以救他。"

"我自当是肝脑涂地，也要报答皇恩。不过大难是指的什么？"

"荣禄意欲谋逆弑帝。你不知道吗？"

"在天津经常见到，此人侠义忠诚，岂能有这等想法？一定是谣言吧！"

"你一向磊落仁义，察觉不到此人的狡猾奸诈。与你亲密不过是表面，心中尽是猜忌。你多年辛苦，让人敬佩，去年却仅稍有升级，实际上是荣禄在使坏。康有为先生很早就在皇上面前推举你。皇上去问慈圣（西太后），说荣禄经常说'袁世凯傲慢无能'，我也在皇上面前多次要求厚待你，却总是被荣禄阻挡，这次的升级是相当的不易。倘若你真想救皇上，我倒有一个办法。"

接着，谭嗣同掏出一张字条，上面写道：

> 荣禄的谋逆弑帝乃大逆不道，不即刻除去此人，皇上之位，甚至皇命难保。袁世凯二十日请训，御前取得朱谕，赶赴天津。见荣禄即宣读朱谕，即刻处死。无须等待即代任直隶总督，布告荣禄大逆之罪状，速领军入京，半数包围颐和园，半数保卫宫廷，大事既成。若不从此策，皇上命休矣！

袁世凯读信后方寸大乱，连声音都变调了。

"为何要包围颐和园？"

"不除此老朽，国将不保也。我来行此事，不劳你手。"

"皇太后执政三十余年，屡次平定大难，深得人心。我总训诫部下要忠义，却命其谋反，请告诉我理由！"

"有两件事要托付于你，诛杀荣禄、包围颐和园。拒绝的结果你是知道的。你的命在我手中，当然我的性命也在于你。今晚必须做决定，请立即进宫请命。"

告密

以上的密谈摘自袁世凯的日记。看上去像是自我辩护，很长时间都被忽略，然而随着康有为方面的史料伪造得到证实，这段日记的可靠性也得以重新审视。包围颐和园的兵变计划实际上是存在的，这种说法逐渐被接受。袁世凯并未立即应允，而是敷衍搪塞，打发走了谭嗣同。

接下来就像一般所言，袁世凯在 9 月 20 日进宫请训。康有为等人的记录称，此时下达了所谓"朱谕"，也就是光绪帝亲笔书写的"密诏"，袁世凯却说没有拿到，也没有表示要处死荣禄。之后，袁世凯立即登上了午时出发的火车回到天津，向上司荣禄汇报了一切。

前一天的 19 日，西太后忽然从颐和园回到了紫禁城。根据变法派提供的史料，以往都认为是袁世凯向西太后告密，21 日发生了政变。也就是说他先站在变法派这边答应协助，却变节了。但是，从局势上来看，不过是康有为等人过分期待袁世凯了。或者说，也许是为了将失败的责任转嫁给袁世凯。袁世凯公开了前面提到的日记，大呼"与事实不符"。

西太后为何会突然回到紫禁城，夺走了光绪帝的权力，至今尚不可知。虽然从时间上来看，袁世凯密告一事也并不是没有可能，从 21 日的政变，到对变法派的镇压、处置，中间隔了些许时日。

对 6 月开始的戊戌变法，西太后的态度实际上是不明确的。至少没有公开表示过反对。虽说反对派提出了很多申诉，但直到 9 月的罢免礼部六堂官一事，西太后才表露了"做得过分了"的看法。

但是，变法派却背道而驰，变本加厉地排斥反对派。此时引人议论的是访问北京的伊藤博文留在皇帝身边当顾问一案，袁世凯请训后回到天津的这一天，伊藤也谒见了光绪帝。外国人进入深宫，干预政权的中枢，引起了不少官僚的敏感反应。西太后也是其中一人，想必是判断此事脱离常轨，最终下决心将权力从光绪帝手中收回。

袁世凯也和大多数官僚一样，无所适从想必是实情吧！只不过因为他手中掌握了军队，关系到行使武力的局面，和他人自然是极不相同的。说得极端一些，夹在荣禄、西太后和康有为、光绪帝之间，无奈被置于投下最后决定一票的立场，其决断当然会是选择前者而已。

接到袁世凯报告的荣禄，9 月 25 日接到了北京的传唤命令，匆忙进京谒见了西太后。已经开始陆续逮捕嫌犯的西太后，想必从荣禄那里得到了密谋的确凿证据了吧！之后的发展正如大家所知，光绪帝被幽禁在宫中，变法派大多被处刑。谭嗣同被处死，最先逃脱的康有为和梁启超等人亡命日本。戊戌变法变成了"百日维新"，几乎回到了原点。

即使如此，袁世凯其人，似乎总是置身于历史的转折点上。中日甲午战争的开战如此，戊戌政变亦是如此。虽说并不是他主导和策划的，却总是置身其中。

　　而这一切并不是偶然的。他向往的、从事的外交军事，正处于时代的中枢，他的视角始终贯彻着现实主义精神。战争或是政变，被说成谋略或告密的话，只会留下千古骂名。然而，反过来，这却体现出青年袁世凯的机智多谋。戊戌年袁世凯年届不惑，飞黄腾达即在眼前。

第三章

北洋

20世纪初期的天津法租界

义和团运动

戊戌政变后，光绪帝权力尽失，西太后占据中枢的体制得到恢复。不仅如此，刚开始实施的变法，几乎化为了一纸空谈。北京高涨一时的改革风气，受到镇压后也迅速冷却下来。

虽说程度上有所差异，但是当前需要进行某种改革，这是很多官僚人士的共识。正因为如此，不管内心的真实想法如何，西太后也一直默默注视着光绪帝主导的变法的进展。从这个意义上，康有为一派在戊戌变法上急于求成的做法，反而阻碍了改革，对中国的改革而言，实在是太可惜了。

然而这一看法在当时并不普遍，人们通常将其看作守旧派一举镇压了"变法"派的改革。原因之一是，从一开始康有为等人就利用报纸，持续进行猛烈的宣传活动。为了自我辩护并合法化，他甚至不惜伪造篡改文书和敕令。而且，这些伪造物成为追溯当时史实的材料，以他们为中心来看待历史的这一习惯，一旦养成就很难再改变了。

而我们又往往习惯把改革、变法看作是正当的、正统的，并不怀疑。只要阻碍了改革的潮流，就是毫无争议的坏人，因此很难再去追究当时的实情。而且我们身为外国人，以为自己的观点和政体是理所应当的，因此在看待采取了相反行动的西太后时，容易带有批评的眼光。

不仅仅是现代，当时的外国也一样。列强也期待能诞生出和自己的政体相近、更理想的交际对象而积极评价变法，对政变大感失望，不禁对光绪帝和变法派心生同情。从帮助康有为等人逃亡一事上就能看出这一点。

无论现代，还是当时，外国不得干涉中国的内政，理解也不充分。由此更造成了这场悲剧。

然而，当时对中国的政治肩负责任的人们，是否充分理解了当时的事态和局势，这一点也让人生疑。要是以为赶走了康有为等人，夺回了光绪帝的权力，就能够解决所有问题的话，就大错特错了。

要想如从前一般完全恢复垂帘听政，光靠幽禁光绪帝是不够的。只要皇帝还在，那么他在制度上的权力就有可能得到恢复。因此，还需要想办法废除光绪帝的帝位。

可是，这一想法却无法如愿。首先，四处散布皇帝身患重病的消息，来试探国内外的反应时，列强立即派出法国公使馆的附属医生前往诊疗，谣言不攻自破。地方督抚的反应也不尽如人意。于是，西太后只好放弃立即废除帝位，转而重立太子，来试着建立基础。没想到立太子一事也遭到国内外的激烈反对，最后在督抚和列强们的干预下无疾而终。就这样，西太后和她的势力对列强更加反感，排外的气氛更加高涨。

此处有一点矛盾。政变的目的是夺去光绪帝的实权，重新恢复垂帘听政。但是，垂帘听政已经无法像以前那样，与督抚重权保持通畅的关系了。在废除光绪帝和立太子一事上可以看出，地方不遵从中央意志这一现象，从戊戌变法之后就没有变化。

这一现象从中日甲午战争前后就开始日益明显，原因在于中央政府从体制上不考虑地方的意见。为了实施变法，光绪帝和康有为君臣二人采取了由皇帝主导的自上而下的方式。这一体制一旦形成，那么就不可能无条件地将其取消。

从这个观点来看，如果要问戊戌政变做了什么，可以说不过是光绪帝和变法派试图实现的权力集中，原封不动地被西太后和反对派继承了而已。说得更极端的话，他们是否实现了改革，也随着时间和场合的变化而不能一概而论。无论是否符合实际的情况，若是实施改革，列强就会持善意态度，反之，则露骨地表现出反对。政变之后的北京，与之前的姿态截然相反，变得更加排外。

从教案到义和团　　对列强日益反感的，还不仅仅是北京朝廷。中国社会自19世纪中叶对西方开放口岸以来，排外活动一直就没有停息过。所谓"教案"就是其中的典型事例之一。

教案是对"仇教案"的简称，是指对基督教的教会、信徒和传教士们的袭击、迫害事件。前面已经说过，19世纪的治安恶化，源于军事化的秘密结社和地区社会之间的对立。甚至演变成为像太平天国等大规模的内乱。地区社会的引领者、科举合格的绅士们信奉儒教体制，而反体制的秘密结社往往和儒教之外的邪教勾结，于是信仰不同的集团之间产生纠纷和冲突。如此思考的话，传教士和信徒组成的基督教集团也是同样原理，教案便是不同的意识形态、不同的行为模式的集团敌视基督教团，并采取了武力攻击的事件。因此，只要和基督教集团之间产生了利益上的冲突，那么对其攻击的集团，有可能是儒教的地区社会，也有可能是邪教的秘密结社。

随着教案的频频发生，清朝陷入了进退两难的窘境之中。特别是儒教集团，打着"攘夷"的教义来制造事端。而消灭了太平天国、保卫清朝的，则是绅士们领导下的地方社会的义勇军和武装集团。如果说从清朝本身的利害关系来看，那么必须要维护他们。否则的话，自己的支持势力将会倒戈投向另一方。

于是，清朝政府与西方列强们签署条约后，承担了保护基督教这一义务。无论愿不愿意，清朝都要保护基督教徒们的安全。否则，恐怕会招致外患。

这种窘境，导致了教案的频频发生，而且看不到平息的迹象。体制和反体制混杂、各种集团汇聚一堂的民间社会中，纷扰时刻潜在，很多时候都反映在当局的政策和姿态上而日益表象化。清朝政府处在对外有所顾忌、对内事件频发的夹缝中，左右摇摆，举棋不定。

这些集团当中就有义和拳。它以拳法、武术和本土信仰为纽带，虽然在详细内容上有许多学术性的定义，我们暂且可以将它看作是秘密结社的一种。当局将其称为"拳匪"，英语则译作 Boxer。

中日甲午战争后，义和拳在山东省势力大增，高举起排外的旗帜。这和管辖该省的山东巡抚李秉衡默许并鼓励他们的活动有关。德国占领胶州湾时用作借口的传教士杀害事件，就是在这种背景下发生的。李秉衡不久后就受到外界压力而被罢免，然而山东的排外行动并不会就此而平息。

政变后的 1899 年 3 月，新任的山东巡抚叫作毓贤。他素来和李秉衡交好，还当过山东省的地方官，因此，他与李秉衡几乎不分上下，对义和拳、排外活动持同情和迎合态度。

毓贤就任后公开承认义和拳为团练。团练是当时政府认可的武装集团的称谓，本质上和秘密结社并没有区别。因此，秘密结社的义和拳轻而易举地变身成为团练的义和团。它也不再是反体制的地下组织了，而是成长为高举"扶清灭洋"（扶助清朝消灭西方）旗号的公认的一大势力。当然，它的举动越是活跃，列强们就越是反感。

中央的变质

对戊戌政变起决定作用的是荣禄的进京。西太后把掌握军权的荣禄召到北京，就注定了变法将走向末路。反过来，变法派要想稳固权力，就必须夺取军权，因此就会去拉拢袁世凯。结局前面已经介绍过了。这么看来，袁世凯的进退，无论他告密与否，都会点燃政变与之后权力结构变化的导火线，这一点是毋庸置疑的。

荣禄曾经把自己麾下的武毅军从芦台调到天津，把甘军转移到北京附近。武毅军是指聂士成率领的部队，包括新式军队在内；甘军是董福祥率领的旧式军队。在变法问题上的对立日渐尖锐的情况下，这样的军事调度正是为了防止不测事态的发生。这在日后也具有重大的意义，它不仅仅是对摧毁戊戌变法的政变做出了贡献。

政变后，荣禄成为西太后的心腹，继续掌握着军权。他把武毅军、甘军和袁世凯的新军等部队进行了合并重组，创设了武卫军。算上直隶的其他部队，荣禄的麾下拥有十万左右的大军。如此一来，西太后的政权有了武力后盾，比起戊戌变法时的光绪帝君臣们，实力不可同日而语。

或者应该说，由此一来，清朝中央变成了和地方各省几乎性质相同的权力实体。之前，地方各省都凭借其拥有的军事力量，除了维持当地的治安外，还处理当地的实际问题，在内政外交上都是如此。

曾经领导淮军并就任直隶总督的李鸿章，驻扎在离首都不远的天津，同时还掌控发达地区的江南。看起来他似乎支撑着整个清朝的政治，可是，在制度上他不过是一介地方官员而已。重要的是西太后和中央默认了这位影响全国的地方官的政策，李鸿章得以在各个方面发挥本领。

然而，这一次并非地方，而是北京独自拥有了军事力量。中央政府当然可以采取独立的政策方针。戊戌变法就已经是这种情况，可以说是典型。但是没有武力作为后盾，就不具备实施的能力。而这次的西太后政权，终于获得了军事能力和实施能力。他们会采取何种方针呢？那就是"排外"。

袁世凯的镇压　9 月 25 日，荣禄进京谒见西太后，袁世凯代替直隶总督处理天津的后事。荣禄位同宰相，西太后的心腹裕禄被任命为新的直隶总督，10 月 5 日到任。而完成了总督代理任务的袁世凯则回到了小站。在他本人来看，也就是回到了以前的平常生活而已，然而事情绝不仅仅如此。

大约两个月后的 12 月 6 日，袁世凯出现在北京。第二天进宫，甚至荣获在西苑骑马的恩赐。这一赏赐用意太过明显，估计是西太后政权对他在政变中的行动表达谢意，或者应该称之为论功行赏吧！不仅仅是赏赐，事情还远远没有结束。

翌年即 1899 年春，因为这三年训练新军成果颇丰，袁世凯得到荣禄的举荐，6 月中旬升任工部右侍郎。大约半年后，12 月初，他又被任命为署理山东巡抚。

这项任命意味着他将成为毓贤的后任。前面提到的毓贤，由于站在义和团一边唆使排外和教案，受到西方列强的责难，要求罢免他。因此，中央政府把毓贤召回了北京，由袁世凯来填补他的空缺。

中央的真正用意并不很清楚。至少没有史料来证实这些事情，只能凭借想象，不过想必其中很微妙吧！来自外国的批判不得不顾及，但是朝廷的本意，一定和毓贤的方针有着共鸣吧！

起用和荣禄关系深厚的军人出身的袁世凯作为后任，一定是为了保持人事变动上的平衡。想必一定是期待袁世凯，能够实施恰当的政策来体现出北京的微妙意向。那么，奉命领职的袁世凯本人，又是怎么想的呢？

1899年年底，袁世凯抵达山东省的首府济南，上任后，他立刻上奏陈述了自己的政见。

于内一扫匪贼安定民生，对外重视交际加深友好。

这只是其中的一部分，下面是任地颁发的布告：

基督教的传教获政府许可，有保护责任，不得妄自猜疑。

身处如此微妙的立场，还能这么旗帜鲜明地做事，正是袁世凯的作风。朝鲜的时候也是如此。此时他刚刚41岁，也许是意气风发的体现。

虽然没有直指义和团，他却宣布要重视和外国的关系，讨伐匪贼，来保护基督教。签署的条约中有此规定，清政府也无法阻拦，最多也是口头批评"做过了"而已，这和朝鲜时代同出一辙。而此时，究竟要如何镇压义和团，其实并不明了。

翌年3月，袁世凯正式被任命为山东巡抚。他很快又获准带走小站训练过的新军。新军从制度上已经改成为武卫右军，处于荣禄的指挥之下，这一举措大概也是出于荣禄授意，但是其意图却不甚明了。就如上奏时所说，维持山东的治安这一目的应该是有的。话虽如此，他本人对所属的清政府的政治方针、附近的军事局势是如何考虑，如何判断，又是如何实施的，却很难判断。有人提出批评，认为袁世凯的军权相对太重。

总之，袁世凯的方针与实力是明摆着的。公开表示要扫荡匪贼，以及拥有少数却最精锐的部队，都为他带来了下一次的转机。义和团从山东开始迁移北上，其主要的活动舞台转向了直隶。

义和团与清政府

义和团迁往的直隶省，处于西太后的心腹、总督裕禄的掌管之下。面对这种局势，想必荣禄也一定是犹豫不决。可是，他的态度，至少是周围人对他的看法，却和邻省的袁世凯有很大的不同。有本书中写道："裕禄不但没有取缔，反而招待、引见匪贼头目，如宾客般厚待。"所谓"匪贼"指的是义和团，在此种情形下，他们的活动范围扩大到了直隶一带。对基督教徒的袭击、杀伤自是不用说了，他们还破坏教堂、线路、车站和电线柱等，大有摧毁所有西方引入事物的势头。

5月下旬发生的一件事情成为转折点。义和团在涞水县发生暴动，与清朝的军队冲突，杀伤了他们的司令。势力扩大到3万人的义和团毁坏了正在建设中的铁路，占领了涿州城。清政府这才感到惊慌，6月初连忙派遣宰相级的刚毅等人前往当地视察情况。

刚毅是满人，也是西太后的亲信。他在中日甲午战争时主张开战，很受瞩目，不过他的立场始终是以北京、中央为本位。当时有传闻说他甚至主张满人至上主义。他主张废除参与变法的光绪帝，因此在排外政策上他也是当时的头号分子，可以说是代表政变后的中央政府的政治家。据说这次事件，也是他主动请缨，要前去视察。当然，他的初衷是说服暴徒让他们解散，最终让事情得以平息。没想到这次派遣，却引起了意想不到的事态发展。

早在5月底，义和团就毁坏了北京周边的铁路、车站和电线等，感受到了威胁的列强公使团决定于5月28日派出军队保卫外国公使馆，他们不顾清政府的制止，强行派海军从天津登陆，进入了公使馆区域的东交民巷，人数先后合起来大约有450人。外国军队的入京关系到清朝的颜面，激发了义和团的反抗情绪。

6月8日，刚毅等人与占领了涿州的义和团进行会谈。刚毅表扬义和团为"义兵"，并鼓励他们展开活动。于是，义和团在北京周边的破坏行为变本加厉，与外国士兵的冲突屡屡发生，列强也超出了保护本国国民的界限，对义和团展开了大规模杀戮。附近的民众因同情义和团而不断加入，其势力不断增大。事件非但没有平息，反而愈演愈烈。

这时，负责保卫北京城的董福祥手下的甘军，在 11 日瞄准了只身乘坐马车外出的日本公使馆的书记官杉山彬并将其杀害。这样一来，清政府再也无法在义和团和列强之间保持平衡了。

宣战布告与结局　　1900 年 6 月 16 日。义和团历史上绝不能缺少的日子。从这一天开始，紫禁城里召开了持续四天的御前会议。16 日下午 4 点，共计 71 名官员汇集在仪鸾殿东室。西太后主持了会议，面对光绪帝等人将义和团斥责为"乱民"的意见，她说的一番话可以说是无人不晓。

法术不足恃，岂人心亦不足恃乎? 今日中国积弱已极，所恃者人心耳，若并人心而失之，何以立国?

"法术"指的是义和团的武术和巫术。到底是西太后，不会对这些东西报以期待。不过这里要注意的是"人心"与"立国"的关系，要想支撑面对列强威胁和残暴的"国家"，只能依靠义和团等支持清朝的"人心"，因此不能与"人心"所向背道而驰。

而无论是"人心"还是"立国"，不能忽视她的视野几乎仅限于北京周围这一点。这正是当时中央政府所处的环境。

会议争持不下，又持续了好几天。当然，也有人提出正论，即和列强发生冲突时，清朝在武力上远远不及，能够预见到打败仗。然而敢于提出意见的袁昶和许景澄，以及具备海外经验的中央官僚们，都受到了排挤甚至处刑。6月20日，德国公使克林德被击毙，事态已经无法挽回。21日，清政府终于向列强宣战。义和团也和董福祥的甘军联手，对东交民巷的外国公使馆展开了包围和攻击。这时，躲藏在公使馆的外国人、基督教徒约有4000人，75名外国人战死。

无论理由如何，一个"文明国家"对代表一国的外交官进行攻击和杀害，以及危害一国的在外公馆等，是违背常识的野蛮行为，不管之前他们是如何虐待和压迫中国的。这是列强们的理论。八国联军的攻击势在必行。

结局可想而知。两万人的联军登陆，摧毁了聂士成的武毅军后占领了天津。8月14日，又直捣北京救出了受到攻击的外国人。15日，西太后和光绪帝等人逃离北京，前往西安避难。之后，列强给清朝打上了违反国际公法、反人道主义、对文明犯下罪行的烙印，提出"黄祸论"，开始了无情的"惩罚"。

1901年9月7日，《北京条约》的签署总算暂时结束了这场悲剧。相当于当时人口每人一两白银，总计4.5亿两的天文数字的赔款，以及在北京周边指定地区的列强驻兵权等等，都纳入了"惩罚"当中。中国从属性的国际地位，由此尘埃落定。

总督

东南互保　　　　　　代表一国的政府向其他国家宣战的话，我们通常会认为至少是全国应战。然而，当时的清朝，却脱离于这一常识。

义和团时期的中央政府，眼里只有北京周边地区，毫不考虑地方的情况，至少从戊戌变法时就是这样。可以说义和团事件就是它的结果。那么，地方督抚对此又做了些什么呢？

占据中央政府主流的排外派，因身在漩涡之中而很难看清他们将要卷入的对外战争是多么的荒唐，即使他们看清了也很难呼吁出来。这需要赌上性命也在所不惜的勇气，事实上就有人命丧于此。这些事情局外人反而看得更明白，也更容易采取行动。

此时表现活跃的，是身在上海的盛宣怀。他曾经是李鸿章的幕僚之一，主要在实业领域发挥手腕，经营了多家近代企业。此时，他担任上海电报局的局长，可以说是最早在经济领域代表着洋务的人物。

由于他通晓内外信息，义和团进入直隶，事件愈演愈烈之际，他就感觉到了北部局势将要面临强烈的危机。于是，他便策划和以长江沿线的两江总督刘坤一、湖广总督张之洞为首的南方各省总督取得联系，独自与外国达成和解。6月27日，他们正式与列强驻上海领事就互不侵犯达成了一致，这就是"东南互保"。

就这样，地方上也开始仅仅考虑本地的安危。舍弃了北京，也就没有什么可顾虑的了。于是清政府向各国宣战后，整个中国只有北京、天津与列强交战，南方则与列强保持着和平关系，并尊重和保护列强权利，如此形成了双重政策的局面。对外战争仅限于首都一带，而未发展成为全面战争。

地方官虽然承认中央政府的主权，却不服从它的命令，表现在行动上则充满了矛盾。可是，如果说前者是清末的督抚重权，后者是垂帘听政的话，那么也就称不上有多稀奇。南方的督抚们把支持义和团的敕令称作西太后受到胁迫而下达的"乱命"，从这里可以看出，督抚们对西太后的存在、清末的垂帘听政的现象做出了事实上的雄辩。

垂帘听政政策上中央的作用在于，使地方的政策和行政得到追认和合法化，并不是由自己来制定政策、发动权力，让地方采取具体行动来完成自己的意志。从这个意义上，向列强宣战并要求地方各省执行的命令，是西太后自己违背了以往垂帘听政发挥的历史性作用的决断。

从这一意义上讲，东南互保是理所应当的结果。然而，这一类的事情却有过先例。东南互保和戊戌变法相比，虽然在规模和重要性上有差别，然而在公然违抗中央政府命令这一点上，二者并没有不同，只是旧例重演。应该说，中日甲午战争后发生变化的督抚重权和垂帘听政的体制，以及由此滋生的中央和地方矛盾的深化，在这里也得到了充分体现。

袁世凯的位置

那么东南互保既然称作"东南"，是指长江沿线各省督抚的举动，猖獗于华北一带的义和团本身应该和他们是毫不相关的。但是，有人最初就和义和团结下了渊源，而且在地理上并不属于"东南"，却出现在这场骚动当中。此人正是袁世凯。

袁世凯身为山东巡抚，管辖着义和团的发祥之地。义和团迁往直隶，并发展为事变和战争，回过头来可以说是袁世凯制造了这一乱子。而且山东与直隶近在咫尺，义和团在他的管辖地区仍人数众多，他却对义和团进行了彻底的镇压。

北京陷落后，袁世凯向各地派出自己的亲兵，直接下令让他们保护外国人、杀戮义和团。当时，在中国的军队中，只有采取这一行动的部队生存了下来，袁世凯也通过这一行动和武力获得了内外的信赖。

在义和团事件的整个过程中，曾经主导中央政府的重要人物，几乎都销声匿迹了。有人被当作战犯处死，有人战前就死了，或是自杀，就算有人活下来也不再露面。例如，拥护义和团的毓贤，已经被调职为山西巡抚，却还是被处死；排外派的代表人物刚毅等，列强要求对其处刑，由于其人已死，仅被剥夺了官位而已。

其中，朝廷命官荣禄的进退尤其重要。他手中掌握着军权，虽然对与列强开战心有余悸，却没有公开反对，在奉命进攻公使馆区域时，据说也有所自制。也就是说，他采取了一碗水端平的态度，因此逃过了处罚，继续留任中央政府的要职。

然而，他麾下的武卫军却几乎被列强摧毁，已经没有了往年的威武，而且他也有自知之明，尽量让中央的意向顺从主导东南互保的地方大官的意向。后面要提到的对袁世凯的提拔，恐怕和这一点也有关系吧！

直隶总督、北洋大臣

使义和团事件得以平息的《北京条约》，是由当时79岁的老臣李鸿章起草的。中日甲午战争的失败，使他失去了往年的势力，却依然在中央身居要职。之后他在戊戌变法中下台，政变后又被任命为驻广州的两广总督。因此，在义和团事件中，他也参与了东南互保。这无疑是违背中央意志，从地方立场出发而采取的举动。

李鸿章在再三催促下终于动身，前往北京。这次他被任命为直隶总督兼北洋大臣。中日甲午战争以前，他曾经担任此官职长达四分之一世纪。工作任务也和往年相近，即和军事上取胜的骄纵的列强进行斡旋。

这次，李鸿章与庆亲王奕劻一道被任命为全权命官。如果说庆亲王奕劻代表的是北京朝廷、中央政府的话，那么李鸿章代表的就是各省督抚了吧！即便如此，在谈判中李鸿章并没有为地方利益做出争取。为了修复和列强们的关系，只能是一味地迎合他们的意向，接受他们苛刻的要求而已。

巨额赔款的支付就是一个典型。赔款负担最后还是转嫁到地方上，剥夺了地方各自的财源。已经初见端倪、日益加深的垂

庆亲王奕劻

帘听政和督抚重权两者的乖离，由此得到了确立。在中央和地方都曾爬到权力顶峰的李鸿章，想必也觉察到了这一点吧！但是，对此他已经是无能为力了。

《北京条约》签订后，一病不起的老臣安详地与世长辞了。他仿佛预见到未来的时代，已经没有了自己的位置。也许，他还预见到了将要迎面袭来的波澜和动乱。

直隶总督兼北洋大臣的职位空了出来，后继者正是袁世凯。这次提拔酷似当年李鸿章率领淮军常驻天津，保卫首都和整个中国。武卫军被歼灭，精锐部队也只剩下袁世凯的新军了。保卫北京的门户所在天津，和往年的李鸿章一样拥有中国最强盛的军队，并深得外国信任的人物，非袁世凯莫属。就任时，当时的李鸿章是47岁，此时的袁世凯43岁。应该可以说是，事隔30多年的往事重现吧！

也许正因如此，李鸿章会在遗言中将后事托付给袁世凯吧！这种说法被传得神乎其神。例如有这么一段内容：

　　李鸿章去世前日，令祐笔于式枚撰写遗书，口述要推举袁世凯继承直隶总督之位。曰"纵观天下，无人能出袁世凯之右也"。

如果将其看作是史实，实在是太有趣了。有学者认为这是盛宣怀等人散布出去的谣言，此处也有嫌疑。然而，就算是谣言，被扩散且被相信，可见仍然是事实。我们不得不考虑其中的意义。

贯穿义和团事件前后，最具有分量的人物，毋庸置疑正是袁世凯。也许可以说，他的势力和作用终于能够与往年的李鸿章匹敌。

不过，李鸿章保持其地位长达 25 年，是所谓的国家砥柱，而袁世凯是否如此，却是两码事。既然存在着 30 多年的时空差距，实际情况和李鸿章的时代是不可同日而语的。

就任的年龄虽然没有太大的差异，当时的李鸿章却已经是地方大官之首。虽然他的竞争对手、比他年长的左宗棠仍在，李鸿章的声望却远胜一筹。相比而言，此时的袁世凯，还不过是个年轻小辈而已。这是因为从上一代就和李鸿章素有交集的长江沿线的实力督抚，两湖的张之洞和江南的刘坤一等人依然健在。

张之洞是以科举考试第三名的成绩合格的精英中的精英，成为中央官僚后崭露头角，随后担任地方官员政绩颇丰，精通当地政务游刃有余；刘坤一前面已经讲过，出身军人，也是长年担任江南总督的泰斗级人物。外国列强在围绕经济利益进行谈判时，也无法忽视此二人的存在。

张之洞、刘坤一在义和团事件平息之前，发动了历史上有名的联名上奏，对清朝整体的变革提出了详细的倡议。这份意见书被称作《江楚会奏变法三折》，光奏文就能编成一本大厚书。当

刘坤一　　　　　　张之洞

然这一举动可以视作东南互保的归结，整个中国也终于开始走向变革。这一改革被叫作"清末新政"。

要严格准确地追究它的起点，也许众说纷纭，然而可以肯定的是，此时已经拥有傲人成绩的两人发挥了领袖作用。不久，刘坤一死去，尚且年轻的袁世凯瞬间与张之洞平起平坐，最后甚至呈凌驾其上之势。

去天津

调离职位后，袁世凯先是在直隶的省会、内陆的保定驻扎下来，配置了带来的两万新军后，开始对义和团的残党进行讨伐。其实，这一举措并不是他的主要业绩，保定也不是他的根据地。

直隶省的中心城市，毫无疑问是天津。蒙古帝国的忽必烈在北京建都后，开始将天津作为对外港口城市。之后，元明清三代的首都都位于北京，天津也一直保持着军事上的要害地位。不过，要说是否有其他更重要的意义，却让人怀疑。即使在19世纪中叶开港以来，也未曾期待它能达到上海那样的贸易发展程度。因为说到底，它不过是北京的出入口而已。

而此处迎来转机的是，李鸿章作为北洋大臣驻扎于此，同时开始推进海防、外交活动。这一带原本就是产盐地区，以前就曾发挥了一定的财政经济作用，然而直到 19 世纪 70 年代以后，天津才具备了以前不曾有的重要战略地位。历史久远的天津在这个意义上只是一座近代城市罢了，而且，它的政治色彩更加浓郁。

由此，天津经常成为重大事件的舞台。再加上外交手腕卓越的李鸿章的功绩，被命名为《天津条约》的条约也就不止一件。这里曾经发生过最大的教案，这次义和团事件，天津也由于八国联军的侵略而沦陷，被列强占领。袁世凯就任就在此之后。

天津的占领政策由联军在 1900 年 7 月 30 日成立的都统衙门作为临时政府来执行。日军占领了北部地区，青木宣纯中校以委员的身份参加了临时政府。他原本是日本公使馆下属的武官，袁世凯培养新军时他曾经担任过军事顾问，深得袁的信任。在此，二人又有了密切来往的机会。

都统衙门多方施策的用意所在，仍然是维持治安。在组织机构压制义和团等匪贼们蠢动的同时，还要整理和保护居民的财产，改善生活环境，防止匪贼势力的渗透扩大。

这一占领政策大约持续了两年，直到 1902 年，施政权才返还给了清朝。后继者自然是管辖天津的总督袁世凯。他们在同年的 5 月开始谈判，7 月达成了一致。就这样，袁世凯终于稳固了自己的大本营。天津获得飞跃性发展，成为如今中国首屈一指的大城市，就是从这时开始的。

"新政"

城市行政　　　　　　　8月15日，从列强手中正式获得天津施政权的袁世凯，忠实地继承了之前都统衙门的方针。这是因为在义和团事件之后，维持治安是目前各方最关心的大事，这种做法是最合适的。不知道是否他从一开始就有这一意图，当时中国最先进的"新政"、最发达的西方化，在天津得以实施。这被称作"北洋新政"。

其中最成功的是袁世凯仿效西欧和日本，在天津创办的警察机构。汉语叫作"巡警"，是极富先驱性的举措。巡警制度很快就普及了整个直隶省，直到1905年，中央政府甚至成立了巡警部，可见其影响力之大。

早在返还天津之前，袁世凯就着手建设巡警机构。他就任后不久就在保定效仿"西法"创设了警察局和警务学堂，其中心人物是新获提拔的部下赵秉钧和从日本警视厅招聘的三浦喜传。他还将此上奏了朝廷，开始实施这一试验性的措施。

天津归还后，以白河为界分为南北两区，分别又设置了巡警总局，招募新人并扩大了规模，同时还设立了北洋巡警学堂等，扩充教育机构。巡警制度一定要附设学堂来实施专业的教育，也就是说培养专业的警官，在此基础上加以录用是最基本的规定，仿效西法指的便是这一层意思。

在清代的中国，原本是没有专业警察的。日常性的犯罪搜查，通常是由当地的行政机构，或是常备军下属的绿营军来执行的。但是，这项功能自从19世纪以来就不再完整，前面提到的团练曾取而代之，维持当地的治安。义和团事件暴露出这种方法的局限性，正因如此，都统衙门也好，还是后继者袁世凯也好，都不得不引进新的警察制度并重视其功能。

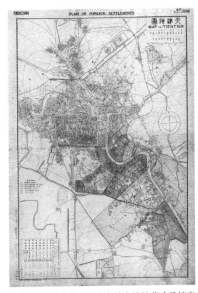

天津地图 （出自《天津市档案馆馆藏珍品档案图录（1655—1949）》，天津市档案馆编，天津古籍出版社，2013年，69页）

当然，酬劳待遇也很不错。就拿1906年初来说，巡查长每月能拿到12两白银，巡查则有6两，有记录称"待遇相当不错，报名人数众多"。这一时期，机构规模达到了2000人。

天津的行政改革当然不仅仅是巡警制度。特别值得一提的是道路、通信等城市基础设施，防疫、医院等医疗设施，以及关系到各行各业的各种学堂等教育机构的设立和完善。这些都是对都统衙门以来的政策的推进和扩大，可见以前的机构和做法，都不能充分适应形势的需要。

天津的所谓北洋新政，也就是以维持治安为基础，将以往的城市行政近代化。换言之，当局以积极掌握居民生活为目标，并深入其中，提高了行政措施和机构密度。否则，重建秩序将难以达成。

天津经济与"新政" 这里起到作用的，首先是城市的膨胀与变化。天津城市人口仅在 19 世纪后半叶的半个世纪，就增长了两倍以上。当然不可能是自然增长，更多是大量的人口流入，同时可能会引发社会不稳定，这也是显而易见的后果。

于是，在当时当地的社会中，以领袖绅士为中心，盛行起所谓的"善举"，指的是扶贫、抚养孤儿、保护寡妇等慈善事业。善举的普及扩大，在当时是包括天津在内的城市社会的一种趋势，然而仅仅依靠它还远远不够。

流入的人口，是希望能够在此落脚并生存下去，人们期待到了天津就能混口饭吃。这也意味着天津的经济已经发展到了一定的程度。

19 世纪末期到 20 世纪初期，是中国的对外经济获得重组、扩大的时期。如果将统计数据进行单纯比较的话，1883 年的贸易量为 1.4 亿两白银，20 年后的 1903 年达到 5.4 亿两，增长将近 4 倍，远远超出了前期。

这主要是因为大豆、羊毛、皮革、棉花、鸡蛋等以华北为主要产地的新的出口商品的增加。这段时期，比英国落后一步的欧

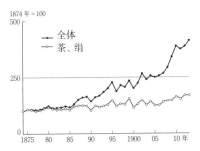

19世纪后半期中国出口的推移 19世纪前的特产茶叶、丝绸以外的产品出口在这一时期急速增长。(出自木越义则《近代中国与广域市场图》,京都大学学术出版会,2012年,61页)

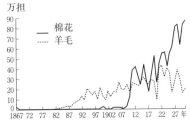

天津的棉花和羊毛出口(1867—1931)(出自杉山伸也、Grove Linda编《近代亚洲的流通网》,创文社,1999年,98页)

美各国逐渐完成了产业革命,它们对农业产品的需要有所增大。天津作为拥有广阔腹地的一大集散地,例如羊毛、棉花的出口都呈现大幅度的增长,如此的贸易盛况和经济活力造成了人口流入的现象。

为了避免由此产生的社会动荡,有利于维持治安,巡警等新政措施是必不可缺的。这些措施都是前所未有的,而且这些措施的成本都大大超出以前,需要新的财源来维持。

都统衙门统治时期,例如修建道路和警察的运营等财源,都以捐款的"捐"为名目,向居民征收。当然,它是一种强制性的负担,却只是临时性的,并不属于正规的法定课税。袁世凯也沿用了这一方法。居民之所以能够承受这一负担,也是由于外国贸易中天津经济的活力。

进而言之,即使是"新政",其背后显现的经济活力,或是"捐"的负担,不仅仅是袁世凯的天津独有的现象。例如,前辈的张之洞在同一时期,致力于湖北、湖南的殖产兴业,改革币制、开采矿山并建设炼铁厂等等，取得了巨大的成果。而这些显著的功绩也都来源于汉口这一开放口岸不断增长的外国贸易，天津和华北也是一样。这些同一时间发生，绝不仅仅是偶然。

拥有与外国贸易直接挂钩的开放口岸的各省，为取得经济上的发展，采取了各自的政策措施。直隶的袁世凯和湖北的张之洞便是典型的代表。当时的所谓新政，是在各省督抚的领导下推行的个别举措，并不是整个中国实行的统一政策。如果忽略了这一点，将会很难理解之后的历史变迁。

北洋六镇与日俄战争　　即便如此，直隶总督兼北洋大臣的最大任务，还是首都周边的防卫工作。袁世凯也并不是仅仅管理好自己的大本营和任地就好了。义和团战争中武卫军被击溃，急需重新组建新军。

新政时期的军政改革波及全国。负责治理各省的督抚将当地的现有部队改组为新式军队，并招募子弟加以扩充。尽管是效仿过去义勇军的惯例而结成的，但这些军队也被称为"新军"，与袁世凯的亲兵部队听上去容易混淆。袁世凯就任直隶总督后不久，就把自己的部队改名为"北洋常备军"，之后又改为"北洋陆军"，后面我们就把他的部队称为"北洋军"，其他的地方部队称为"新军"吧！

1903年，中央设置了练兵处，专管军制改革，袁世凯被任命为副大臣。主要负责的大臣是皇族的长老人物——庆亲王。不过，他其实形同虚设，袁世凯才是实际上的核心人物。事实上，这一军制改革便是以他的北洋军为基础、核心来进行设计和推进的。

各地的军队被改编为全国性的新军是在 1904 年，而袁世凯的北洋军却更早就开始得到扩充改善了。他就任直隶总督时从山东带来的 2 万兵力，已经扩大到 7 万多人。它们被分为六个"镇"，驻扎在首都附近的要塞处。第一镇为北京的北苑，第二镇为直隶的保定，第三镇为吉林的长春，第四镇为天津的马厂，第五镇为山东的济南，第六镇为北京的南苑。"镇"指的是大约拥有1.2 万人的师团，整体被通称为"北洋六镇"。是当时中国最为精锐的部队，而统帅袁世凯，此时说他是政府的头号人物也不为过。

清朝之所以着急对军队进行重组改编，当然与此时的局势有着莫大的关系。当时的东亚国际政治，焦点在于俄国势力在东三省的急速扩大，以及对此感到危机的日英两国的动静。以义和团事件波及东清铁路为由，俄军占领了东三省后却迟迟不肯退兵。担心俄国南下的英国和意图确保其在朝鲜半岛势力的日本，1902 年结成了日英同盟对抗俄国，并施加压力强迫俄国和清政府签订了《交收东三省条约》。然而，由于俄国未能履行这一条约，又在东三省和朝鲜的利害关系上未能与日本达成妥协，1904年 2 月，日俄战争爆发了。

日俄战争的主战场位于旅顺到奉天之间的辽东地区，此处正是清朝的发祥之地。即使如此，清朝政府仍然未能阻止日俄的行动。这么一来，只有两条路可以选择，要么站在某一方，要么保持局外中立。此时，为了将交战国限于两国之间，并把战火限制在东三省，不让其他列强和整个中国卷入战争，北洋军的统帅袁世凯提议并实现了局外中立。如果本身不拥有一定的武力，很难维持中立的立场，可见，以北洋军为中心改革军制和增强军备，其意义显然不小。

在清朝看来，如果强大的邻国敌人俄国或日本任何一方胜利，清朝的立场都将会非常为难。最好是双方都伤筋动骨，一蹶不振。而大家基本都认定，俄国将会取得胜利。想必就连交战国的俄国本身，都是这么猜测的吧！

于是，袁世凯对日本采取了善意的姿态。当时，他对建立了满洲军总司令部下属特别任务班并从事对清工作的青木宣纯的活动进行了大力支持，也是其中的表现之一。他与青木交往多年，原本交情就不浅。然而，倘若起源于此的话，袁世凯未免太投机取巧了。

日俄战争以日本的险胜告终。日本通过《朴茨茅斯条约》，从俄国在东三省的权益中获得了旅顺、大连的租借权以及旅顺、长春之间东清铁路支线的经营权。对此，清朝政府并没有保持沉默。虽然进行了相当程度的抵抗，却始终是徒劳。对日本的反感，从这段时期开始逐渐加深。

战争结束后的 1905 年 10 月，袁世凯在直隶省河间府举行了北洋军的大型军事演习活动，即"河间秋操"，这是中国历史上首次近代军队的野战演习。此举的意图可想而知，在宣布北洋六镇改编完成的同时，对刚结束交战的日俄以及外敌进行示威。翌年秋天，又在河南省彰德府举行了部分北洋军和南部新军的联合演习，称为"彰德秋操"，也是一场受到国外瞩目的大型军事演习。

1907年，清朝在日俄获得多项权益的东三省任命了总督，奉天、吉林、黑龙江三省整体的总督为徐世昌，各地的巡抚分别为唐绍仪、朱家宝和段芝贵，他们无一例外都是袁世凯的亲信。无巧不成书，就在这一年，第一次《日俄密约》签订，日俄秘密协商将东三省的势力圈进行南北分割。虽然尚不清楚清朝是否对此有所察觉，但清朝这些措施，应该从对抗外国这一脉络中加以理解吧！

就这样，袁世凯名副其实地一步步占据了可以与往年的荣禄、李鸿章相齐的地位。在统治要害的军事和外交上，他已经成为万人瞩目的存在。然而，也许是时局过于动荡不安，这一局面未能像19世纪的李鸿章时代那样稳定并得以持续。这不仅仅只是袁世凯个人的问题，也和中国的命运息息相关。

第四章

革命

袁世凯，辛亥革命时期

崭新的时代

《清议报》的百册纪念号中有如下一段话：

> 19 世纪与 20 世纪交汇之瞬间，实为中国两大异常之动力碰撞互斗、分分合合、新陈代谢之时。

《清议报》是康有为的得意门生梁启超于 1901 年底，在日本从事记者活动时创办的杂志，上面这段话也是出自他的手笔。按照他的史观，进入 20 世纪的中国，迎来了一个新的阶段。

那么什么东西是新的呢？是中国史上未曾有过的 Nationalism 的勃兴。汉语中有的称为"爱国主义"，有的称为"民族主义"。

放眼古今中外，无论何种文明、社会或集体都有着自尊的意识。然而要称之为民族主义，需要具备几个条件，首先要有民族意识，即自己所属的集体和生存的土地是不可分割的。要意识到这一点，必须要有对立民族的存在，"无法忘记的他人"这一概念，也与这一点有关。

在中国，民族意识产生于 19 世纪的末期，来自西方和日本列强施加的压力，特别是面临"瓜分"这一外界危机。经历了幕府末期明治维新的日本人，应该不难理解这一外部压力造成的契机。

　　于是，进入 20 世纪后，中国的民族主义运动愈发地高涨起来。概括来说，是对列强的抵抗。然而，如果只是单纯的抵抗，那么之前的排外、攘夷也无疑是抵抗。之所以将它们看作是新的阶段，是因为这些抵抗具备了新的观念和概念，以及采取了新的手法。

　　排外、攘夷如果换作抽象的说法，是指对异物的排除。是对以基督教为首的西方文明本身的蔑视和拒绝。无论是体制尊崇的儒教，还是反体制的邪教，都选择将其排斥。其典型便是教案事件，由此才会出现义和团和北京朝廷的联手。

　　然而，列强进攻北京，朝廷退避西安显露出排外、攘夷的局限性，因此不得不转变对抗的方向。不是拒绝不同文明的存在，而是抵抗同一文明中的暴虐。

　　这里具有象征性的是前面提到的瓜分。从字面意义上来看，是把"瓜"切开来"分"，无疑是把一个整体四分五裂的意思。四分五裂之前，原本是一个完整的整体，一体的民族这一概念已经成为前提。因此可以说，瓜分这一表达本身就已经是民族主义的显露了。瓜分即"亡国"，而救济它的活动是"救亡"和"救国"。之后，基于这一观点上的行动，变得愈来愈显著。

　　首先兴起的是利权回收运动。之前的攘夷意味着对西方事物的暴力和破坏。与此相对，这次的回收意味着取回被夺走的东西。特别是中日甲午战争后列强获取的矿山和铁路等利权，成为回收的对象。实际上，到辛亥革命为止，广州汉口之间、苏州杭州之间的铁路，还有 14 座矿山权益都先后被购回。

说起非破坏、非暴力的行动，要数抵制商品运动了。1905年，美国更新了排华移民法，在全国范围内引起了抵制美货的运动。为了海外的"同胞"，将中国视作"一体"这一点，与以往有着明显的差异。之后，这类运动更是兴盛起来，有增无减。

新政的进展　　取回被夺走的东西、抵抗暴虐，虽是同样的举动，却明显是要与列强为伍。做出这些举动的，正是袁世凯等人推动的新政。

新政是指整个政治的西方化。以城市为例，除了刚才详细介绍过的警察，还包括电车、公园的建设，在权益的回收上包括成为主要目标的铁路、矿山的经营，同属经济范畴的还有纺织工厂和近代银行的建设，等等。这也不仅仅限于袁世凯管辖的直隶，在其他地方，多少也能看到这些现象。

除了这些实业，更广义、抽象的制度改革和准备立宪的举动，也包含在其中。特别是日本获胜的日俄战争的影响甚大。皇帝专政的沙俄败给了立宪制的日本，这一印象在中国扩散开来，加速了已经开始的改革的步伐。

预想到将来要制定宪法，改编旧式的王朝政府机构，中央、地方政府对冗官进行了整理，并依次设立了近代国家的部门和职位。其中相当重要的一项，是官吏录用制度的改革。另外，改变以往的科举考试内容，在各地建立西式学堂，以京师大学堂为最高学府的学校体制得到了完善。海外留学也转变为考试录取，由此留学生们大举涌向日本，高峰时期据说达到了8000人之多。1905年，持续了一千多年的科举制宣告废除，近代教育正式启动。李鸿章和康有为都有此意愿，最终却未能实现。"新政"特别强调这些方面，甚至有人倾向于将新政的成果归结为"废科举、建学校、兴留学"。

如此看来，进入20世纪尚不足10年的中国，其变化之迅猛，几乎可以超过明治日本的"文明开化"。仅仅是上述内容的话，日本人还是不难理解的。

绅士的转变

可是，事态绝不会如此单纯，不如说难题还在后面。不仅看表面现象，更要看穿其根源所在的结构，其中的事情就不是日本人能够理解的了。

当时有个口号叫作"文明抵制"，意为以西方"文明"的做法来"抵制"列强，刚才讲过的运动就是如此。然而，是谁提出了这一口号，又加以实践的呢？正是主导地方社会的绅士阶层们。

绅士指的是科举考试的合格者，所以也是儒教的庇护者，曾经担当过攘夷大任的人们。也就是说他们以义和团事件为分水岭，将教义毅然地改成了"文明"。对义和团、秘密结社等邪教性质的清除就不用说了，他们把儒教的攘夷也定义为消极言行而将其从地方社会中排除出去，用"文明"取代"攘夷"并赋予其积极意义，试图重新获得领导、组织当地民众的霸权。

张謇

这么一来，儒教对于绅士，或是对于社会而言，已经不再是拥有最高价值的意识形态了。验证对四书五经掌握程度的科举制被废除，想必也正是因为地方社会以及其领导层的这一变化吧！

取代科举的，是留学和新式的知识、思想。用于以往循规蹈矩的科举考试的古典文章，也被频繁使用新语的记者梁启超的文体所代替，无论是否赞同，他的主张都得到了神速的普及。这对民族主义思想的传播起到了巨大的作用。

例如，有个叫作张謇的人物。他在1894年通过了科举考试，而且还名居榜首。然而，他没有走上仕途，而是在故乡的江苏省南通一心从事实业"救国"。前面也提到过，当时随着贸易的发展，纺织业、面粉业、精米业、榨油业等民间资本家经营的企业都开始发展，张謇的纺织工厂也获得了成功。他还考察了日本，以它们的开发项目为模型致力于故乡社会的振兴。他还将《大日本帝国宪法》带回国翻译，并介绍给中央和地方的官界。1880年，他凭借曾经在吴长庆手下当过幕僚的经历，与袁世凯开始交好。

张謇的例子虽然较为极端，但在当时类似的举动不在少数。以袁世凯为首，各省督抚主导的新政都建立在这些基础之上。袁世凯本人也对绅士们说道："可以不为官，却不能不为实业。"

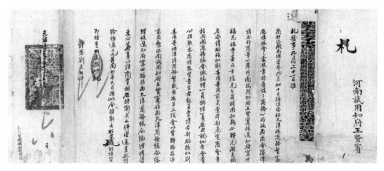

袁世凯下达给天津的商业自治团体天津商务总会会长的任命书（1904年11月3日） 显示出督抚权力与商业团体之间的关系（出自《天津市档案馆馆藏珍品档案图录》，280页）

袁世凯强烈主张废除科举的举动，并不仅仅出自他本人不是正途的官僚这一理由。

这样看来，新政在结构上就是多层次的。这与官民一体推动近代化的日本的经验，绝不相同。这就是造成费解的原因。

虽然督抚是由中央政府任命的，然而支持其施政的，却是当地的社会和领导阶层的绅士们。作为督抚，当然要顺从任命他们的中央的意志，但也必须回报代表地方社会的绅士们的要求。如果两者一致的话，就不存在问题。然而，现实不可能这样。那么，他们是如何来处理这些事情的呢?

下台

地方与中央

如果说新政是为了实现西化，其目标便是成立中央集权制的国民国家。通常我们会认为，民族主义高涨的话，那么就会朝着这一方向奔去，中国却不是如此。和我们的想象相反，在如何实现这一目标上，中国反而愈加陷入了混沌。

要想实现中央集权，正如其字面意义，把权力都集中到中央政府就可以了。历史上也有明治维新这一实际的例子。我们通常想到的这类例子，产生的条件是朝野各方期望的民族主义相去不远、官民一体化尽管曲折却仍旧实现了。要想让权力顺利有效地集中，这些条件是必要的。

可是，中国半个世纪以来的督抚重权，使权力中心都落在拥有军事力量的地方大官手中，反而与国民国家的中央集权背道而驰。中日甲午战争以来，为了反过来强化中央权力，清朝曾经几度做出尝试，却屡次遭遇挫折，前面也都已经提到过了。

无论何种政治权力，多少都倾向于强化现有的权力。清朝的中央政府也不例外。然而，当时的中央政府想要实现这一点，就只有收回地方现有的权力，掌握在自己手中，于是不可避免地产生了与各省督抚或是地方社会之间的对立。戊戌变法和义和团事件都是如此。

义和团事件后，清廷的权威一落千丈。虽然无从进行全面的验证，至少领导地方社会的绅士阶层对其反感。不仅仅是因为清廷和与自己处处对立的秘密结社携手，导致了毁灭和战火，而且在战后处理上也触动了地方利益。巨额的赔款就是一个典型，因为增税的负担被转嫁给了地方社会。

在他们眼里，清政府已经对外国言听计从，成为拖累自己的存在。想要推翻清朝政权的人们将之批判为"洋人的清廷"，这种情绪绝不仅仅限于绅士阶层，而是扩大到了整个社会。

即使如此，中央集权化这一运动规律，却并没有改变。在新政时期，打着西方化、近代国家的旗号，以其为明确的目标，中央集权反而有了进一步加强的倾向。这么一来，中央与地方的对立更加剧烈了。

中央的转变　　清廷之中最深刻感受到这些问题的，恐怕就是处于领导地位的荣禄和西太后了。之后，他们在政治上几乎没有任何作为，毫无疑问，上述内容就是原因。

荣禄在《北京条约》签订后，一度要求辞去重任，却未能如愿。这是因为朝廷仍然对他极度信任。他的女儿受到西太后的关照，嫁给了光绪帝的亲弟弟醇亲王载沣。两人所生之子即是下一任也就是末代皇帝溥仪。不过，荣禄本人却没有任何举动，于1903 年 4 月与世长辞。

西太后与外国公使夫人

同年成立的练兵处，本应是荣禄来主导的。担任统帅的庆亲王，便是荣禄的替代者和后继者。此后，庆亲王一贯与袁世凯交好，可以理解是由于荣禄的关系。

与悄无声息的荣禄相反，西太后的态度发生了惊人的转变。几年前，她还亲自下令要杀尽外国人，从西安回到北京紫禁城后，她却率先和外国的公使夫人们建立社交，还要求皇族们西方化。如今保留的西太后大量的照片和肖像，几乎都是 20 世纪留下的。

她的本意究竟何在无从得知，倒不如看作是义和团事件后，宫廷上演的一出宣传已铲除排外举动的好戏。

西太后本人也并不具备判断和决定外政方向的见识和感情，在上一世纪洋务运动和变法时，走上排外路线时都是如此，这次想必也不例外吧！

从个人的角度，她应该不会对意在实现西方化的新政感到欢迎。因为这是曾经危害到自己的戊戌变法的翻版。但是，她并没有做出积极阻止新政的举动，也许她已经想开了吧！

从政治的功能上来看，也可以说是回归到将当地行政委任给地方督抚，从而发挥手腕的垂帘听政。为了缓和社会上日渐扩大的反感情绪，维持安定，这或许是更加适合的做法。

但是，这些自觉或是背后的含义，下一代的人们能够理解到何种程度，是另外的问题。荣禄死后五年半，替代皇帝执政将近半个世纪之久的西太后终于归天了。时值 1908 年 11 月中旬，北京朝廷暨中央政府迎来了巨大的转折点。

袁世凯的立场　　此时的袁世凯正处于漩涡之中，作为一个政治嗅觉灵敏的现实主义者，他不可能没有意识到权力的规律和中央集权化的运动规律。在新政中，他作为北洋军的统帅，崭露头角的速度如此之快，已经做好了相应的准备。

与练兵处的上司庆亲王的亲密就不用说了，和原先同事铁良的关系，倒是值得注意。铁良是满人，只比袁世凯小四岁，在放弃科举考试、钻研军事这一点上，他和袁世凯是一样的。进入荣禄门下从事军务，受到举荐而升职这一点，两人亦有相似之处。

原本铁良历任官职均是掌管北京的驻军，可以说是代表中央的官僚。1903 年，他去日本考察军事后回国，被调到新设的练兵处。毫无疑问，他还负责监视掌控北洋军的袁世凯。

而袁世凯也推举铁良担任这一职务。这正是他敏锐地捕捉到北京的空气，为了缓解对自己的攻击而采取的措施。然而铁良反过来开始策划将北洋军的领导权转移到中央政府和自己手中，他在财政和人事上的势力逐渐扩大。

1906 年，彰德秋操之后，转机出现了。这一年，前往列强各国考察宪政的五名大臣归国，官制改革有了很大进展。中央集权的形势高涨，要削弱督抚权力的议论之声也渐起。袁世凯成为公认的第一目标，意想不到的弹劾非难接踵而至，他决心让步。同年 11 月，练兵处与兵部合并，成立了新的机构陆军部，袁世凯主动提出由铁良担任首脑，将北洋六镇中除了直隶、天津驻扎的二镇和四镇之外，全部纳入铁良的直接管辖之下。就这样，袁世凯的权力被大大地削减了。

还不仅仅如此。1907 年，袁世凯被任命为军机大臣兼外务部尚书。军机大臣是辅佐皇帝的宰相，在中央政府中地位最为显赫。外务部是根据《北京条约》成立的新机构，效仿欧美的外交部，居中央机构的首要地位，意味着对各国外交的重视。尚书即是长官、大臣的称谓，这次的调动用现代的话来说，就是当上了首相兼外交部长，作为臣子已经到了登峰造极的地步了。然而，通常都认为，这一场人事表面上是升官，实际上却是降级。

这是因为，袁世凯由此丧失了北洋军队的领导权，他长久以来赖以依靠的军权被夺走了。同一时期，湖北省的张之洞也接到了同样的任命。通过此举可以看出，让时下最具有势力的督抚荣升调任至中央，使其离开自己的地盘，削弱以往扶植起来的地方势力，是中央集权化政策的一部分举措。袁世凯置身于中央政府之中，他的地位绝对谈不上安稳。

放逐　　　　无论在权力斗争中处于多么不利的位置，都没有迹象表明袁世凯怀恨在心而怠慢工作，或是妨碍政府公务以示反抗等等。可以说，他身居中央最高的官职，做到了勤勉不懈。他此时的上司仍是庆亲王，工作上也很少受阻。

例如，他就任外务部尚书后，加速了对清朝政府外交上的改革，将外务部打造成拥有专业外交官员的机构。这与勤于新政、一贯重视与外国关系并积极评价录用人才的袁世凯的态度是分不开的。

当然，权力和派阀的争斗从古至今在任何政治中都难以避免，事实上产生的摩擦和纷争也很多。有关这方面的记录也数不胜数。然而，只要他做到称职，西太后也无法冷落或是除掉袁世凯。至少他自己是如此判断的。没想到，事态突然逆转，起因是西太后和光绪帝的驾崩。

继承帝位的是光绪帝的外甥、虚岁 3 岁的宣统帝溥仪。他的生父载沣作为监国的摄政王，掌握了实权。对这场继位和摄政王的就任，袁世凯也是持赞成态度的。至于他是积极推戴载沣父子，还是迫于形势不得不支持他们，说法上存在分歧。总之，他不得不认识到，不能像西太后在世时那样了。然而，结果却出乎他本人的意料。

新皇帝继位后一个月，也就是 1909 年 1 月 2 日，他接到了敕命。

载沣与溥仪 载沣怀中抱着的是溥仪的弟弟溥杰

袁世凯现患足疾，步履维艰，难胜职任，故而卸职，令其回乡疗养。

之前有人上奏弹劾他中饱私囊，这条命令便是对此做出的回复。既没有涉及他的罪状，也没有提到袁世凯所谓足疾引发的脚痛等任何症状，也就是说这次是突乎其然的罢免，袁世凯受到了政府的驱逐。

据说，载沣等人原本打算杀害袁世凯，由于老臣张之洞的调停，只好作罢。究竟其中有多么深的怨恨，对我们这些不了解内情的人而言，有些难以想象。

西太后死去前一天，光绪帝先行驾崩，享年34岁。戊戌变法后，他被剥夺了实权，死因也是个谜。而造成这一境地的便是袁世凯，在这一事实面前，光绪帝本人或是对其同情的人们在朝中遇见时，以何种眼光看待袁世凯倒也不难想象。也有人说光绪帝的遗诏中颇有怨言，成为宫廷之主的隆裕皇太后以及摄政王载沣由此进行报复。但是，果真如此的话，也未免太感情用事了吧！

确实是感情用事。先不管是不是出于私怨的报复，致力于北洋军队的建设，在各界广结人缘的袁世凯遭到罢免和驱逐，只能说这种行为本身就欠缺长远的考虑。卸去袁世凯的要职，使其从眼前消失，从而消除他的势力，从后来的举措来看，是极其肤浅的判断。

不久，载沣就陆续地任命自己信任的兄弟和亲戚担任陆海军的各处要职。接着，1911 年由中央机构大臣们组成的内阁制度开启，阁僚们几乎都是皇亲国戚。被视作重镇泰斗的张之洞，也在袁世凯被驱逐后不到一年便撒手归西。占据了大多数的汉人，在清政府中的存在感愈发地减轻了。

中央集权并不等于是将权力集中在皇帝和皇族手中。而且，从当时的权力结构来看，也并不容易和民间的民族主义挂钩。载沣却未能看准这一时机。虚岁 27 岁的他，几乎没有任何经验，也是勉为其难。他的笨拙轻率，丝毫不逊色于他的兄长光绪帝在戊戌变法中的表现。

义和团事件后，西太后和荣禄为何会重用袁世凯呢？可以说并非是心甘情愿的。载沣本人和他周围的人，都未对此加以思考。光这一点，就可以称得上是政权的自杀行为。清朝的气数也几乎走到了尽头，剩下来的，只是由谁来将其大白于天下了。

混乱

退隐

袁世凯被卸去了所有职务，实际上等于被驱逐出了官界。虽说无法知道他的真实想法，却不难想象他有何等的失望。他也曾经兢兢业业地为政府效力，他的进退不过是一名臣子、官僚的本分罢了。即便是在政治斗争中败给了政敌，然而此刻他的地位尚不足以改革政权结构，他也没有这样的野心和企图，或者说是智谋。

袁世凯接到敕令后便回到了河南老家，先是在辉县住了一段时间，后来又搬到了彰德。他给自己隐居的寓所起名为"养寿园"，至少对外表明了自己打算在此度过余生的姿态。

退隐后，他的社交活动仍然不乏活跃。至今仍留有大量的往来书信，然而几乎都会千篇一律地写道"养生于故乡，热衷于农活和垂钓"，或是"调理宿疾，却未见成效"，等等，未透露回归政界之意。

此时他虚岁51岁，虽说已知天命，却并不甘愿接受如此境遇的命运吧！这一点光看他作的诗词就可以得知。这是因为文章可以加以藻饰，诗词却是借以抒怀的表达方式。

彰德有一个叫王廉的人，早在袁世凯的养父袁保恒一代开始就和袁家过从甚密，他经常到养寿园来做客。下面就是袁世凯回赠给王廉的一首五言律诗。

乍赋归来句，林栖旧雨存。

卅年醒尘梦，半亩辟荒园。

雕倦青云路，鱼浮绿水源。

漳洹犹觉浅，何处问江村。

养寿园

"归来"取自陶渊明的"归去来","旧雨"则是指旧友王廉，可见前半部分正是描述了退隐的境遇，而中间的"青云"是做官、仕途的意思。这段话也可以理解为厌倦了仕途而安于现状，透露出隐居之意。不过，若是考虑一下尾联呢？"漳""洹"都是河流的名字，彰德便位于它们的流域之中。正因为"浅"才要向外溢出，而以杜甫的诗作为典故的"江村"让人联想起村野和田园。也就是说，这首诗表达了无法在隐居之地安于现状的心境。

而他的这一姿态，不妨看作是韬光养晦。既不是对时局漠不关心，也并非胸无大志。只不过眼下需要明哲保身，只能雌伏一段时日罢了。

农历八月二十是袁世凯的生日，宣统元年（1909）的这一天也有一段插曲。前来祝贺的友人与同僚不在少数，此时的交谈必会从他的遭遇引发怨言，从而造成诽谤、反抗政权的误解。他以患病为由谢绝了访客，不料仍有人硬是赶来为他祝贺。这件事也说明了他本身尚且暗中拥有势力，却不得不煞费苦心韬光养晦的状况。

就这样，袁世凯持续度过了将近三年的隐居生活。这期间，清朝的政治愈发地陷入混沌，局势可谓是急转直下。且不论他个人的野心和抱负，这种局势需要他的存在。我们必须先认清这一局势。

在"立宪"的名义下　　此时成为中心的是"立宪"这一概念和口号。或者应该说是朝野上下所拥有的民族主义这一抽象意识，促使了大多数人朝着立宪这一具体目标而付诸行动。

那么，我们的话题就要回到日俄战争结束的 1905 年之前。这一年 10 月，清政府派出了五名大臣，前往欧美和日本等国考察政治。袁世凯的心腹徐世昌也是其中一员。当然，其目的是为了引进立宪制，翌年 9 月，五名大臣回国复命，提出了宪政改革的方针。

前面也已经提到，清廷不久后就效仿近代国家的机构，对中央政府的官制进行了改革。紧接着在 1907 年 9 月和 10 月，先后下令在中央成立资政院，在地方各省成立咨议局，这些都是为了开设国会而设立的准备机构。

1908 年 8 月 27 日，《钦定宪法大纲》颁布。《钦定宪法大纲》共有 23 条，第一条规定："君上大权"需要"大清皇帝统治大清帝国万世一系，永永尊戴"。一看就知道，它完全是模仿了明治宪法。同时又宣布"预备立宪"，将在九年之内制定宪法并召开国会。

　　而地方绅士对此的反应，起初可以说还是不错的。转向民族主义的他们，大多数都支持立宪，例如张謇成立了预备立宪公会等等，社会上涌现了各种各样的政治团体。《钦定宪法大纲》和"预备立宪"的公布都是这些运动的成果。

　　清廷的这些举措既有向立宪政体、近代国家体制转换的目的，也有强化皇家、中央政府权力，维持统治的意图。袁世凯下台之时，两者之间尚不矛盾。

　　局势出现变化，是在各省开设了咨议局之后。当时是1909年10月中旬，袁世凯被驱逐后还不到一年。大批的地方绅士当上了议员，咨议局被看作是他们的代言机构。他们四处宣传立宪制的意义，发起了要求立即开设国会和引进责任内阁制度的请愿运动。

　　　　请速开国会建立责任内阁以图补救。

　　同年11月，张謇向全国发出了这封电报，距离咨议局开设才一个月。于是，各地的请愿运动互相联合起来，发展成为全国性的运动。翌年在北京召开的资政院，也基本呈现了相同的意向和态度。

　　国会制度是为了将舆论、民意反映于国政当中，请愿运动本身是无可厚非的。问题在于其行动和要求是否合乎时宜，有没有实现的可能性。

汇集于咨议局的绅士们都是来自地方社会中的实力人物或是资本家，代表着各自的利害关系。因此，他们的呼吁当中就算有当地的意见和要求，却不是全国性的舆论。倒不如说前者覆盖了后者，说得更露骨一些，很多时候前者取代了后者。

仅仅从现象上而言，在如今的议会制民主主义体制之下，这一光景也并不稀奇。国民国家确立，中央和地方分权明确，官民相距不远的话，也不至于发展成严重的问题。可是，当时的清朝情况却不相同。

王朝权力曾经通过科举，选拔出地方社会中的精英，赋予其名利从而来获得支持。也就是说科举把权力和社会结合在了一起。前面也提到过，当时地方的绅士阶层对北京的清廷根本不信任，就连科举制度也被取消了。只有两者共同喊出的立宪口号，成为维系两者的唯一纽带。两者潜在的对立随时有可能爆发出来。终于在1911年，这一切成为现实。

"革命"的大潮　　　　　在中国史研究上与"立宪"相对立的概念，很长时间都是"革命"。中国的现代政权诞生于革命之下，因此，前者的概念是消极的，后者当然是积极向上的。

立宪派是戊戌变法的主谋者康有为、梁启超等势力，他们主张建立保留皇帝的立宪政体。与此相对，革命派认为不推翻帝制就无法实现变革。他们都希望实现中国的变革和近代化，这一点是相同的。正因为这一点相同，在是否承认清朝或帝制的存在、由谁来主导变革的问题上，他们无可避免地产生了激烈的对立。

时间回到 1905 年。8 月 20 日在东京赤坂的坂本金弥邸，中国同盟会宣告成立。

进入 20 世纪后，要求推翻清朝的团体运动愈发地活跃起来了。以孙文为领袖、由广东人和华侨结成的兴中会最早成立，随后还有黄兴、宋教仁等湖南人结成的华兴会，以及章炳麟等浙江人组织的光复。起源于原籍、故乡的革命团体，先后经历了中国国内的起义和流亡日本，加深了相互之间的交流，最终合并为一体。这也体现了新时代对清政府不满的情绪逐渐高涨的一面。

截至 1905 年底，加入同盟会的成员以湖南、湖北、广东人为中心，达到了 450 人，规模尚小，原先的乡党意识也根深蒂固，相互之间并不融洽。不久又出现了内部纷争，无法再进行团结一致的活动。然而，此事带来的影响绝不可小觑。

同盟会的纲领中写着，推翻满人的统治，夺回汉族的政权并建立共和国。用一句话概括，就是用汉族的共和制来取代清朝的帝制。为了宣传革命计划，接着又发行了机关报《民报》。

一开始，《民报》取得了异常的反响。这是已经在言论界占据了绝对性主导地位的、由梁启超主编的《新民丛报》与其展开了激烈论争的缘故。

梁启超的政见已经非常过激。呼吁体制变革的同时，他还无情地抨击清朝政府，内容确实是革命的言论。即便如此，无论他的笔锋如何锋锐，在主张清朝存续、转化为君主立宪制这一点上是没有变化的。

对此，同盟会的《民报》从一开始，就否定了清朝、君主制的存续，在这一点上两者存在根本的区别。汪精卫、胡汉民、章炳麟等人和梁启超展开了激烈的论战，内容涉及满汉关系、国家构想、中国的前途以及内外的形势，论战一直持续到1907年。

在清朝政府看来，二者都是不可容忍的叛徒和政治犯，因此，他们在中国都无法公然开展活动。这场历史上有名的论战直接在日本为主的国外展开，双方都为了扩张各自在海外的势力而不遗余力，但是他们的活动范围仍然受限。

即便如此仍旧影响很大，是因为它发生在留日学生激增的年代。他们都是代表各阶层各行业的精英人士。近朱者赤，身处异国他乡接触到如此激烈的论战，很多留学生也立志要改革体制、改变现状，他们回国后有一部分人担任了文官和军人的要职。就这样，改革的大潮虽未组织化，却日渐波澜壮阔起来。

辛亥

革命的蹉跌与雌伏

标题所说的"辛亥"，换算成西历是1911年。自不必说，这一年发生了辛亥革命这一历史重大事件。2011年是它的一百周年，中国举行了不少大规模的纪念活动。

这一干支虽然非常有名，然而这一年之所以会发生革命，几乎只是起自一场偶然的事件而已。也许被称之为革命的历史重大事件，都无一例外地出自某个偶然吧。

首先，这场革命并不是由意图革命的人来完成的。如果遗漏了这一点，那么之后的史实经过将很难理解。1907年后，革命派在各地发动了武装起义。同盟会出现内部分裂后，这种情况依然持续着，不过均以失败告终，还搭上了很多人的性命。

甚至还有人组织了少数人暗杀政府要人，实施恐怖活动。其中著名的，是1907年《民报》论客汪精卫在北京暗杀摄政王载沣未遂事件。虽然袭击当权者是重罪，据说当局还是爱惜被捕的汪精卫的才华，将死罪减为终身监禁。

同盟会组织的起义，目的和战略是先在南方建立根据地，然后发动北伐。因此受到镇压的暴动，也都发生在华南边境。其中最大的一场是发生在1911年4月的广州起义。在革命派的泰斗人物黄兴的指挥下，他们向东南亚华侨集资，在广州发动了大规模的武装起义，却以惨败告终。

之后出现了转折。以前由广东人主导的北伐战略被调整，成立了以湖南人宋教仁为中心的中部同盟会，意在扩大长江流域的革命势力。暗中活跃在湖北、湖南的文学社和共进会等，与秘密结社势力互相联合，潜入驻扎在当地的清朝新军队伍中，展开了反清工作。

照理说，这些新的方针刚刚开始，取得一定的成果是需要时间的。宋教仁等人也计划在几年后付诸行动。然而，局势的变化却不允许等到时机成熟的那一天。

立宪的急速开展 就在同一时期的 1911 年 5 月 8 日，清政府对中央的政府机构和省厅进行了改编，制定了内阁官制。前面已经讲过，这是模仿明治日本的内阁制度，因此，大致的框架和现在的日本如出一辙。

因此，内阁的成立并不存在什么问题。要说有问题的话，便是组阁的人事安排。公布的十三名阁僚中，以总理大臣庆亲王为首，满人占了八人，其中皇族就有五人，汉人只有副总理徐世昌、邮政大臣盛宣怀等四人而已。

如果是适当人选，倒也说得过去。然而，明眼人都能看得出来，入阁的仅仅是与载沣交好的人选，并算不上是人才。清政府内部也有人提出异议，甚至要求撤回任命，却遭到了拒绝。

对这次组阁，各省的咨议局当然表示反对，称其为"皇族内阁"。他们立即联名上书，提出"皇族组成内阁，不符合立宪君主国的公例"。对此，当局下达的敕谕却是：

有司任免乃君上之大权。议员不可妄加干涉。

丝毫没有余地。的确，《钦定宪法大纲》第五条写有"君上之大权"的字眼。然而，这和咨议局预想的责任内阁大相径庭，到底是无法接受的。

于是，地方绅士阶层感到失望，开始采取背离清朝的举动。之前他们抵制外货或是利权回收运动等对外民族主义运动的矛头，如今随着立宪问题上矛盾的激化，开始对准了清朝。

此时，清政府还推出了铁路国有化政策。在先前的利权回收运动中被买回的广州至汉口的粤汉铁路，以及预计建设的成都至汉口的川汉铁路将被国有化，通过向国外贷款来进行建设。

这些举措无一不是针对那些获得认可但资金不足的民间资本建设项目，从这一角度来说倒也合情合理。但是，在那些已经出资的人们看来，他们担心自己的资金会被席卷一空。可见当时的政府和官僚，在财政支出方面有失信用。再加上外国的贷款，想要保护私有财产的民间人士，很容易走向民族主义、反政府行动的方向。

其中反抗尤为激烈的，要数四川省的咨议局。以它为中心，在计划建设的铁路沿线四川、广东、湖南和湖北成立了"保路同志会"，发起了反对国有化的运动。

对此，清政府并没有改变高压姿态。他们陆续投入军队，对展开激烈反抗的四川保路同志会进行镇压，在各地造成了流血事件。结果南方的实力资本家和绅士们，最终走上了与清朝正面敌对的道路。

从武昌起义到各省独立

就这样，随着保路运动的激化，立志革命的人们再也无法保持沉默了。他们与四川的运动汇合起来，甚至在背后进行煽动。在邻省湖北，革命刚开展工作后不久，由于局势发生急剧变化，不得不将几年后的计划提前，在10月16日这天发动起义。这一结果已经足以引起恐慌，现实的经过却更加出乎人们的意料。

今天的中国湖北省武汉市，是位于长江与汉江交汇处的大城市，原先分为三座城市，分别是行政、文化中心武昌，开放口岸的经济中心汉口，以及工业地带的汉阳，合称武汉三镇。

10月9日，位于汉口的革命派据点发生了炸药误爆的事件，造成了当局四处搜查、人员被捕、名单被没收的紧急局势。在汉口对岸的武昌，投身革命的新军士兵们感到十分焦虑，终于在次日夜间发动起义，袭击了湖广总督府。

驻地武昌的湖广总督曾长期由张之洞担任，当时是满人瑞澂在任。倘若他能冷静对待，这场起义根本就缺乏准备，完全是可以镇压下去的。可是，这个瑞澂却比革命派还要惊慌失措，立即逃之夭夭，武汉三镇立刻被革命军占领。他们成立了中华民国湖北军政府，推举黎元洪为都督。新成立的军政府是投向革命的新军与主张立宪转向反清的咨议局的合体，是匆忙之下成立的地方政权，充分地反映出了当时的情况。

根据中国现行政权的解释，革命代表着正义，这些暴动起义都源于正义，从而被称作"起义"。而率先起义的武昌，被称作是"首义"。既然是率先，可见这一类的起义在这之后仍然陆续发生。

可以说是迅雷不及掩耳之势。长城以南的中国18个省份中，以长江以南为中心的13个省纷纷宣布独立。这里的"独立"，是指脱离清朝政府而宣布独立的主体，和湖北省一样，也是军政府。

也和湖北省一样，各省几乎没有发生激烈的战斗。当时的局势下各省随时都可以从中央政府独立。武昌起义不过是导火线而已。从前面已经讲述过的政治经济问题，可以明确理解到这一点。因此，独立是很容易的。问题反而出现在后面。

独立后的各省军政府，只是脱离了清朝而已，丝毫没有真正独自生存的打算。他们想要归顺理想中的中央政府，而北京的清朝俨然还在苟延残喘，于是他们先要与其对抗，来维持自身的独立。然而，为了防止力量过于分散而被各个击破，眼下需要互相联合起来。

于是在11月15日这天，上海成立了各省都督府代表联合会，此时，距离武昌起义过了一个多月。但是，以湖北省为首，各省的独立都缺乏计划性和统一性，其前景也无从预测。

复活

武昌起义后武汉三镇被占领，清政府不免惊慌失措，当务之急是要镇压叛乱。

10月12日，陆军大臣荫昌奉命率领北洋军南下讨伐。领导权被委托给了陆军首脑。仅仅两天后，袁世凯被任命为湖广总督，取代逃亡的瑞澂。同时派遣军的领导权也交给了袁世凯，可见当时载沣等人已经失去了主心骨。

这意味着，要想镇压叛乱，光是投入主力还不够，还需要起用曾被驱逐的袁世凯。由于新上任的荫昌无法驾驭北洋军，清政府认识到，必须把长期培养军官士兵的袁世凯送往战场才是上策。当然，从袁世凯的角度来看，先是被扫地出门，等到陷入困境了又来依靠自己，也太随心所欲了。

在养寿园接到命令的袁世凯究竟作何感想，却是无从得知。事实上，他动身南下武汉是在 10 月 30 日这天，大约相隔半个月之久。

对此，通常的看法是袁世凯以"脚疾未愈"为由拒绝领命，向清政府提出完全转让军权、成立责任内阁召开国会、赦免政治犯等条件，才答应出马。

北一辉的《支那革命外史》中也有记述，1915 年广为流传的说法是军权是对载沣的报复，责任内阁是针对立宪，政治犯是对革命的作秀，这一谋略使得袁世凯对三方都占据了有利地位。从后面袁世凯掌控政权的经过来看，虽然这种说法可以让人接受，不过它的根据还是非常蹊跷，很有为了某种目的而诽谤中伤的可能。

而能够确认的是，袁世凯希望悄悄地获得镇压军的领导权，不能说丝毫没有复仇的意图。但是，从纯粹意义上的军事观点来看，为了高效指挥军队，他要集中领导权也是可以理解的。

没有证据表明他正式提出了其他的条件。当然，袁世凯不会完全没有考虑立宪或是革命的事情。养寿园素来有要人、军人和绅士们频繁出入，社交活跃，即使他足不出户，也通晓天下局势。因此他觉得单纯采取军事行动来推翻各省的独立是无法根本解决问题的，这一点无可厚非。

据说，天津《大公报》在 10 月 24 日刊登了袁世凯的非正式发言如下：

> 根本在于能够实行立宪。应立即成立责任内阁，消除满汉对立。然此时上奏，将遭胁迫或背负责任，故军务吃紧之当下无法为之。

作为袁世凯本人的立场和观点，上面这段文字是他最稳妥的进退应对吧。我们可以注意到，这里把实行立宪作为"根本"所在。

袁世凯决定出马，10 月 27 日接过领导权之后，局势急转直下。与北京相距不远的山西省于 29 日独立，同一天，驻扎在北京附近的滦州的部队，又提出了十二条要求。其中包括年底之前开设国会、废除皇族内阁、组织责任内阁以及释放政治犯等要求。他们表示，如果不接受的话将立刻进攻北京。这一事件被称作"滦州兵谏"，对清朝而言是名副其实的晴天霹雳。最糟糕的情况是北京受到东西夹击而危在旦夕，载沣也不得不妥协。

10 月 30 日，载沣发布了"罪己诏书"，自我批评并表示谢罪。

11月1日，任命袁世凯取代庆亲王担任内阁总理大臣，并委以全权，以求度过危机。3日，资政院上奏了《宪法重大信条十九条》，当天就通过并颁布。当下，它成为清政府的宪法。按照其中的规定，袁世凯再次当选为内阁总理大臣。

袁世凯于13日辗转入京，16日成立了内阁。也就是说责任内阁正式掌控了政权，同时还得到了各国的承认。

武昌起义后大约一个月时间，袁世凯从驱逐隐退之身爬上了权力的巅峰。南方各省基本都宣告独立，身负清政府重任的袁世凯，成为内外注视的焦点。

第五章

皇帝

袁世凯，民国时期

"强者"

仔细分析的话，袁世凯的地位岌岌可危。

表面上他是清政府的内阁总理大臣、清军的总司令官，受到了全权委托。然而，就在一个月前，他还是一名罪臣，而且被卸去了官职。南方尚有敌对势力，在军事上处于对峙之势。两边都不信任他，走错一步的话，恐怕就会陷入孤立无援的境地。

对此，他不可能没有察觉。自愿投身于这场困境的袁世凯，究竟有何打算，谁也无从知晓。

这种境地，对袁世凯而言并不是第一次。正因为他手握军权，中日甲午战争、戊戌政变、义和团事件等重大事件发生时，他总是处在投出决定性一票的位置，被迫做出决定走向的选择和决断。

想必这并非是他想要的，即便所有的选择都出自他的本意，他也并没有这些自信吧！然而，他被寄予厚望的决断，却推动了历史前进的车轮，在辛亥革命时也是如此。

袁世凯身为清朝的司令官，首先要发动大军镇压南方的革命军。领导权正式回归袁世凯之后，北洋军士气大涨，在10月27日至29日短短三天，就制服了投靠革命派的新军，很快就夺回了汉口，紧接着又占领了汉阳，首义之地的武汉三镇眼看就要沦陷。倘若就此打下去的话，中国的历史也许就被改写了。但是，袁世凯偃旗息鼓，要求谈判。

12 月 1 日，南北停战协定在武汉签署，3 日至 6 日期间停战。7 日，清政府全权委任袁世凯与南方的独立各省进行谈判。8 日，袁世凯派出代表唐绍仪。9 日，唐绍仪开始与南方省份代表伍廷芳交涉。最初是秘密进行的，不久就转为公开谈判，地点也从武汉转移到了上海的英租界。

唐绍仪和伍廷芳都是从美国归国的广东人，一直活跃在外交界。20 世纪初，他们曾是清政府外务部的同僚，也是当时的尚书兼外相袁世凯的部下。因此，他们在沟通上应该是很畅通的。但是，在关键问题上的交涉却迟迟不见进展。

袁世凯方面作为清朝政府的代表，主张实行君主立宪。与此相对，南方的独立各省则希望实现共和立宪。立宪作为当时的标语，双方是一致的，前提却是各不相同。是选择清朝保留君主制的立宪，还是颁布共和制前提下的宪政，双方在政体的原理原则上产生了争议。谈判未能进展的理由就在这里。

此时，南方独立各省的情况也发挥了巨大作用。前面已经讲过，各省感到有联合起来的必要，于 11 月中旬结成了各省都督府代表联合会，却在主导权问题上屡屡对立，很难得出结论。原本同盟会系的革命派人心就不齐，再加上咨议局的立宪派绅士和新军的军人，就更混乱了。大家都为各自的利益争论不休。为了稳住脚跟，也不得不对外坚持原则，便表现得更加强硬。

谈判代表唐绍仪和伍廷芳为了打破这一局面，提议召开"决定未来中国政体"的"国民大会"。唐绍仪是为了动摇原本就参差不齐的南方阵营，伍廷芳则是暗自打算掩盖住自己的破绽。

可是，袁世凯却毫不留情地拒绝了。他以越权为由严厉地批评了唐绍仪，唐绍仪无可奈何只好辞职，南北交涉陷入了僵局。恐怕袁世凯是为了逼迫南方做出更多让步，才采取了强硬的姿态，半真半假地演了这出戏，然而他是否如愿以偿却难免让人怀疑。

南京临时政府　革命派中最德高望重的人物，当属资格最老的孙文了。武昌起义爆发时，孙文不在中国，而是身处美国的丹佛。得知消息后，他决定回国，一边表示支持革命，同时绕道欧洲，12月25日抵达上海。回国的孙文成为联结相互反目的独立各省的核心，这成为加剧事态变化的转折点。

12月29日，各省军政府代表选举孙文为中华民国临时大总统。1912年1月1日，南京的江苏省咨议局正式宣布中华民国成立，两天后，成立了临时革命政府。就这样，南京临时政府成立，南北双方因为共和国和君主国而对立分化，僵持不下。

事后在我们看来，这些似乎都是水到渠成的，然而，在当时却是不小的冲击。袁世凯一定也十分的苦恼吧！

袁世凯之所以停止对南方进攻，是因为他认为毫无意义。就算在军事上战胜南方，如果不改革政权、政体的话，民间的不满依然如故，问题得不到根本的解决。倘若由此而引起暴乱，战争持续或是再度点燃的话，接下来列强就该干涉了。要想平定内乱，就必须保持对外关系的稳定。将自己最精锐的部队投入到南方的战事中去，在财政上和外交上真的物有所值吗？袁世凯当然会考虑到这些问题。实际上，他在去年的 11 月底提出的停战理由，便是英国对战争的抗议。虽说军事力量处于劣势的南方处境艰难，袁世凯的境地也绝不轻松。

眼前面临着一场巨大的危机。下面是唐绍仪在提议召开国民大会时，向袁世凯发出的电报的一部分内容。

> 对方坚持共和，无法提出反论。一旦决裂，大局将不堪设想。再三焦虑却无打开局面之妙案。师（袁世凯）看重之事乃皇太后、皇上之护持，担忧列强之干涉。再度战争，军费、武器将如何解决？能否必胜乎？万一失败，社稷倾倒，列强分割中国，汉族难免没落，这一危机前所未有。

这段话不光描述了唐绍仪面临的局面，也说明了上司袁世凯所处的立场，不失为一篇重要的文章。此处所讲的南北、内外的势力构造，之后也始终贯彻如一。

对袁世凯而言，正如前面复职之时所说，"根本"在于实现立宪和宪政。如果不实施的话，中国将难以统一，反过来说，只要实现立宪，中国就不会四分五裂。让南方屈服，在实施立宪问题上达成妥协的话，就能将武力限制在最低程度。然而，眼前的事态却是，即使同样倡议立宪，截然不同的两个政府却呈现南北对峙之势。

清朝灭亡

在袁世凯看来，如果只是从军事上压倒南方，反而更加容易。但如果继续作战的话，必将招致外部的干涉，应该极力避免。话虽如此，然而要屈服于处于劣势的南方，是不可能的。

在南方看来，武力上处于劣势，内部纷争不断发生，财政也无法维持下去，他们已经经受不起内战和干涉了。然而要想守住千辛万苦成立的共和国，到底有什么办法呢？

那么，也就只能由最具实力的人掌握政权，实现南北和解，来防止政权出现对立了。而最胜任的人，非袁世凯莫属。这种客观形势再清楚不过了，当时不分内外，任谁都能看到这一点。外国人之所以把袁世凯称作"强人"，也在情理之中。与其说他野心勃勃玩弄权术，倒不如说是人心所向、众望所归。

而一直保持敌对的南方，碍于这一局势也只好妥协。南京临时政府以清朝皇帝退位为条件，将孙文的临时大总统一职转让给袁世凯。与其在军事上失利，不如建立起实现革命的体制，让中华民国得以生存下去。

袁世凯本人是从何时开始有了此意，并开始谋划的，事实上无人知晓。然而，要说他从回归政界担任内阁总理大臣起就有此意，还是有些太早了。倒不如说是在与南方对峙的情形之下，他结合内外的动静而做出决断，更为稳妥和正确吧！

不过，他下定决心后，却利用众人的期望，将手腕发挥到了极致。袁世凯一旦掌握了南方，便立刻布局使其对自己有利。他还得到了英国公使朱尔典的支持，并委托其从中调停，在这个意义上来说，也颇有成效。这是因为对南北而言最为恐怖的事情，莫过于列强的干涉了。

上述的条件全部具备后，段祺瑞等前线共 47 名军人联名向清政府的内阁、大官和皇族发出了电报。要求在目前局势下迅速采用共和政体，尽快地稳定民生。这一天是 1 月 26 日。

当然，这些都来自袁世凯的授意，他本人则以内阁总理大臣的身份上奏隆裕皇太后，要求做出最后的决断，其实和威胁并无二异。29 日召开的御前会议上，竟无一人表示反对。清廷、皇室获得了丰厚的条件，也只好屈服。

1912 年 2 月 12 日，宣统帝宣布退位。《退位诏书》的起草人，便是以前的江苏省咨议局议长，此时已是临时政府一员的张謇。他原本是清朝科举考试中高中榜首的一名绅士，他支持立宪并参加了南京临时政府，并协助要求清帝退位的袁世凯。没有什么比他的进退，更能形象地体现出辛亥革命的经过与本质了吧！

200 多年前崛起，长期称雄亚洲的清朝，逊位于共和国，也就是将政权拱手让出，在前所未闻的狼狈之中画上了句号。它所肩负的历史使命已经完成，可以说是必然的趋势。然而，旧事物的退场，并不能保证新的事物将会取而代之。

清朝政权虽然灭亡，却留下了庞大的遗产。也许应该补充一下，它们丝毫未能得到整理。而被指定为继承人，而且自甘收拾这一残局的袁世凯，又怀有多大的觉悟呢？

相克

各自的革命　　宣统帝退位的第二天，孙文就宣布辞去临时大总统的职务。他表明要让位给袁世凯。两天后的 2 月 15 日，南京举行了民国统一的庆祝仪式，孙文带着政府官僚们前往孝陵。

孝陵是明太祖朱元璋的陵墓。朱元璋赶跑了少数民族政权的蒙古帝国，取而代之做了皇帝。迁都北京是后来的事情。朱元璋在南京建立了明朝，并在此驾崩。孙文之所以要选择这个时候祭拜朱元璋，是为了表明推翻了取代明朝的少数民族政权清朝，其功绩不亚于当年的朱元璋。

再没有什么能比这件事更能表明辛亥革命对革命派的意义了。革命归根到底，不过是对满人的种族复仇，汉人夺回政权并发扬中华主义罢了。而我们从革命这一概念所联想起的政治改革、社会变革等客观观点来看，这种观念或是体现形式中，又有多少的现实意义呢？

当时对其他人而言，辛亥革命绝不是革命派所想象的那样。在老百姓看来，恐怕也就是剪去长辫而已，并没有什么实际感受。至于说和这场政治动荡多少有关系的人，既有像北一辉那样，趋向于西方市民革命的观点，也有人认为，这不过是一场更姓换代而已。后者最强有力的观点，估计就是袁世凯本人了。自己将要主宰新政府，归根到底不过是要继承清政府的政权罢了。

套用古代王朝的语言，应该称之为"禅让"或是"篡位"吧？此时政权交替，年幼的宣统帝退位，嫡母隆裕皇太后亲自颁布了诏书。袁世凯的所作所为被描述成欺骗寡妇幼儿窃取政权，类似于《三国志》中司马懿的魏晋革命。总之不是什么光明正大、值得称颂的丰功伟业。即便如此，从"正统"来说，也就是袁世凯正规地从清朝继承大权，却是毫无疑问的。南京临时政府虽然存在，不过是"临时"性的割据政权，从观念上来说等同于没有，在现实上，只能作为暂时性的割据势力被吸收，最终消亡。

外国列强们也对此立场表示支持，因为他们不希望中国出现混乱或激烈的变化。之前建立的关系都来自清朝政权，公使团也常驻在北京。在列强们看来，能够稳定局势的实力人物应该就在他们平素交际来往的中央政府里，也是极为自然的。

袁世凯方面也明察到这一局势，他们和列强公使团取得联系，第一时间获得了他们对北京新政权的支持。由此，在国际社会眼中，袁世凯在北京建立政府不存在问题。

对此，南方认为共和国推翻了清朝，并取代了它的地位。共和国的代表是南京临时政府，虽然领袖、大总统一职暂时让给了袁世凯，他毕竟只是临时政府的成员之一，必须按照政府的意愿行动。孙文辞去临时大总统的职务，推选袁世凯为候选人并要求他在南京上任，也是出于这一认识。这和袁世凯等人所认识的以往的经过、目前的形势，有着巨大的鸿沟。

南京还是北京？

袁世凯就任中华民国临时大总统，就任地点选在南京还是北京，直接关系到其政权的正统性或性质上的争议。他原本就拒绝在南京就任，最终还是以"兵变"为由，在北京就任临时大总统，并将中央政府设在了北京。

选择北京这一决定，意味着他鲜明表示了要继承以往清朝政府的立场。也可以说，意味着要在清朝的体制基础上继续施政。

南方当然不会善罢甘休。临时政府的立法机构参议院立即制定了《中华民国临时约法》。《临时约法》如其字面所示，是临时的、暂定的，相当于我们所说的宪法。以当时中国的情况来看，《临时约法》写入了大量西方的民主内容，主权在民、基本人权方面的条款可以说是典型吧！因此，《临时约法》虽然几乎未能得以实施，却作为政治原理的象征性规范渗透到社会中。从这一意义上，《临时约法》左右了之后的历史，是极为重要的文件。

具体行政方面，让人能够联想到通常的国会制和责任内阁制，极大地强化了国会参议院的权限，这一点尤为重要。同时规定要由参议院选出的国务总理成立内阁来具体实施政务。大总统和国务总理都对参议院负责，参议院具有弹劾两者的权力，因此政府的权力受到了相当大的限制。

《临时约法》是在3月11日这天颁布的，也是袁世凯在北京就任临时大总统的第二天，这当然不是巧合。《临时约法》早在袁世凯政权成立之前就开始策划制定了，目的是为了牵制袁世凯的举动。有违于南京临时政府的理念、主义的袁世凯的独断专行，是决不能允许的。

对此意图，袁世凯知道多少呢？又或者说，他其实早就知道了一切，却轻敌了吗？他立刻接受了《临时约法》并推荐了唐绍仪，获得参议院批准后，便任命唐担任国务总理并组阁。就这样，孙文等人心心念念的"统一"政府总算成立了。然而，任谁都能看得出，从一开始，其中就隐藏着严重的对立。

唐绍仪

新政府面临的问题堆积如山。本来，无论是任何一个政府，或是采取任何一种政策，首先需要的是施政能力，以及足以支持其施政的财力。可是，当时的中央政府并不具备任何一条。在这一点上，无论是前面说的南京临时政府，还是继承清朝的北京政府，都不例外。

1912年4月29日，袁世凯在参议院发表了如下演讲：

> 无论做何事，财政都是关键。半年以来，工业、商业荒

废，税收锐减，外债眼下也无力偿还。此后要实行政治改革，必须引入外资。首先策定财政整理之大纲，提高财政之信用。关税用于外债、赔款之担保，必须立即实施税率之上调。……盐税改革、土地税之整理、国币改良以及币制统一等均为财政之最重要所在，须立即执行。

　　他首先担心的是财政上的窘迫，当务之急是从外国获得新的贷款，由此来渡过眼下的难关，以便将来东山再起。这从当时中央政府的立场来说，无论是谁来主持大局，都是无法避免的问题。

　　可是，掌握了参议院的南方革命派，却对此做出了激烈的谴责。双方陷入僵持，贷款计划也不得不改变。袁世凯对此火冒三丈，与国会的关系彻底恶化。上述演讲后不久，他就对英国公使朱尔典称："共和尽是不毛之言论，几乎无任何实效。"由此可以看出他的态度。

　　此时陷入进退两难局面的是就任国务总理的袁世凯的心腹唐绍仪。他被夹在国会的攻击和大总统的意向之间，就任仅三个月就放弃了职位。归根到底，这是尊重法律的他在向动不动就采取强硬手段的袁世凯及其周边发出的抗议。

　　唐绍仪早在 19 世纪 80 年代常驻朝鲜时，就受到了袁世凯的器重。也就是说，军人政治家与具有外国经验擅长社交的知识分子官僚的结合，弥补了双方欠缺的资质和才干。从这个意义上来说，两人堪称是绝配，也是能够长期维系关系的原因所在。

前一年的南北议和时，唐绍仪被选为谈判代表，也是因为他的谈判能力被看重，再加上他出身广东，和革命派的很多人都是老乡，选他再合适不过了。袁世凯能够说服清帝退位当上临时大总统，也离不开他的功劳。

唐绍仪

袁世凯任命唐绍仪为国务总理，也是和议的延续。他打算利用唐绍仪与国会周旋，从而让占据优势的革命派顺从自己。袁世凯之所以赞成责任内阁，是因为他认为对现实的政治有利，而不是他对制度本身的内容有多大关心，或是有多高评价。

留学归国并了解西方政治制度的唐绍仪，与袁世凯仍然存在分歧。如果只是作为谈判代表去和敌方交涉，虽然难免使用谋术，却不能和首相的政务同等对待。而且，袁世凯做出此种姿态来加以宣传，也是考虑到今后对自己的政治家生涯有利吧！之前相互弥补的差异和个性，如今却起到了相反的作用，两人终于分道扬镳。

轻视原则和程序，只是一味地追求目的，是实用主义、重视实务的军人常见的行动模式。战前日本的军部也是如此。袁世凯似乎也不例外。当时他与唐绍仪的关系，也很好地体现出了这种寻求方便的姿态。之后这一趋势也越来越明显，最终左右了民国的前途。

冲突

此后的道路可以说是遍布荆棘。原先是南北对立，如今是国会与政府的对立，已经是互不相容了。袁世凯又指派了一名能代表自己意愿的心腹赵秉均担任国务总理，来缓解与国会的深刻对立。

《临时约法》规定实施后十个月之内必须正式召开国会。国会由以前的参议院改组为两院制，通过选举来选出正式的议员。当时的中国，只有4000万男性拥有选举权，却还是勉强要实行议会制。

对此，革命派以宋教仁为核心纠集了己方的势力，8月结成了名为国民党的议会政党。他们为了在即将举行的选举中获胜，在正式的国会中占据多数席位，开始积极地展开活动。

支持袁世凯的一方也陆陆续续地组成政党，来与其对抗。然而，在翌年2月的选举中，国民党大获全胜。他们在参议院和众议院都占据了将近一半的议席，超过了袁世凯派的政党的所有席位。国民党领袖宋教仁趁此机会，打算由国会选出国务总理，使袁世凯的权力回归到革命派的手中。

惨败的袁世凯当然感受到了危机。大约一个月后的1913年3月，宋教仁遭到了暗杀。这场事件曾经断定为袁世凯施展魔手而加以谴责，如今在重新研究之中。笔者无法去评论其是非曲直。然而，宋教仁之死中最大的获益者就是袁世凯，这一点却是千真万确的。

失去了领袖的国民党议员们，遭到了政府方面的挑拨离间，到了 4 月正式召开国会时，他们已经是四分五裂。袁世凯乘此空隙，终于实现了贷款的愿望。4 月 26 日，袁世凯政府与日、英、德、法、俄五国签署了条约，获得了 2500 万英镑的善后大借款。

善后大借款的英文是 Reorganization Loan，也就是用于中国重建、改革所必需的资金，日译"改革贷款"。因没有经过国会批准就引进外债，袁世凯受到了强烈的谴责，然而这已经是既成事实了。袁世凯紧接着又使出了一招。

反抗他的不仅仅是国会，还有他向朱尔典所说的"胡闹孩童"（unruly children）的各省都督。按照前代清朝的说法，都督相当于督抚，然而由于它是辛亥革命后脱离清政府统治后形成的职位，其独立性要远远超过前代。这一情况在清朝灭亡后也没有改变。他们经常不听从中央政府的命令，如此中国根本称不上是统一国家。袁世凯想要在这里动刀。

他的矛头对准了革命派的都督，包括江西的李烈钧、广东的胡汉民、安徽的柏文蔚等人，袁世凯在 1913 年 6 月单方面罢免了他们的官职。对此深感愤慨的李烈钧于 7 月举兵宣布讨伐袁世凯，临时政府迁移后管辖南京的黄兴与南方七省也纷纷宣布独立。袁世凯抛出的诱饵，他们终于还是上钩了。

这件事虽被称作"二次革命"，却与辛亥革命的结局截然相反。革命军的兵力原本就处于下风，更别说袁世凯通过善后大借款获得了丰厚的军费。两个月后他们都受到了镇压，黄兴、李烈钧、胡汉民等人逃到了日本。

中央政府的威信顿时大涨。武昌起义以来南北持续的对峙，以袁世凯的胜利告一段落。

洪宪

转换　　以下是二次革命期间，袁世凯于 7 月 22 日颁布的临时大总统令。原文比较长，这里仅摘取其大意如下：

> 国会一味反对政府。无论人事或是法案，按照临时约法征求其同意时，出于党利党略再三否认，政务无法进行。
>
> 不仅是中央，地方也很严重。其跋扈不亚于三国和唐末五代时期。政府威令不被执行，税收也都纳入私囊不上交中央。

在此重申了中央政府和大总统的立场，国会的牵制和都督的"跋扈"，都是辛亥革命以来一直存在的问题。二次革命被镇压后，各省都督暂时平息下来，下一步就是北京了。

只是，国会的存在对袁世凯来说还是有必要的。这是因为他需要国会任命他为正式的大总统，在此之前，他不得不忍受现有的政体结构。

袁世凯不断开展工作，总算实现了大总统的选举。10 月 6

日，他终于获得了国会的支持，正式就任大总统一职。他判断由此已经获得了正统的权力，便立即开始集中强化手中的权力。

11月初，他以和二次革命中举兵的李烈钧串通一气、使国家陷入危机为由，下令解散国民党，并剥夺了各议员的资格。袁世凯声称"国民党之党略，以政治改革为名，实乃夺权也"，想必是出自他的切身感受吧! 国民党占据了议席的大多数，他们一缺席，国会便陷入瘫痪，只好休会。对此，袁世凯又设立了政治会议，作为自己的咨询机构。

1914年1月，袁世凯接受政治会议的劝告，决定解散国会。到了这一地步，袁世凯于5月公布《中华民国约法》取代《中华民国临时约法》，实行总统制代替责任内阁制。年末，他宣布大总统的任期为十年，并可以连续担任。与两年前大不相同，强大的大总统就此诞生了。

用袁世凯的话来说，这些都是对共和制和责任内阁制感到失望的缘故。希望中国得以重建、统一的心愿，他并不输给任何人。即使如此，革命派和国民党妨碍了他的行动和施策，根源就在于《临时约法》，以及它所规定的政治体制。需要先否定这些，建立起可控的体制，这是袁世凯的焦虑所在。国内的混乱将直接关系到对外危机，很可能招致"瓜分"和"亡国"的命运。

即位　　　　袁世凯为何、何时开始想要当皇帝，这一点也不是很清楚。

直到第一次世界大战爆发前，他虽然否定国会，却仍然在共和制、大总统制的结构下进行权力的集中和强化。然而，如今要改变这一结构，却是不小的举动。至少我们在追究其事实经过时，发现造成这一转折的就是"二十一条"。

我们经常可以听到的是，辛亥革命结束了两千多年的皇帝制度。可是，这恐怕是结果论。宣统帝刚刚宣布退位时，是否真的感受到君主制已经成为过去，这一点很是让人怀疑。1915 年至 1916 年间的袁世凯的帝制运动、皇帝即位，非常容易被评价为倒行逆施，然而在当时的社会中，对帝制的希求并不是没有。否则，之后也不会出现类似复辟的运动。

对于这一点，作为中国通的内藤湖南也从旁佐证。他早在二次革命时就预测说，"袁世凯此人将即帝王之位"，"再次穿上帝王冠服，以帝王之名举行祭天等愚昧的活动"。

当然，湖南本人主张中国的将来应该回归共和制，他写下"蹂躏共和政体"等字句，基本都是谴责的口吻。尽管如此，可能是"中国通"的见解所致，他觉察到帝制回归的氛围确实存在。而这一氛围是否占据了主流，这是另一个问题。

实施"民主""共和"后受阻，转而认定"君主""帝制"是更佳选择，在当时并不是一种牵强的观点。至少袁世凯和他的周边是这么想的，并要付诸实施。

袁世凯承诺接受"二十一条"后，运动马上得到开展，"共和政体不符合中国国情"这一舆论立即沸腾开来。其中的典型是

1915 年 8 月初发表的古德诺教授《共和与君主论》一文，这名美国政治学者原本是袁世凯政权的法律顾问，当时是约翰·霍普金斯大学的校长。外国的专家也表示中国适合实行君主制，国内的运动就愈发地活跃了。

8 月下旬，北京的文武百官和商业团体表明有必要改变政体，9 月频繁地进行君主立宪制的请愿运动，10 月北京决定召开国民会议，12 月 11 日在国民会议上决定改变政体，翌日，袁世凯受到推戴，做了以下声明：

> 虽说天下兴亡，匹夫有责，然而万民推戴责任重大，远非菲才之自己所能承担。……然而国民叱责日益严厉、期待日益迫切，已无法推脱。

不言而喻，这一切都是袁世凯的自编自导。接着他又起草了新的皇室典范，将 1916 年定为"中华帝国洪宪元年"。年号"洪宪"是"弘扬宪法之意"，这里坚持了立宪制。

最后，他还是回归了清帝退位以前的君主立宪，这在以日本为模型这一点上是一致的。这样看来，以"二十一条"为契机对抗日本这一因素，在袁世凯即位皇帝的问题上，也许应该考虑到超出想象的比重。他在临终之际写下的"为日本去一大敌，看中国再造共和"，也应该看作是有此寓意。

蔡锷

终结

袁世凯被拥戴为皇帝后大约过了两周，12月25日这天，一封电报传遍了全国，云南省宣布独立。主谋人物是该省都督蔡锷和将军唐继尧，二人都曾经是袁世凯的部下、北洋军的军人。他们先是假意赞成袁在北京即位，密谋回到云南后即刻举旗反叛。

他们举兵要求废除帝制，自称护国军。

再加上地方的独立，如同辛亥革命和二次革命的再现。就此造就了"三次革命"。

可是，和上次不同的是，这次出乎了袁世凯的意料。在处理这件事情上，他首先未能沟通好对外关系。特别是提出"二十一条"后，日本政府一直冷眼旁观着皇帝即位的动静，立刻表明了反对的态度，让袁世凯陷入进退两难的境地。

国内的局势也出现了动荡。一直雌伏的革命派加入护国军的行列，提出严厉的批评；而接受了社会主义等新思想的学生们，也在皇帝眼皮底下的北京开始对专制加以批判。

对袁世凯起决定作用的仍然是军事局势。他匆忙组织的镇压部队吃了大败仗后，属下的部将们也开始观望起形势来。很快，贵州、浙江、陕西、四川、湖南各省也呼应云南纷纷脱离了北京政府。

此时，最有实力的部下冯国璋向各省发出电报，要求废除帝制，并停战和解。在这里要注意到他驻扎在南京。袁世凯看到电报后，就像最终接到了宣判一般，只好在两天后的 1916 年 3 月 22 日宣布撤销君主立宪，并撤回了推举皇帝这一举措。"中华帝国"就此草草收场。

冯国璋

对追究主张即位者的责任问题，袁世凯透露说"不能怪别人""都是自己的错""未能听进谏言而深感羞愧"。他的一生总是如此巧妙地进退避让，来化解危机。最后的最后，也许他悟出了自己对形势的误判，从他这些消极的发言中也可以体会得到。

这个时候，他已经是病魔缠身了。据说在撤回帝位后不久，他就发病了。之所以对三次革命未能采取有效的对策，也可能是他因病而无力应对吧！

两个多月后的 6 月初，他陷入病危，6 日死去，享年 58 岁。此前的他一直身体健康精力旺盛，可以说是英年早逝。死因多被称是尿毒症，或是失意后郁郁而终。似乎是中华帝国的消亡，也将他一并带走了。

袁世凯死后葬在河南省安阳，他曾经隐居一时的彰德。他留下了遗言要安息于洹水之畔。葬礼采用了国葬，陵墓盖得气势磅礴，配得上中华民国首届大总统的规格和排场。正因如此，后世的恶评更加尖锐，这也是无可奈何的事情。

尾声

袁世凯和他的时代

中国

"中华帝国"的消亡与袁世凯的死去，并未能改变任何事态。地方不断地反抗中央政府，而中央政府无法抑制地方，局势剧变。治安越来越恶化，战火也连绵不绝。这种局势一直持续到了中华人民共和国成立之前，如果把它作为袁世凯留下的遗产，遭到后世的谴责也是无可厚非的。

然而，袁世凯想要建设的中国，真的是这样的国家吗？就算他再怎么对权力充满野心，真的可以视中国的未来于不顾吗？

我们追溯了他的一生，在此可以断言并非如此。他在主观上，终归是希望中国富强统一的。他的一举一动看上去像是只为了权势，然而除了保身之外，可以说这种愿望还是占据了大部分的。

那么，我们应该对他持以肯定的评价吗？既然他未能达到自己的目的，我们也就不能一味地加以称赞吧！

袁世凯的问题，并不是我们责骂痛击或是鼓掌喝彩就能解决的。我们反而应该思考的是，为什么他的主观目的未能实现，却还是导致集后世恶评于一身。因此，就不能不审视当时的中国。

袁世凯的一生，最辉煌的时期要算 20 世纪初，他担任直隶总督这段时期。他治理有方，成为清朝赖以依靠的顶梁柱。而他一旦进入中央政府，便走上了窃取革命成果、导致军阀混战的穷途末路。两者之间巨大的反差让人难以置信，而且这一切都发生在短短的十年之内。

天津的得意和北京的失败，实际上就像是硬币的正反两面。当时正是各省积蓄实力，而中央却走向没落的时期。

袁世凯当上大总统之后陷入困境，并一蹶不振的原因，在于南北对立。武昌起义后出现的这一趋势，表现为首都范围内总统府和参议院的对立、全国范围内北京与各省的对立，辛亥革命后也以另一种形势而持续存在。也许表面上只是体现为思想和观点的对立、政体和政局上的争议，军事上则体现为压迫和反抗。但是，其本质问题绝不仅在于此。

无论是辛亥革命，还是二次革命、三次革命，在反抗北京、脱离中央形成各省独立这一趋势和动态上是完全相同的。早在 19 世纪末的戊戌变法和东南互保时就已经出现了。而在最初时，袁世凯本人也应该是率先参与其中的。

事迹　　袁世凯培养并掌握了中国最精锐的部队，并将其作为资本。这是赶上了李鸿章时期以来督抚重权体制的缘故。这一时期都一帆风顺，天津时代的治理功绩也都建立在此基础之上。然而，被调到中央后，却是风云暗涌。与载沣的对立就不用说了，升到大总统一职也是如此。

当时，他的目标是通过确立立宪政体、强化中央权力来实现中国的统一。在这一点上，他的目标和行动模式，和戊戌变法中的光绪帝、康有为君臣二人，以及驱逐袁世凯的载沣政权，并没有什么不同。袁世凯政权也不过是旧中央政府的复兴。

辛亥革命的混乱当中，袁世凯在万众瞩望之中宣布登场。当时，几乎无人批评他窃取了革命果实。虽说立场不同，各路势力对他的期待却绝不可小觑。即便如此，他仍然未能避免二次革命和三次革命。这是因为民国的袁世凯政权和中日甲午战争后发生质变的清朝政府，并没有什么区别。

归根到底，他都是从中央的角度来强化体制权力，由此招致了与地方的对立、北京的孤立。二次革命中袁世凯、中央获得胜利，得益于钻了革命派和地方准备不足的空子，再加上外债资金的丰厚。与清末被称作是"洋人的朝廷"，借助外国力量压迫地方这一结构，并无本质不同。

最后的三次革命导致了各省的脱离和军阀的混战，北京的中央政府得不到地方的服从，化作了所谓"没有地方的中央"。通常都说没有地方，也就没有中央，而当时的中央政府国内并未予以承认，只是受到了外国的认可，由此出现了这种奇怪的现象。

当时，各省都加深了与外国的直接往来而取得了经济增长，对中央和其他地区的依赖有所减弱，得以财政自立、维持军费开支。例如，日本与所谓旧满洲之间的关系就是一个典型。其他地区不分大小，也都具有相同的倾向，而得到加强的是从19世纪最末期到20世纪前十年，恰好和中央政府质变、地方军阀勃起的时期重合。

袁世凯对这些中央与地方关系的经过、趋势和实况掌握了多少呢？仅仅看他的言行，可以说他局限于西方立宪制和近代国家的概念上，而未能洞察到宏观的结构和动态。原本就不仅是他一个人如此，当时几乎所有的人士无一例外。这样思考的话，他所推行的政策并不是地方和中央的有机结合，而是滋生了反目和争斗，最后走向消亡，也许是必然的结果吧！

功劳　　因此，统一的中国因为袁世凯而变得四分五裂，这一观点是不成立的。清朝，至少是清末的中国，以近代国家的标准看来已经处于分裂的状态。袁世凯作为中国历史上第一位大总统，想要建立起中央集权、名副其实的统一的近代国家。可是，他未能理解当时的实际情况，而以失败告终。本就存在的分裂状态，由于他的失败而演变为军阀混战，转化为表面现象。

"袁大头"

　　尽管如此，在集权统一问题上，袁世凯的所作所为并不是毫无可取之处。在这里举一个例子，就是前面已经提到过的善后大借款的财政措施。

　　为了获得这笔外债，袁世凯政权用盐税收入做担保。在外国看来，没有比它再可靠的财源了。没想到，课税征税却是极其的紊乱复杂，中央政府能拿到的实际收入微乎其微。因此，列强以提供贷款为条件，要求聘请外国顾问实行盐税行政的改革。

　　袁世凯政权以此为杠杆，进行了大范围的财政金融改革。通过盐税的改革和内债的发行，夺走了地方控制的税收，并提前征收。还将地方发行的各种形式的货币、纸币统一为中央发行的"国币"，来实现币制的一元化。这些都是抑制地方走向自立、加强集权和统一的措施。

　　图片显示的是一元货币，俗称"袁大头"。我们称为袁世凯银圆的、刻有他头像的硬币，它的命运也象征了袁世凯其人的事迹。

　　1914年发行的这种银圆，刚开始并未得到广泛的流通。这是因为各地的独立性经济结构根深蒂固，当地发行的货币占据了优势。袁世凯政权的改革事业，无疑遭到了失败。

　　然而，在袁世凯死后，中国经济在迎来"黄金时期"的同时，袁世凯银圆驱赶了原有的当地货币，在全国范围内得到流通。他本人未能实现的中国大一统，却由刻有他头像的硬币打开了局面。这为大约 20 年后蒋介石政权断然实行的币制改革奠定了基础。

不仅仅是货币，袁世凯的事业从盐税、内债到军事，在很多领域都是蒋介石的先驱。更准确地讲，他就是先驱。也许应该说，当时的时机还尚未成熟吧！

这样的话，先驱往往伴随着艰辛，不能仅仅责怪袁世凯一人。能够洞察渴望统一的时代思潮与现实政治经济结构之间的乖离，并采取永久有效政策的人物，真的会存在吗？不都是屡屡碰壁层层受阻的吗？蒋介石是如此，就连今天似乎也不例外。这么看来，袁世凯和他的时代，是造就了延续至现代的中国政治的一个出发点。

人物　　　　　再来讲讲前面刻意回避的袁世凯其人来作为收尾吧！由于这是评传，应该最先就抓准这一点，然后再组织框架，才称得上是正面手法。可是，这对才华有限的历史学家来说却是难度极高，只能致力于客观地还原知道的事迹，然后再作为普遍归纳时的辅助罢了。

证言也留下了不少。梁启超就称赞说与袁世凯在一起如饮甘醇，文官曹汝霖等人也纷纷感动于袁世凯的平易近人和体贴入微。可见他的社交技巧极高。

而不甚以为然的有吉野作造。他从 1906 年开始，给袁世凯的儿子当了三年的家庭教师。他还记录了和袁世凯本人见面时的情景：

> 说话亲近、笑容满面加上用词亲切，特别是握手时饱含亲情紧紧相握，予怀抱敬慕之情而告别。……如今想来却是彻底的演戏，其待人接物的巧妙让人佩服至极。

吉野也是感慨不已的数人之一，事后却指出了他的虚伪。虚伪这个词，也许表现得并不贴切。倒不如看作是他对眼前该做的事情尽心尽力，也就是率真的意思。据说他不嗜酒，也不沾鸦片。

以上不过是身边的社交和人际关系等等。然而，在他的公务生涯中，似乎也是一样的。

袁世凯对眼前的问题总是全情投入。朝鲜问题、小站兵谏、戊戌政变、天津复兴、北洋军建设、清帝退位、中央集权，无一不是如此。他总是要给出最好的答案。然而，这些结果的合计，又是如何呢？

最终，他就算对自己看得见的地方进行了处理，在关系到整个中国的大计上，却缺乏能力。在天津作为地方长官，在中央作为大总统，其行动也局限于这一立场和视野。合二为一的话，就造成了矛盾。

从这一意义上，将他和孙文并列一并痛击的北一辉的评论，意外的准确，也就是"并无世评之奸雄大器而是堕落懦弱之俗吏"。他是默默严肃处理政事的官僚的典型，为了达到目的不惜使用巧妙的外交或是冷酷的暗杀。先不论"堕落懦弱"是否贴切，"俗吏"却表现得非常形象。

从袁世凯对共和的态度和复辟帝制可以看出，他对最新流行的时代思潮和理论性的抽象的意识形态未进行任何的迎合。也就是说他并不追赶时髦，俗吏或是率直的官僚，指的就是这一点。

也许，时髦是指与人类世界的本质无关的粉饰。可是，它却具有牵动舆论的巨大力量。换作如今，会联想到演艺圈或是偶像们。在中国史上，这些粉饰也是很重要的。被称作明君的君主们，以唐太宗为首，多少都带有宣传夸大的一面，和实际的功绩未必没有出入。

在观察袁世凯的前辈、清朝的名臣时也是如此，曾国藩便是所谓的偶像。能力和功劳远超他之上的李鸿章，因其实务家的身份必定被视作曾国藩之下。即使如此，李鸿章仍有着伟岸身躯、丰富经历之下的威严。这些也不过是粉饰而已。

袁世凯连这些都没有，他有的只是活生生的政治能力、军事能力，也就是实际的处事能力。被精英、学者、官僚的张之洞严厉批评为"空洞无物"，也是出自同一观点吧！

不加粉饰，或许会是称赞之词。没有了装饰，言行举止往往都公之于众。

袁世凯本人在上升期和没落期，并没有太大的区别。中国的政治经济结构也是如此。变化的是他的立场和时代的风潮。在以往的价值观、世界观动荡的时期，袁世凯率直的言行体现出了地方官的冷静和果断。然而，一旦时代风潮形成后，这种率直反而暴露出了作为一名元首的丑陋和腐臭。

帝制专制为恶、立宪共和为善，向外国妥协为恶、反帝国主义为善，这些当时的时代风潮，直到现在也占据着统治地位。而它们在多大程度上反映了中国的历史和现实，很是让人生疑。其中，自始至终注重于现实而褒贬参半的袁世凯的生涯，应该可以看作是折射出中国百态的一面"镜子"吧！

关于参考文献

关于袁世凯的书籍，如果只看日文的话，也许并不算多。然而要是包括中文或是西方的传记，那就多得数不清了。更不用说延伸到其他相关主题的读物，那就不胜枚举了。

为了避免玉石混淆，中文书籍就分别选一本史料和著作。下列史料按照时间顺序对公私文书、著述进行了整理，使用方便。

《袁世凯全集》骆宝善、刘路生主编，36 册，国家清史编纂委员会文献丛刊，河南大学出版社，2013 年

而适合阅读的入门著作首推如下：

《骆宝善评点袁世凯函牍》，岳麓书社，2005 年

它以书简为主介绍了与袁世凯相关的史料，同时追溯历史，十分方便。作为读物也非常有趣。

再加上三本美国的研究著作和相关书籍数本，它们都超越了中国式的偏见，客观地对袁世凯加以研究和描写。

Jerome Ch'en, *Yuan Shih-k'ai, 1859–1916: Brutus Assumes the Purple*, Stanford, 1961

（日译本）守川正道译《袁世凯与近代中国》，岩波书店，1980 年

日译本中收录地竹内实所写的《大正时期的中国形象与袁世凯评价》具有非常大的参考价值。可以称之为同一作者的续编，也值得一读。

陈志让《军绅政权——近代中国的军阀时期》，香港三联书店，1979 年

（日译本）北村稔、岩井茂树、江田宪治译《军绅政权——军阀统治下的中国》，岩波书店，1984 年

Ernest P. Young, *The Presidency of Yuan Shih-k'ai: Liberalism and Dictatorship in Early Republican China*, Ann Arbor, 1977

（日译本）藤冈喜久男译《袁世凯总统——"开发独裁"的先驱》，光风社，1994 年

遗憾的是该书以民国为主，日译本省略了备注部分。译者也有大量著作。

藤冈喜久男《张謇与辛亥革命》，北海道大学图书刊行会，1985 年

以及其他一系列的张謇、辛亥革命研究，是分析袁世凯时不可缺少的。

每本西方论著都在一定程度上涉及了拙著中未能论及的所谓民族问题。

如果说以上对天津时代稍嫌不足的话，可以补充以下著作。

Stephen R. MacKinnon, *Power and Politics in Late Imperial China: Yuan Shi-kai in Beijing and Tianjin, 1901–1908*, Berkeley, 1980

与此相关，下列著作也是思考袁世凯时代与中国"近代"问题时的必读之物。

吉泽诚一郎《天津的时代——清末城市的政治文化与社会统合》，名古屋大学出版会，2002 年

后记

"我讨厌袁世凯。"

直到最近，还有肆无忌惮如此妄言的人写袁世凯传记，世界真是处处充满了讽刺。

笔者似乎偏爱历史上饱受恶评的人物，自己的文章也尽是挑选这样的人物来写。例如清末的李鸿章和他的部下马建忠。再比如英国人，有远东的外交官阿礼国，民国的海关总长安格联，等等。

然而要说坏话的话，我其实谁都不喜欢，也有和世间舆论一样无法去喜欢的人物。"窃国贼"袁世凯，就是最甚者。

年轻时候，稍有了解，便不甚喜欢，更深入调查后，愈发觉得讨厌，甚至认为他心如蛇蝎，再也没有调查下去的欲望。就算能同意学术界的重新研究和重新评价，而关心所在之处却不会突发变化。

这一态度有所变化是在尝试写了李鸿章之后。李鸿章虽然预感到了新时代的到来，却未能亲眼目睹便与世长辞了。不知道是不是因为目送他的离开，不觉注入了感情，想要自作多情来替他证实这一切。

如此一来，追踪他的后继者袁世凯，是一条最快的捷径。从那以后，虽然心里仍不情愿，却开始渐渐关注他的事迹。

恰好就在这时，岩波书店的小田野耕明先生联系我，说下一个人物是否可以考虑袁世凯。缺乏社会关注的中国史，尤其是这么一个名声不好的人物会成为出版对象，首先让我感到吃惊不已。

同时，这也是十分少有的机会。以往在参阅上略嫌不便的袁世凯的有关资料，恰好也在中国被整理出版，我开始觉得如果此时不研究的话，可能这一辈子都无法实现了。结果造就了这本门外汉执笔的拙著，让大家见笑了。截稿后的现在，我仍然觉得，有必要事先声明这一点。

对待口碑不好的人物，将其立场复原到当时的时代背景之下，来追究其遭贬的根据，是必不可缺的。这里有揭开历史真相的关键。我在这本书中，也尽量客观地来看待袁世凯的言行。

说到传记，首先要看到人物的形象，还有人觉得，应该深入观察到私生活的侧面中去。的确，袁世凯拥有一名正妻和九个小妾（其中包括从朝鲜王宫带回来的），一共生下了30多个子女，称帝后一家荣华富贵，他的私生活也是精彩非凡。但是这些话题都不成其为问题，因为这些都与他的政治生涯无关。

就算不涉及这些方面，要把一名大政治家的事迹归纳成一本薄薄的书，篇幅还是有限。写了又删，删了又删，再三修改。虽说起初就知道不可能做到精雕细琢，最后还是只剩下了框架。用这些框架来说明什么呢？那必须是袁世凯生存过并造就了他的那个时代。

这么一想，稍微松了一口气。和不喜欢的人正面相对，还是略微感到了压力。

袁世凯算不得是寿终正寝，描述完他的一生后，要问对他的印象、喜好如何，并没有什么太大的变化。不如说还是不甚喜欢，人的感情原本不就是不容易变化的吗？

不过，我倒是同意，几乎所有对他的指责，都是出自想当然，或是一知半解下的诽谤，是出于描写导致他的作为的时代这一打算。说到底，这本拙著能够实现多大程度，要交给读者们来评判。

到了知天命之年，通过袁世凯，我终于悟出了一个道理。不能不了解就妄下断论，一个理所当然的道理。而这一日常生活中的常识，在研究这一领域中又受到了多少重视呢？关注点、课题的设定等，往往被修饰得冠冕堂皇，仔细深究的话，不过是兴趣或是喜好罢了，往往容易转变为主观偏见。笔者写的袁世凯恰恰就是如此。了解了，就算是不喜欢的事物也能近距离地感受到。

不过，要去接近不喜欢的事物，是需要勇气的。在此帮助我的，首先是凡事考虑周到的编辑小田野先生和中山永基先生。畏友吉泽诚一郎先生和村上卫先生则从专业的角度进行批评指正，让我受益匪浅。而年谱的制作则仰仗了研究员根无新太郎先生。扉页中印下的袁世凯大印，来自书法家大谷青岚先生的割爱。在此谨表满腔谢意。

如今多数的日本人都有反感。当然，反感是个人自由，然而，要弄清楚是否真的应该去反感，需要充分接触。就连中国人也唾弃的袁世凯，正是中国人的一种典型，去发掘他，不失为一个好题材。虽说和先人们笔下所描绘的"枭雄""怪杰"稍有不同，然而如若能为中日关系略尽薄力，我将不胜荣幸。

冈本隆司于眺望秋日响晴之贺茂

2014 年 10 月

索引

袁世凯简年谱

粗体字为袁世凯相关内容

公元·年号（年龄）	事件
1851·咸丰一	太平天国起义
1853·咸丰三	曾国藩组建湘军 太平天国占领南京
1859·咸丰九（1）	袁甲三被任命为署理漕运总督 **生于河南省张营村**
1861·咸丰十一（3）	同治帝即位，西太后开始垂帘听政
1862·同治一（4）	李鸿章组建淮军
1864·同治三（6）	太平天国灭亡
1865·同治四（7）	**投靠叔父袁保庆为养子**
1869·同治八（11）	**移居南京**
1873·同治十二（15）	养父保庆去世
1879·光绪五（21）	**乡试落榜** 养父之弟袁保恒去世
1881·光绪七（23）	**进入驻留登州的淮军吴长庆部队**
1882·光绪八（24）	壬午兵变 **绑架大院君，跟随吴长庆部队进入汉城，扫荡朝鲜旧军，升五品同知，之后驻留汉城**
1884·光绪十（26）	甲申政变 **在汉城与日军交战**
1885·光绪十一（27）	签订《中日天津条约》 天津武备学堂成立 朝俄密约事件 李鸿章决定送大院君回国，**奉命护送至汉城** "摘奸论"，**奉命总理朝鲜交涉通商事宜**
1887·光绪十三（29）	**朝鲜国王废立计划**
1888·光绪十四（30）	德尼《清韩论》
1889·光绪十五（31）	光绪帝开始亲政 防谷令事件

公元·年号（年龄）	事件
1893·光绪十九（35）	大石正己就任驻留汉城日本公使 大石回国
1894·光绪二十（36）	东学起义 全州沦陷，朝鲜政府请求清朝派出援军 **回国** 中日甲午战争 汉纳根提议军事改革
1895·光绪二十一（37）	签订《马关条约》 **回乡** 康有为在北京成立强学会 **小站练兵，编制新建陆军**
1897·光绪二十三（39）	**被任命为直隶按察使**
1898·光绪二十四（40）	颁布《定国是诏》，荣禄署理直隶总督 礼部六堂官罢免、李鸿章罢免，入京任侍郎候补，西太后从颐和园返回，再次垂帘听政 **返回天津，荣禄上京，署理直隶总督** 裕禄任直隶总督，回小站 **入京**
1899·光绪二十五（41）	毓贤任山东巡抚，承认义和团 荣禄创建武卫军 **被任命为工部右侍郎** **接替毓贤署理山东巡抚**
1900·光绪二十六（42）	义和团北上直隶 **被任命为山东巡抚，新建陆军跟随前往山东** 义和团占领涿州城 德国公使克林德遭杀害，清政府向列强宣战，包围进攻东交民巷，东南互保，**山东省镇压义和团** 李鸿章再次就任直隶总督兼北洋大臣，八国联军进攻天津，刘坤一、张之洞"江楚会奏"，天津设立都统衙门 八国联军进入北京，西太后、光绪帝逃往西安

公元·年号（年龄）	事件
1901·光绪二十七（43）	签订《辛丑条约》
	李鸿章去世，**署理直隶总督兼北洋大臣，前往保定赴任**
1902·光绪二十八（44）	日英同盟
	归还天津谈判
	接替李鸿章任直隶总督兼北洋大臣
	列强归还天津，**移住天津，设立巡警总局、北洋巡警学堂**
	将新建陆军改编为北洋常备军
1903·光绪二十九（45）	上奏废除科举
	荣禄去世
	设立练兵处，**被任命为副大臣**
1904·光绪三十（46）	日俄战争
	全国范围改编各地"新军"
1905·光绪三十一（47）	**北洋六镇成立**
	签订《朴茨茅斯条约》
	河间秋操
1906·光绪三十二（48）	**彰德秋操**
1907·光绪三十三（49）	在东三省设立督抚
	第一次日俄协约
	被任命为军机大臣兼外务部尚书
1908·光绪三十四（50）	颁布《宪法大纲》
	光绪帝、西太后去世
	宣统帝即位
1909·宣统一（51）	**罢免，隐居**
	张之洞去世，开设咨议局
1910·宣统二（52）	开设资政院
1911·宣统三（53）	内阁制度开始
	武昌起义，回归政府，任镇压军司令官
	被任命为内阁总理大臣，颁布《宪法重大信条十九条》，北洋军夺回汉口汉阳，上海成立各省都督府代表联合会
	武汉签订停战协定，开始南北谈判，孙文当选中华民国临时大总统

公元・年号（年龄）	事件
1912・民国一（54）	南京临时政府成立
	宣统帝退位，清朝灭亡，孙文辞去临时大总统，临时政府参议院选袁世凯为临时大总统
	在北京就任临时大总统，制定《临时约法》，成立唐绍仪内阁
	唐绍仪辞去国务总理
	成立以宋教仁为首的国民党
1913・民国二（55）	国民党选举获绝对性胜利
	暗杀宋教仁
	北京召开国会，**善后大借款合同**
	二次革命
	镇压二次革命
	就任中华民国大总统
	下令解散国民党，设立政治会议
1914・民国三（56）	**解散国会**
	实施国币条例，发行袁世凯银圆
	颁布《中华民国约法》，废除《临时约法》
	第一次世界大战爆发
	决定对第一次世界大战保持局外中立，对日本德国宣战
	日本占领青岛
	修改大总统选举法
1915・民国四（57）	"二十一条"
	接受"二十一条"
	古德诺《共和与君主论》
	受国民会议推戴为皇帝，三次革命
1916・民国五（58）（洪宪一）	**即位延期**
	南京冯国璋向各省发电报要求撤销帝制和停战，**撤回帝位，宣布废除"中华帝国"**
	去世